家庭教育丛书

叛逆的孩子这样管

却咏梅　主编

图书在版编目(CIP)数据

叛逆的孩子这样管/却咏梅主编. —北京:北京大学出版社,2011.8
(家庭教育丛书)
ISBN 978-7-301-18902-3

Ⅰ.叛… Ⅱ.却… Ⅲ.青春期－家庭教育 Ⅳ.G78

中国版本图书馆 CIP 数据核字(2011)第 089169 号

书　　　名：叛逆的孩子这样管
著作责任者：却咏梅　主编
丛 书 主 持：郭　莉
责 任 编 辑：泮颖雯
封 面 绘 画：Y. nana
标 准 书 号：ISBN 978-7-301-18902-3/G·3131
出 版 发 行：北京大学出版社
地　　　址：北京市海淀区成府路 205 号　100871
网　　　址：http://www.jycb.org　http://www.pup.cn
电 子 邮 箱：zyl@pup.pku.edu.cn
电　　　话：邮购部 62752015　发行部 62750672　编辑部 62767346
　　　　　　出版部 62754962
印 刷 者：三河市北燕印装有限公司
经 销 者：新华书店
　　　　　　890 毫米×1240 毫米　A5 开本　10 印张　240 千字
　　　　　　2011 年 8 月第 1 版　2013 年 12 月第 7 次印刷
定　　　价：20.00 元

未经许可,不得以任何方式复制或抄袭本书之部分或全部内容。
版权所有,侵权必究
举报电话：(010)62752024　电子信箱：fd@pup.pku.edu.cn

序　言

儿童教育是捍卫童年的教育

孙云晓

　　孩子究竟需要一个什么样的童年？剥夺孩子快乐的童年，真的能给他们带来幸福的未来吗？面对一群群天真烂漫的孩子，我们不得不说出藏在内心的深深忧虑——十多年来，由于过高的期望和沉重的负担，中国半数以上的中小学生长期学习超时、睡眠不足，相当多的孩子被剥夺了快乐的童年。

　　毫无疑问，教育问题的根源与教育体制密切相关。但是，把一切问题都归结于体制，也是一种不负责任的态度。在同样的体制下，教育的水平千差万别，孩子的发展各不相同，这说明家庭教育和学校教育是特别重要的。《谁教出来的"问题孩子"？》一书的书名可谓耐人寻味。

　　从成长的需要来看，儿童需要生活的教育。但是，今天的许多教育是反生活的。比如，无数的父母告诫孩子："只要你把学习搞好了，别的什么都不用你管。"这不是反生活教育的纲领吗？可见，"问题父母"比"问题孩子"多。

　　教育孩子的前提是了解孩子，了解孩子的前提是尊重孩子。叛逆期的来临本是一件好事，却往往让中学生尤其是他们的父母担心不已，似乎面对的是来势凶猛的滔滔洪水，随时要预防决堤的危险。在不知所措的时候，人们容易抱怨中国的叛逆期教育太落后，以致让孩子无知、让大人无措。这样的指责自然是证据确凿的，但正如《叛逆的孩子这样管》一书所说——叛逆期教育固然需要知识、需要方法，但首先需要的是一种态度。

已有研究显示：失败并不一定是成功之母，对失败的研究并不能帮助我们学到什么成功的经验。要想获得成功，就一定要努力挖掘并扩展自己的优势，而不是简单地弥补弱势。《别埋没孩子的天才特质》最想告诉我们的是：孩子在最强的方面最有可能取得最大的进步，也最有求知欲和创造力。

同样，引导孩子学会阅读、爱上阅读，常常被视为一门相当专业的技术，似乎只有专家才会。其实不然，只要了解了基本的原理，只要愿意行动起来，每一个有文化的大人都可以成为孩子的阅读导师。

但是环顾四周，我们不得不承认：在影视网络和电子游戏构筑的声光世界中，在师长精心布置的"成才规划"中，以及在社会日渐浮躁的大氛围中，有许多孩子正是在不知不觉中错失了阅读好书的机缘；有许多父母和老师，正在有意无意中忽略和遏止了孩子阅读的兴趣和渴望；有许多家庭、学校、社区、书店和图书馆，并没有给孩子们营造出一种健康、干净、温暖和快乐的阅读环境和阅读氛围。

很难设想，一个没有阅读、没有留下对好书的记忆的童年会是什么样子的。有一些书，一个人如果不在童年时读到它们，不曾在童年时代为它们动过真情、流过眼泪，那么这个人的本性和他日后的精神成长都可能有所欠缺，甚至将是愚昧和不文明的。适时地阅读一本好书，能够决定一个人的命运，或者成为他的指路明灯，确定他终生的理想。《孩子不爱阅读怎么办？》一书告诉我们，爱孩子就教会孩子们去渴望和热爱美好的阅读，这远比让孩子去做作

序言

业、去培优、去上网,乃至去学会别的更为重要。

在我看来,呼吁父母"持证上岗"是个美好的想法,事实上最重要的是父母要自觉学习,尽快成为合格的父母。我在全国各地巡回讲演的过程中,上千万的父母听众,让我看到了太多伤心的泪水和绝望的眼神。于是,我开始久久地思考,可否将包罗万象的家教内容,简要地概括为一种方法?

有着近四十年从事儿童教育和研究的经历,尤其是在做了多年父亲之后,我发现,仅靠某一种具体方法的教育是注定要失败的,因为孩子是千差万别的,没有任何一种方法适合所有孩子的教育。再说,思想的不同决定了同一方法的效果不同,这表明,任何方法都离不开观念的指导。因此,家庭教育的成功需要一套综合的方法,即要将理念、方法、心理、生活方式和亲子关系融为一体,而又简明扼要、通俗易懂。

经过多年积累并与诸多专家学者反复探讨,我们终于总结出了五元家教法。毫无疑问,要提高孩子的素质,首先要提高父母的素质,这种前素质教育是教子成功的关键。一般来说,父母的教育素质,包括教育观念、教育方式和教育能力三大要素,具体可以归纳为五个元素,即现代的教育理念、科学的教育方法、健康的心理、良好的生活方式、平等和谐的亲子关系,将这五大元素融会贯通,即为五元家教法。

五元家教法的首要元素是现代的教育理念,这是父母教育素质的核心,对家庭教育的目标、方向以及父母的教育行为起着制约和指导作用,也是影响家庭教育质量的决定因素。五元家教法的第二个元素是科学的教育方法,这是教育理念和教育行为的综合体现,并直接关系到孩子在家庭中所受教育的效果。健康的心理是五元家教法的第三个元素,指的是父母心理健康才会给孩子以积极的影响。父母应在以身示范的前提之下，引导孩子力求做到认识自己、悦纳自己、控制自己，这几项正是心理健康的重要标准。良好的生活方式是五元家教法的第四个元素，这是保证孩子健康成长的基石。人是环境的产物，近朱者赤，近墨者黑，一切都是从童年开始的。在养成良好的生活方式方面，父母的榜样作用尤为重要。五元家教法的第五个元素是平等和谐的亲子关系，这是家庭教育成功的必备条件。没有平等，培养不出现代儿童；没有和谐，建设不成民主家庭。

当前家庭教育的突出问题不是教育而是关系，父母的误区往往在于过于关注教育，却忽略了良好亲子关系的培育。教育的规律告诉我们，亲其师才能信其道。学校教育是这样，家庭教育更是这样。亲子关系好，家庭教育才能成功；亲子关系糟糕，家庭教育一定失败。良好的亲子关系是相互尊重、相互理解、相互信任、相互帮助和相互学习的关系。

今天的教育工作者还面临着一个极其严峻的课题："捍卫童年"，把发现儿童、解放儿童和发展儿童作为儿童教育最神圣的天职。

捍卫童年是全社会的神圣责任。首先，我们必须将儿童当"人"看，必须承认儿童具有与成人一样的独立人格，而不是成人的附庸；其次，我们必须将儿童当"儿童"看，承认并尊重童年生活的独立价值，而不能仅仅将它看做是成人的预备；再次，在儿童成长阶段，应当为其提供与身心发展相适应的生活，儿童的个人权利、尊严应当受到社会保护。

一切关心下一代的人们，积极行动起来！

（作者系中国青少年研究中心研究员、副主任）

目录 CONTENTS

一 青春需要"摆渡人"

- 如何与孩子谈"性" /3
- 藏在书包里的玫瑰 /18
- 待到禁果成熟时 /27
- 儿童性侵犯：是孩子的伤，而不是错 /40
- 谁来关照这些少女妈妈 /52

二 爱情教育是做人的教育

- 跟孩子开宗明义地谈爱情 /69
- 对爱，不能在角落里独自琢磨 /81
- 爱情教育：别让孩子摸黑寻找 /93

三 当青春期遇上更年期

- 别和青春期的孩子较劲 /121
- 逆反不应是孩子孤单的独舞 /135
- 有一种爱叫做逃离愤怒 /148

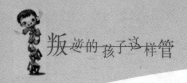

- 爱怎能成为隔阂的借口 / 161
- 兴趣点给亲子沟通加一个注释 / 174

四 帮助孩子接纳自己

- 有了自信，做名鞋匠又何妨 / 189
- 体验式教育：打开生活的全新视角 / 196
- 让世界加速孩子的成长 / 208
- 逆行少年写给青春岁月的挑战书 / 225
- 杰出青少年的七个习惯 / 239

五 把幸福密码还给孩子

- 幸福观教育缺失带来的后果 / 251
- 你具备感知幸福的能力吗？/ 254
- 变偶像崇拜为青春动力 / 265
- 以梦想的名义仰望幸福 / 277
- 让孩子成为梦想之舟的船长 / 290

后记 / 304

一　青春需要"摆渡人"

青春期的孩子是青涩带酸的青苹果，他们的体内涌动着生命成长的潮水，他们需要爱，需要了解生命，需要坦然地面对生命的成长。确切地说，他们需要学会一种"爱的能力"。

　　然而，成年人却一直小心翼翼地回避与青春期的孩子谈"情"与"性"。青春期的"情"教育和"性"教育因而出现大片空白。由此，我们见到了20世纪八九十年代出生的孩子对待生命的态度，以及这些孩子的生命意识对传统文化和道德教育的挑战。该是我们冷静而坦率地向整个社会提出问题的时候了——青春期的孩子需要什么？我们的青春期教育缺少什么？

　　确切地说，我们缺少的是一种对生命的尊重、珍爱和坦然面对生命真实的勇气。热爱生命是人的天性，只要我们坦然地面对生命的激情，不断地倾听孩子心灵的律动，每个成人都能找到青春期教育最好的途径和方法。

一 青春需要"摆渡人"

如何与孩子谈"性"

和孩子谈"性"从来都不是一件容易的事。比起以往,现在的孩子有更多机会暴露在"性暗示"下,因此和孩子谈"性"比以往更为重要。

性的价值观是爱和责任

男孩戎戎的妈妈去幼儿园接他时,小羽的妈妈给她讲了一件有趣的事情:幼儿园的小朋友安排她女儿小羽嫁给了戎戎,回到家里,小羽告诉妈妈:"现在就这样凑合吧!等将来遇到更帅的再换!"戎戎的妈妈听了哈哈大笑,笑完后,仔细想想,又有点担忧,虽然孩子谈论的婚嫁,并不是成人世界真正意义上的谈婚论嫁,但也从一个侧面说明了两个问题:其一,孩子易受成人世界言行举止的影响,并很快模仿;其二,父母没有及时、适当地告诉孩子想知道的一些事情,没有把自己想要让孩子掌握的正确信息传达给他们。

许多年轻的妈妈都曾面临如何与孩子谈"性"的问题。例如:5岁的女儿问妈妈:"我是从哪里来的?"妈妈顿时感到十分紧张,心想"小宝贝终于要问我这个问题了",于是调用全部所学复杂地解释了这个神圣的问题。小宝贝整个过程都用一种疑惑的表情看着妈妈,最后说了一句:"可是妈妈,我只是想知道我们是从哪里出来的呀。"

孩子渐渐长大,这个问题依然存在,答案却不一样了。比起

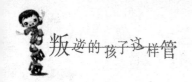

以往，现在的孩子有更多机会暴露在性暗示之下，如何与孩子谈"性"，遂成为现代父母们重要的教育责任。

》学龄前：有魔力的思想者

很多父母对于从学龄前就开始对孩子进行性教育嗤之以鼻，认为太早。但实际上正好相反，性教育越早开始越好。原因是和学龄前的孩子交谈是最容易的，他们会像海绵吸水那样吸取知识。其次，孩子需要时间来理解你想要教给他们的东西——你们家庭的价值观、道德观。另外，研究表明，受过性健康教育的孩子不容易遭受性虐待和性骚扰。

学龄前的孩子有个特点，当他们不知道一件事情的真实情况的时候，就会编个故事来向自己解释，教育心理学家称之为"有魔力的想象"。但是，有些时候，这种想象会很危险。比如，有些男孩对于排尿一无所知时，他们想象尿液是从睾丸里排出的，所以他们急着小便时，就站在便池前挤捏自己的睾丸，好让小便快些出来，可这样做就可能弄伤睾丸。

父母要和男孩说说他的阴茎，例如它的功能和怎样让它保持健康，让他觉得这一切都很自然。这样，阴茎一旦受了感染或受了伤，孩子会马上告诉父母。父母也要和女孩说说她的阴道，要告诉孩子，阴道是人身上最干净的一个开口，它能时刻都保持湿润，就和你的眼睛一样。这里有一份儿童性教育专家列出的儿童在入学之前需要知道的性知识，适龄儿童的父母和老师不妨自测一下自己的教育是否到位：（1）掌握生殖器名称的正确称呼——阴茎、睾丸、阴囊、肛门、外阴、阴唇、阴道、阴蒂、子宫、卵巢；（2）性交时，当男性精子进入女性的子宫，就可能会使女性怀

一 青春需要"摆渡人"

孕;(3)婴儿是在子宫里成长的;(4)孩子是从阴道里出生的;(5)月经和梦遗是清洁、健康的过程。

▷ 小学生:厕所幽默一族

低年级的小学生最喜欢开的玩笑总是围绕着屁股、屁、屎……他们对人体的排泄饶有兴趣。记得有一位儿童心理学家讲到她8岁的儿子时说,有一次她和儿子一起与一位姓史的朋友见面,儿子一听到这个朋友的姓,就不怀好意地大笑起来,还不停地问对方:"你的史,是拉屎的屎吗?"弄得这位心理学家尴尬极了。

按照儿童性教育专家的看法,孩子之所以会经历这样一个对排泄着迷的阶段,是因为他们分不清消化系统和排泄系统,所以他们会觉得人体的排泄功能威力无穷。所有这些傻笑、同龄人之间的笑话和对肛门的长期关注,都是一种对性和性健康知识的探索。同时,这个年龄是一个讨论"性"的最佳时机,如果你的孩子介于8岁到12岁之间,你就可以和他谈论"性"这个话题。大部分小学生都是信任他人的、坦诚的,周围的事物对他们而言有极大的吸引力。

一位妈妈描述了她和上小学二年级的儿子一场关于"性"的谈话。首先,这个妈妈做了充分的准备,也曾和有关专家讨论过多次。其次,她自己之前也告诉儿子,9岁生日过后,会有一场重要谈话。搞得儿子很期待,总是催她快点谈。这位妈妈后来说,虽然准备很久,谈起来还是很紧张,担心因为一句话说错给孩子带来不良影响。朋友安慰她说:"谈的次数多了,有经验了,就不会紧张了。"并且告诉她,这样的谈话只能算开了一个好头,以后,要谈到的话题还有很多。谈什么并不重要,开诚布公、平等、温暖的谈话氛围才是最重要的。

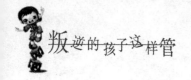

再来看看小学生需要知道的性知识：除了所有学龄前儿童应该掌握的知识以外，再加上以下几条：（1）科学用语：尿液、大便、膀胱、尿道；（2）消化系统和生殖系统的区别；（3）有关月经和梦遗的所有知识；（4）关于青春期身体变化的基础知识。

» 中学生：走向性成熟的一群

中学生在走向性成熟的道路上，会碰到两大障碍，尤其是在他们十几岁之前，没有从家长或学校方面获得性知识：首先，他们认为到了中学就应该知道有关"性"的一切，有时他们也意识到自己有不懂的地方，但是迫于同伴的压力，这些疑问都被深深地埋在了心底。其次，由于我们的社会很少有人公开谈论性健康，因而少年会因为缺乏经验而受到伤害。

父母所要牢记的就是，要给孩子一些限制和指导意见，甚至是立场坚定的规矩。有一些孩子长大以后，会很庆幸自己的父母定下过严格的规矩和准则。

即使不一定有性行为，男生和女生都应掌握有关避孕套的知识，知道哪个牌子最好，如何正确地使用，并能很自然地购买避孕套。其实，每个青少年都很想和一个可靠的成年人谈谈"性"。如果没法和父母交谈，老师是最佳人选，或者以老师的权威推荐给孩子一些书看看也可以。

青春期的孩子需要知道前几个年龄阶段孩子知道的，并有所提高：（1）避孕措施的正确使用，以及避孕措施潜在失败的可能；（2）关于性传染疾病的详尽知识。他们还需要发展：（1）对于亲密关系的理解；（2）与人相处的技巧；（3）拒绝的技巧。

性的主题和正确的价值观紧密相连，而这正确的价值观正是

"爱"。唯有爱才有责任感和完善的抉择，才有更美好的情爱、家庭和社会。

🐝 男孩说：我没有伤害她

来自北京大学的男生BUYU说，对"性"最早的认识其实是来自一些用来骂人的语汇：刚上小学的时候，班上有一些较早接触到相关"知识"（至少是语汇）的同学，在他们的言谈话语里，时常出现一些对"性"（更确切地说是"性行为"）的粗俗形容。也就是从那时起，BUYU便开始有意无意地把"性"与"肮脏"、"隐秘"这些词语联系在一起，觉得那些都是见不得人的：

渐渐长大，开始懂得更多较为正确的相关知识。但是，从小学到高中，我并没有从老师或学校那里学到哪怕最起码的"性"知识。因为学校近乎于"考试教育"，那些敏感而又与学校升学率无关的"性"知识就被排除在了教学计划之外。于是，对于"性"的无知和好奇就这样继续着。幸运的是，很早的时候妈妈就告诉我一个男子汉最重要的品质是责任。

在认识"性"的过程中，陕北信天游中对"性"、"情"的大胆歌唱与《红楼梦》里诗情画意间若有若无的"性"、"情"描写对我也有很大的影响。信天游里唱："一碗碗谷子两碗碗米，面对面睡觉还想你"，《红楼梦》里写"贾宝玉初试云雨情"，都给我留下了很深刻的印象。慢慢的，"性"不再那么见不得人，而是与一种优雅、浪漫联系在了一起。对"性"从单纯的好奇到有了一点"向往"。当然，这里所说的"性"更接近于"情"，也就是异性间的关系。

大学期间，上了"人类的性、生育与健康"课，我才接触到了系统的、科学的"性"知识。我开始对异性有更多的深层次的了解，认识到作为一个女人的种种不便和烦忧，认识到不负责任的性行为对双方的伤害，开始害怕自己哪一天会闯下大祸，开始庆幸自己并未做出什么令彼此后悔的事情。

我和女朋友在一起两年多，也曾一起外出、过夜，可以说有很多次犯错误的机会，亦有很多次我们差点犯了错误。现在，和女朋友暂时分开了，我在遗憾之余最高兴的就是：我没有伤害她。也许应该告诉妈妈，她的儿子开始真正理解"责任"，开始懂得"性"了。

女孩说：后悔没听妈妈的话

而对于同样是北京大学的女生小白来说，"性"是一个既神秘又不堪的话题：

小时候，每次在电视上看到情侣亲密的镜头，妈妈都会换频道或者批评这样的镜头，这使得我在心里觉得"性"是邪恶的、令人羞愧的。小学和中学里虽然有生理课，但基本什么都没讲。最早的生理课是在小学五年级的时候，那时班里已经有不少女生来月经了，但是大家好像特别担心别人知道似的，总觉得这是不光彩的事。学校的老师也很少利用这个机会，好好地在课前搜集一些文字或影像资料，给我们上一堂青春期教育课。课堂上的内容如蜻蜓点水，而老师讳莫如深的态度更像是在默默地告诉我们：这种事是不适合在公众场合说起的。此后，我们也自然地对"性"产生了回避的态度。

随着初潮的来临，乳房开始发育。那时候觉得，乳房的发育是最让女生尴尬又难以逃避的事情了。我还记得那个时候自己在人前

一 青春需要"摆渡人"

总会下意识地收一点肩、驼一下背,就是为了掩饰日渐隆起的胸部。妈妈劝过我戴胸罩,但我坚决拒绝了。我很害羞,害怕别人知道了会嘲笑自己。因为这种心态,我直到发育了两三年后才戴胸罩,导致乳房有些下垂,现在真是很后悔。上大学后,我学了一门医学部老师开的"健康生活方式"的课,才了解了一些基本的性知识,同时也意识到了自己的无知。

我觉得学生需要引导,虽然在大学里能接触到各种信息,特别是从网上一搜都能了解个八九分,但由于一些既已形成的对性知识的不正确态度,很多大学生不会主动去寻找这方面的知识,所以还不能说大学生的性教育问题已经完全解决了。

其实,学生需要的不仅仅是全面的性知识,还需要培养对"性"的正确态度,这恐怕是更复杂、更急需解决的一个问题。

性困惑是中国父母一生的痛

中国的父母们大概很少有人在自己的孩子8岁时和他认真地谈"性"。一位父亲回忆起自己在孩童和青少年时期的性困惑,感慨良多:

8岁时,我的父母没有和我谈过"性",我周围的孩子们的父母们也不和他们谈"性"。大家只是在朦胧中感到男女最隐秘区域的区别和对这种区别的好奇;再有,大家认为有了妈妈就能生孩子了,为什么还得要有爸爸,不明白爸爸对生孩子的意义。但是,中国的父母们很能沉得住气,没有人告诉自己的孩子,婴儿是如何从妈妈肚子里诞生的。

我的青春期是在"文革"中度过的,那是一个几乎不公开谈

"性"的年代。那时，常常有一些公判大会，对一些强奸犯公开宣判。我们这些十四五岁的孩子们，只是隐约感到强奸和"性"有关系，这很容易地让我们把"性"和"有罪"联系在一起。我工作以后，是在北京的一家工厂，厂里常有一些职工犯"生活错误"。我终于清楚地知道了，"生活错误"就是男女之间在"性"上有问题，这加强了我对"性"即犯罪的认识。也许，正是由于这些客观原因，让那个年代过来的人，常常对"性"有一种莫名的恐惧感和罪恶感。

我的青少年时期很少能看到有"性"描写的公开读物，记得我最早看到的和"性"有关的小说是柳青的《创业史》，那里有一段公公强暴儿媳的描写。再有，就是20世纪50年代翻译的法国作家莫泊桑的小说《俊友》。当然，还有20世纪50年代出版的原版的《三言二拍》，其中《醒世恒言》的"性"描写相当露骨。还有一些手抄本，如《少女的心》。

在20世纪70年代初，北京一些机关的礼堂常常放映一些内部电影，当时内部放映的一部最有名的"黄色"影片是《处女的脚》。这部影片的写实描写，让那个年代的很多中学生彻底知道了什么是"性"！

20世纪80年代初，我在北京的一所职业学校当老师，我们班上的学生都是高考落榜生，年龄在十七八岁左右。有一天，我管的班正上自习课，我到教室一看，班里空了一大半座位。我问："同学们哪去了？"班长告诉我，很多同学到学校旁边的一个种马场看种马交配去了。我气急败坏地跑到种马场一看，学校里有上百个学生在看种马交配，其中有近一半的女生，我和其他几位老师把同学们轰回了教室。事后，我们几位老师私下讨论，孩子们正值青春期，

一 青春需要"摆渡人"

可能缺少适当的"性"教育。我们商量,该给学生们讲讲生理卫生课了,但是,商量来商量去,讲课的事最终不了了之。我找朋友借了一本20世纪50年代出版的《父母必读》,但最终也没敢拿给同学们看。当时是改革开放初期,人们在"性"教育上还心有余悸,我怕被扣上"性"教唆的帽子。十多年之后,当时的一位学生告诉我,那次在种马场,很多同学才彻底知道了什么是"性"!

我在自己的儿子8岁的时候,也没有给他讲"性"。我总觉得孩子还小,怕他太早知道"性"不好。好在孩子当时只是觉得我这个爸爸多余,没有我,妈妈也可以生下他。儿子11岁时,班里的一些女生开始来月经,儿子总想知道是怎么回事,我和他妈妈讨论的结果是,那是女孩子的事,他可以晚一些知道,讲"性"的事就这么拖着。儿子13岁进入青春期,我们给他看了一部《宝宝是如何出生的》的光盘,但是,由于其中的一些关键情节是用动画的形式描述的,孩子并没有看得很明白,提出了一些困惑和问题,我推说让妈妈告诉他,他妈妈张不开口,"性"的事又拖了下去。

后来,家里有了电脑,很快,孩子学会了上网。终于有一天,我们发现孩子常常喜欢上一个"小男孩"网站,我们看到孩子浏览过一些色情照片;慢慢地,我们发现孩子浏览过一些小说的色情描写片段。网络是一个广阔的天地,我的孩子在网络中才彻底知道了什么是"性"!

回想起来,从我自己,到我的学生,到我的孩子,真正意义的"性"教育都是"自学成才"的。为什么父辈们和我们自己都不能认真地和孩子们谈"性"?我问过很多家长,大家都说张不开口,我自己也是张不开口!为什么张不开口?害羞吗?恐怕不是。许多人是怕从小在孩子们心中树立的父母的高大形象,因为谈"性"而

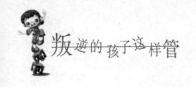

毁于一旦。还有，我们在谈"性"时，往往更关注的是男孩子别成了少年犯，女孩子别成了"少女妈妈"。看来，根源是潜藏在中国人心中的对于"性"的罪恶感。

我欣赏这样的说法："性可以是多么美好或多么神圣的一件事。对你的孩子，你可以常常强调'既美妙又神圣'。我们要谈的是：如何教我们的孩子对性负起责任，并且最终能从性上获得很大的快乐。"

学校和教师该不该承担性教育责任

专家认为性教育最好的老师是家长。但是，许多家长要么不管，要么把这种事推给学校。那么，在这种家庭性教育缺失的情况下，学校老师应如何承担起这个责任？下面是两位老师分别从小学和中学两个阶段谈的各自的体会。

科学而又充满爱地谈"性"

和孩子科学地谈性，并不仅仅意味着专用术语的讲解与现实回放，而更应是一种温柔、自然、充满爱的态度。我曾做过一个对比试验，六年级的女生先看介绍月经常识的科教片，然后提出自己的问题，而五年级的女生不看科教片，直接提出问题。有趣的是两个组提出的问题差异性不大，其中涉及最多的几个问题是："来月经后是不是就不长个了？""如果我突然来月经怎么办？"而我觉得解释这些问题的最佳时机是女儿初潮时被妈妈搂着肩膀轻轻地谈起。同样，作为教师的我在对孩子进行经期教育时，也会教给她们，如果妈妈在经期，女儿应该怎么做。

最近我看到这样一则报道：某小学为了对学生进行感恩教育，

一 青春需要"摆渡人"

组织高年级的学生和部分家长观看产妇分娩的纪录片。对于这种教育方式我个人觉得难以接受,因为对于知识储备和身心发育都没达到承受水平的孩子,这么做是一种粗暴的冒险。艾尔夫妇在《如何与孩子谈"性"》一书中,把8岁至19岁分成了3个阶段,每一个阶段都有性教育的主题、父母的角色和教育目标,这也是科学的态度,因为,孩子在不同的年龄阶段对"性"会有不同的疑问。

我的外甥女今年12岁,有一天她看电视时,见画面上有两个人在亲热,她突然问:"妈妈,你和爸爸想要我时脱衣服了吗?"她的妈妈被问了个措手不及,支支吾吾地说:"好像是吧……""啊?那你不觉得很害臊、很羞耻吗?"这个疑问就带有很强的年龄特点——开始具有了道德层面的评价。所以,正如艾尔夫妇所认为的,要学会抓住这个时机和孩子展开讨论,以减少社会对孩子的某些不良影响。

我觉得现在学校的性教育要么空白,要么缺少柔情,要么无视孩子的年龄特点随意安排。"性"是一个很大的话题,我们可以采取化整为零的方式慢慢渗透给孩子。"性"还是一个爱的话题。与世俗生活的此岸相对应,彼岸意味着精神与情感,就让"性"停留在孩子的"彼岸世界"中吧。

(清华大学附属小学教师 李红延)

▷ 心理差异是性教育的难点

青春期身体上的迅速变化会对青少年的自我意识方面产生特别大的影响,而且开始对异性产生兴趣。有研究显示,男孩在16岁到18岁之间对女性的恋慕程度比他人生中的任何阶段都强烈;而女孩也开始有一些关于异性的浪漫幻想。我的一位初二学生这样写道:

"我希望能够正确地去了解'性',我认为'性'对于目前的我们来说是应该了解的。"但是青少年心理发展的成熟度差异很大,个别的青少年在初二时就会对一些问题感兴趣,比如"性行为究竟是怎么发生的?什么感觉?"、"接吻、拥抱、睡在一起就会生小孩吗?"、"自慰对身体有害吗?"……而有些孩子还没有考虑类似问题,甚至觉得无聊。这种差异是开展性教育的难点所在。

我在调查中发现,超过一半的初二学生希望父母和自己坦诚交谈,但是只有不到10%的父母这样做了。我也曾经与一些朋友或学生家长交流,问他们是否和孩子谈过"性"的话题,得到的答复都是否定的。他们通常会说:"不知怎么谈,觉得很尴尬。"或"我们小时候也没人跟我们谈过这些,我们不也都挺好?到时候自然就懂了!"那些无法从父母那里得到答案的孩子,便从同伴、网络、书籍中了解有关"性"的信息。我不希望我的学生从不可靠的渠道获得不准确的信息,因为这将直接影响着孩子的性别意识、自我评价、对待性和生育的态度,也影响着他们今后的择偶、爱情、婚姻、生育和幸福。

于是,在鼓励、指导家长以开放、真诚的态度和孩子讨论与"性"有关的话题的同时,我和我的同事们开始设计人大附中校本课程——《青春无悔》,给学生们传授正确的性知识,帮助学生树立对"性"负责任的态度;告诉他们婚前性行为可能带来的身体或心理上的伤害……我与学生们一起探讨、一起感悟、一起成长,越来越意识到这项工作的重要性并享受着工作的快乐。许多次,当下课铃响起的时候,学生们以掌声回报我,偶尔会有学生追上走出教室的我,说一句:"谢谢您给我们讲这些!"

每一个青春期的孩子都会面对性发育所带来的心理压力,真心

一 青春需要"摆渡人"

地希望家长、老师可以与孩子们共同面对,让他们拥有健康和美好的未来。

(中国人民大学附属中学心理教师 万秋实)

谈话和讨论是与孩子谈"性"的最好方式

许多美国人在孩子8岁时,父母要和自己的孩子一起认真地谈一次"性"。从孩子们事后的反映看,当他们清楚地知道"性"意味着什么时,都"有一点震惊"。同时,他们也感激父母们让自己知道了"生命中最大的秘密———婴儿是如何从妈妈肚子里诞生的"。

相较于对"性"还毫无兴趣的幼儿期以及情绪多变、反复无常的青春期孩子,8岁是一个讨论"性"的最佳时机。在8岁生日来临之前,就反复告诉孩子,在那一天你将送给他一个特别的礼物,这样让孩子感兴趣并做好心理准备。当孩子的生日逐渐接近时,让他自己选定一个特别的地方和你们"单独"地度过一个下午。当然,事先你要准备好一本给这个年龄孩子看的解释"性"的图画书。下面是一段妈妈与孩子凯西的对话:

"在谈话之前,我只想让你知道我们爱你。"

"……"

"假如人是世界上最神圣的事,那么一个人的诞生将是最神圣的秘密。让我们一起想想,我们现在是长大了,但我们是如何成长的呢?我们刚被生下来的时候是什么样子呢?"

"婴儿。"

"你认为婴儿是从哪里来的呢?"

"医院。"

"是的,但他们是从哪里出来的呢?"

"妈妈的肚子。"

"不错,但是婴儿是如何进入妈妈的肚子呢?"

"从上帝那里。"

"很好,但你知道小婴儿在妈妈的肚子里是如何开始的吗?"(以一种神圣及喜悦的态度来问每一个问题,不要说得像考试或测验那样。要以肯定的态度重复孩子的每一个答案,并看孩子是否想继续。假如无法继续,可以问一些其他的问题)

"你想谁可以成为父母?怎样的人是最好的父母呢?"

"那些爱孩子并照顾他们的人。"

"为什么那很重要?"

"因为孩子需要爱和一个充满爱的家庭。"

"孩子的爸爸和妈妈彼此相爱很重要吗?"

"是的,非常重要。"

"你如何对人表示你的爱?"

"告诉他们我爱他们,为他们做美好的事。"

"你能用行动来表示你的爱吗——用你的身体、手臂或者嘴唇?"

"可以亲吻或拥抱那个人。"

"对的,假如一个男生和女生彼此相爱,他们会有什么样的亲吻呢?"

"时间比较久、更罗曼蒂克的亲吻。"

"很好,凯西,现在你知道夫妻间有一种更亲密的拥抱吗?这会让他们彼此的感觉很好、很相爱,还有——这是最令人喜悦的地方——这样亲密的拥抱,可以让婴儿在妈妈的肚子里产生。是不是很

一 青春需要"摆渡人"

令人惊喜呢?"

"……"

"这儿有一本书,里面有图片和介绍,告诉你什么是爸爸和妈妈之间的特别亲密的拥抱,婴儿如何形成,以及如何在妈妈的肚子里长大。你想看吗?"

"好。"

读这本书时,假如孩子觉得自己读会比较自在,就让他读。假如不是,你来读或者你们轮流读,放慢速度,经常问孩子他的想法,回答孩子提出的问题,利用每一个机会强调这件事是如何的惊喜、美好和不可思议。

"一个婴儿——一个完整的人——就是从两个小细胞开始的,是不是很神奇呢?有时候,有些孩子还没从父母那里学得'性'知识以前,就已从电视或者朋友那里听到一些有关'性'的事——他们只知道一部分,而且不知道'性'是如何的神圣、特别,因此有时候会拿'性'开玩笑,那是因为他们完全不了解现在你所知道的事。所以当你听到一些关于'性'的奇奇怪怪的事时,你要很高兴你已知道事情的真相。假如你听到一些你不懂的事,随时可以来问我,好吗?"

"好的。"

(摘自《如何与孩子谈"性"》,〔美〕琳达·艾尔 理查·艾尔,新星出版社2006年1月出版)

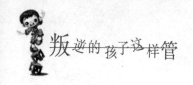

藏在书包里的玫瑰

有一天,少男少女们会突然听到他们心底响起一阵最甜蜜、最温柔的音乐,那是青春苏醒了。它会伴随着不间断地来自体内舒展开来的心愿,像花儿一样等待开放。那种等待带着一丝焦急、一些兴奋、一段迷茫、一种膨胀的酸痛或细腻的微痒。

青春期悄然而至时,这些即将或已经在扑朔迷离的青春舞台上演出的孩子们,准备好自己的脚本、找好自己的位置了吗?他们对青春这幕生命赐予的剧作心存的疑惑,有没有人以最自然、最有力的方式给予他们解答?如果没有正常的教育渠道,孩子的困惑所导致的问题会以另外的形式悄悄发生。那些形式很可能会导致漫长的青春期一蹶不振,甚至一生都会笼罩上沉重的黑幕。

那些不能说的秘密

父母与教师最关心少男少女的健康成长,却又常常难以了解到真实的情况。下面是一个关于中学生性问题的访谈实录,揭露了中学生隐秘而危险的一角——性的事实真相,记录了中学生偷吃禁果的经历:

访谈者:你从小到大的爱好是什么?
李憬:没有什么爱好,就是喜欢交朋友,喜欢挑战新鲜事物。
访谈者:还记得自己是怎样第一次接触和性有关的事物的吗?
李憬:我上初二时在网上认识了一个姐姐,她跟我说过有关这

一 青春需要"摆渡人"

方面的问题,并且和我发生了第一次。

访谈者:第一次做这件事,给你的生活带来了什么样的影响和变化?

李憬:变得没有以前那么天真了,在接触事物和进行判断时都和以前不一样了。

访谈者:事情是怎么发生的?

李憬:就是一开始在网上聊天,她问我有没有发生过那种事,我说没有。然后她说哪天我去找她,她教我。当时我很好奇,也觉得很新鲜,不明白为什么还有人教这个。第二天我就去了,她把我带到她家,就发生了那种事,也就是我的第一次。

访谈者:你想过拒绝吗?当时是什么心情?

李憬:当时我很不好意思,而且很紧张,不知道自己该做什么。

访谈者:结束之后什么感觉?

李憬:脑子一直很乱,不知道自己做了什么。然后那姐姐还笑着跟我说,我的第一次被她拿走了,这更让我不知道自己做了什么。

访谈者:你怎么和她告别的?她还说了些什么?有没有安慰你?

李憬:一点都没有安慰我。记得我走的时候她送我到门口,然后我们说了声再见,回去后我们再也没有联系。

访谈者:你是不是有一种上当受骗的感觉?

李憬:的确有这种感觉,第二天我就赶紧去医院做检查了。

访谈者:为什么说自己变得没有以前那么天真了?为什么接触事物和进行判断时与以前不一样了?

李憬:以前我和别的孩子一样,每天上学、放学、写作业,重复着这些事情。当我接触这个姐姐后,整个人都变了,不爱学习,不爱回家,做什么事都很冲动,从来不过脑子。

访谈者:你分析过自己没有?你这样是变好了还是变坏了?你

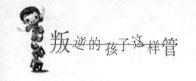

喜欢这种变化吗？在这个姐姐之前，你交过女朋友吗？

李憬：我分析过，自己也想过，我觉得我变坏了。当时我很喜欢这种变化，也很享受这种变化，因为我喜欢比别人都高一头，那种谁都不服的感觉，我觉得很刺激。小时候父母离异，没有爸爸严厉的劝说，妈妈什么事情都听我的。在这个姐姐之前我没交过女朋友，但在这之后我交了不少女朋友。

生活在网络时代的青少年获得了前所未有的自由，也同样面临着风险。享受着千奇百怪的信息和游戏，与数不清的网友来来往往，对于一个青春少年来说，自然充满了好奇与诱惑。问题在于，身处这样复杂的环境，是需要相当完备的素质才可能应付自如的。一般来说，一个初中生是难以做到的。如果没有成年人的指导和保护，未成年人进入网络世界，就犹如羔羊走入虎狼出没的山谷，随时有可能被吞噬。李憬的经历恰好说明了这一点。

据调查，中国男孩首次遗精的平均年龄为13.85岁，相当于初一或初二的阶段。因此，初二正是对性最为好奇的时期，但是，好奇就是好奇，并未达到渴望性交的程度，而是需要发展和完善自己的性角色。初二男生李憬的好奇心，被一个20多岁的女猎手所俘获。结果，丝毫没有爱情或友情可言，他成了女猎手的玩物。这样的经历无论对于男孩或是女孩都是致命的伤害。其伤害不仅仅是身体的，更是精神的——从根本上改变了性在其心目中的神圣感。所以，那种性关系对于一个少男或少女来说，无法获得任何美感和快乐，只是残酷的扭曲和摧残。

飞翔还要靠自己的翅膀

爱情是一把锋利无比的剑，学会去爱是项很强大的生活本领。

一 青春需要"摆渡人"

学生海砾这样评价自己已经逝去的青春：

我们用太长的时间、太大的代价来换取爱的经验，得到了与异性相处的真谛，连滚带爬地长大了，想想真是太不容易了。别让我再过一次青春期，我已经幸运且还算健康地从中逃亡出来了。

或许每个人的青春期都有各种难忘的经历，我只是为大家提供了一个完整的成长故事，我不想说太多无奈、太多烦恼，身体和情感都是我们生活的利刃，想要获得快乐一样也少不得，但使用起来却特别麻烦。学习的过程充满挑战，面对有关青春期私密话题时，爸爸妈妈退隐到了我们身后，因为他们教得言不由衷，我们学得不得要领。青春的起飞终归还是要靠自己的翅膀，大多数年轻人都在默默学习掌握生活的方法。我们的成长多少有些惊险，不怎么极端也不怎么暗淡，真实就是真实，也许超乎你的想象，也许远没你想象的那么离谱。

在人们的传统意识中，过早或者说在结婚以前发生性行为的孩子，都不是好孩子。然而，并不是每个过早发生性行为的孩子都沦为所谓的社会不安定因素。所以，请父母和老师们不要戴上有色眼镜去看待他们，不要满脸的鄙夷。事情发生后，不要再追究它是如何发生的，而是要确保下一步走得正确。

每个人都有自己的故事，每一个孩子的心，都是一本读也读不完的书。请相信孩子，他们将会更好地生活，更好地思考，正视"性"这种让大人恐慌、让孩子好奇的东西。

性教育首先是一种态度

中国目前已有艾滋病患者近百万人，并有迅猛增长之势。可悲的是，许多有了性行为的少男少女并不了解对方的性经历。这些孩子一时冲动，便以花季的生命去赌欲望之博。中学生盲目发生性关系，可能会导致怀孕甚至感染性病、艾滋病，目前的性教育已远远不能适应中学生（其实也应当包括小学生）的切实需要。

教育孩子的前提是了解孩子，了解孩子的前提是尊重孩子。青春期的来临本是一件好事，却往往让中学生朋友尤其是他们的父母倍加担心，似乎面对的是来势凶猛的滔滔洪水，随时要预防决堤的危险。在不知所措的时候，人们容易抱怨中国的性教育太落后，以致孩子无知、大人无措。这样的指责自然是证据确凿的。而性教育固然需要知识，需要方法，但首先需要的是一种态度。

2007年，北京某重点高中一位教师发现某高一男生行为异常，就悄悄搜查了他的书包，查到一封尚未发出的信，信中谈到他与本校一位女生发生性行为的一些细节。这位教师马上找该男生谈话，并对他进行严厉的批评教育，表示学校绝不允许这种事情发生，如果不深刻反省，就不许上学等。教师虽然很负责任，却忽略了保护未成年人的隐私，此事在校内传播开来，那两个学生压力很大。回家之后，两家的父母都不能接受孩子的所作所为，态度生硬，与孩子关系恶化。于是，这两个学生就在外边租房子同居，不久，女生怀孕了。这位男生说，我们就是要把孩子生出来，就是要证明我们不是闹着玩的，我们有真正的爱情。当孩子出生后，他俩才发现抚养孩子不是件容易的事情，孩子和大人都要吃喝，可没有钱怎么办？这个极为年轻的父亲就上街抢劫，抢了几个手机后被捕入狱。

我们再看第二个例子。一位母亲有两个女儿，大女儿发现读高二的妹妹身体反应异常，提醒妈妈带妹妹去医院检查。检查的结果是小女儿秀秀怀孕了！看着被化验单吓得泪流满面的女儿，妈妈决

一 青春需要"摆渡人"

定独自担负起处理这件事的责任。第二天,妈妈给秀秀的老师打了电话,说秀秀患急性阑尾炎做了手术,需要请假休养一段时间。放下电话,妈妈立刻带秀秀去医院,用自己的名字登记,为女儿做了流产手术,妈妈也向单位请了假,在家照顾了女儿20天。

在这20天里,妈妈从不提及女儿恋爱怀孕的事,也没有批评她,只把她当成一个生病的孩子细心照料。同时,像朋友一样跟女儿聊天,讲自己的人生经历和体会,谈美好的人生前景,也讲生理卫生和避孕知识。在一个风和日丽的星期天,妈妈把秀秀带到公园,她知道女儿现在最怕怀孕的事被人知道,说:"妈妈向你保证,这件事只有咱俩知道,其他人我谁也不告诉。等你身体恢复了,就去上学,像从前一样学习生活。"妈妈又说:"在这件事上,妈妈也有错。我对你的关心帮助不够,只注意你的学习,忽略了其他方面,该让你懂得的性和避孕知识没给你讲。这件错事表现在你,责任在我。从现在开始,你改你的错,我改我的错,你要争取做最好的女儿,我争取做最好的妈妈,好吗?"秀秀被感动得哭了,说:"谢谢妈妈,你是世界上最好的妈妈!"秀秀康复了,她严格要求自己,勤奋学习,以638分的好成绩考上北京一所重点大学。大学未毕业,就收到3所美国大学的录取通知。

同样是少女怀孕的经历,一个把孩子生了出来,给自己和孩子的发展都造成了巨大的困难,另一个则是妥善处理、吸取教训,使孩子奋斗出充满希望的前程。这两个案例的鲜明对照说明了一句话,那就是"关系的好坏决定教育的成败"。亲子关系和师生关系是孩子成长的两条生命线,关系好可以化险为夷,关系糟必定雪上加霜。无论是青少年还是父母或教师,面对性问题的时候,其态度决定一切。

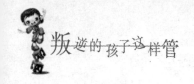

🐝 别让孩子的心离我们越来越远

很多西方的性教育专家,把进入青春期的孩子定义为:不知道自己不知道的一群人。他们的意思是,这些快要长大成人的孩子,对很多重要的事情难免有些一知半解,理解得并不是很透彻,却自认为自己懂了,这当然包括他们对性的理解。

张引墨曾在《中外少年》杂志社工作8年,其间有太多的孩子向她倾诉和询问有关感情和"性"的问题,有的孩子甚至千里迢迢跑到编辑部来咨询。最难忘的是2000年高考过后,她询问一位叫木青(化名)的同学的高考成绩,木青沮丧地说:没考好,因为就在高考的前一个月,陪好朋友(也是一位高三的同学)去医院堕胎。

张引墨说:"性很美好,但是这件事里隐藏着一些你们不知道的事情。第一,我采访过的中学生,没有一个在第一次的性行为当中享受过性的乐趣,相反,这件事让他们狼狈不堪、后悔不迭,因为他们还不成熟,无论是心智还是身体。第二,性关系不只是身体关系,更是情感关系,我们可以使用各种避孕工具,避免怀孕和性病。但是这个世界上没有一个工具或一种药可以防止感情上的伤害,这种创伤会像伤痕一样,留在你们心头,不断出血化脓,伤及一生。"

其实,不管是男孩还是女孩,无论他们处在十年前还是今天,也无论他们怀有哪种理解爱的方式,哪种获得爱的行为,都没有好坏和高低贵贱之分。对孩子而言,他们终有一天会结婚,并拥有自己的家。他们会向我们描绘理想对象的样子,同时也有实现不了这个愿望的担忧。所以成人的作用在于帮助他们得到更美好的爱,帮助他们培养对爱和性慎重思考的态度,而不是以自己的强势阻止爱的发生。父母忽略了这些问题,甚至希望这样的事情不要在这些还

一 青春需要"摆渡人"

要高考的孩子身上出现,但这几乎是不可能的。因为他们在学习之余,会拿出很多的时间和精力寻找自我、寻求独立,包括他们在性方面的思考也是与寻找自我息息相关的。父母可以做的事情是,调整自己的心态,寻找可以帮助孩子的方法,在对孩子的性教育方面上放下包袱,竭尽全力。这个教育的收获对孩子的一生而言,得到的好处会超过父母的想象。

不要按照我们成年人的模式来塑造孩子,他们把自己对事物的看法置于和我们的看法同等的地位,并期待我们能够认真地对待他们的看法。好多在成年人看来忧心忡忡的问题,在孩子的眼里,根本就不是问题,他们只是在经历自己的生活。他们或许会重复上一代人的梦想和错误,但那是他们自己的故事,注定不能与别人的故事重复。

对于孩子来说,他们需要既直观又感性的学习经验,打破爱情神话,安全跨过成长中的每一步危险,而不必非要品尝失败,遍体鳞伤地长大。在西方发达国家,性教育被定位为人格教育,性教育的内容包括性知识,与性有关的价值观、态度和分辨能力、人际关系和社交技巧、责任(性道德)。这些内容要从认知、情绪、情感和意志行为三个方面进行讨论,不仅要教给学生正确的知识,还要让他们讨论自己的观念与态度,并建立正确的社会交往行为。许多中学生表示,他们并不想成为别人窥探的对象,他们需要的只是有一个人能心平气和地跟他们好好谈一下这件事,因为这是成长中的一个重要问题。

学校的青春健康课应该怎么上

随着社会发展节奏加快,青少年生长发育的速度也在加快,但身心发育不平衡，如何正确引导他们认识青春期性生理和性心理的变化是青春期教育的关键。在此前提下，中学青春健康课应运而生。它不是性健康知识的普及也不是教授心理学知识，它关注的是孩子因生理变化带来的一系列心理变化，同时也渗透着人生观、价值观、性道德等内容的培养，是一门复杂而又高深的课程。

青春健康课不像语文、数学那样有多年的教学经验可借鉴。在实际操作中，学校和家长关心这门课的程度远远比不上那些"主课"，甚至还有的家长担心学生上了这门课会学坏。这门课无疑是一门特殊的课程，讲得太含蓄，起不到青春期教育的作用；讲得太浅显，学生又提不起学习的兴趣。作为教师的初晴说，她也希望能给学生大大方方地传授青春期知识，把这些传授的过程变得更形象、更有趣一些。但当她面对这门课时，经常会在心灵深处产生许多矛盾。在有限的课时里给学生传授些什么才是最适宜的？哪些是他们最迫切想知道的？面对学生的要求，该如何把握讲课的度和量？这些对她来说一直是具有挑战性的问题。

我们都知道，青春期教育是一门大学问，要树立孩子正确的性观念，不能盲目地排斥"性"，更不能采取简单粗暴的做法。我们都会想到，这要借助于教育和疏导，但如何教育、怎样疏导，却是值得整个社会学习、研究的大课题。抓住时机，适时、适度地引导青春期的学生健康快乐地度过这段岁月，是青春健康课教师肩上必须背负的使命。应尽量运用多种教学手段及方法，采用更容易被青少年接受的表现形式，使青春期教育寓教于乐，把课堂知识与实际生活相结合。

一 青春需要"摆渡人"

待到禁果成熟时

随着生活水平的提高,现代青少年性成熟的平均年龄提前了两岁,而平均结婚年龄则推迟了5岁以上,这种反差的扩大,大大增加了青少年婚前性行为的几率。国内一份对某大学学生的调查报告显示,学生首次性行为的平均年龄不足20岁,确切地说是19.51岁。有专家认为这个数字表现不出当今大学生性行为的现状,并认为现在大学生首次性行为的平均年龄要比这更小。

性行为对青少年意味着什么?他们对婚前性行为的后果又了解多少?美国青少年教育专家蒂姆·斯塔福德根据自己多年的辅导经验,通过大量的案例告诉青少年,性是美好的,但是应该把性行为放在结婚之后,因为婚前性行为带给青少年的不只是身体的伤害,更多的是心灵的伤害。而从青少年的成长来说,理性地选择"等待"是最好的做法。

我要守住最后一道防线吗?

那些并未发生性关系的情侣,在两人关系上会感到更大的自由。他们不受承诺的约束,所以他们可以享有彼此而不感到束手束脚。如果他们的爱情增长,他们便知道那不单单是靠肉体的吸引力。

的确,有很多情侣都说性在最初会使他们更为亲密。然而,这种亲密却是肤浅的,它是单靠着激情达成的肉体亲密而已。由于这样的亲密不是因为承诺而结合,所以在表面之下潜藏着焦虑,最后会演变成什么样呢?美国青少年教育专家蒂姆·斯塔福德曾经接到

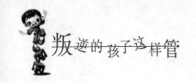

过一位14岁女孩子的求助信:

我是一个14岁的学生,我的男友16岁。几天前,我们参加了一场学校的舞会,离开会场后,我们有了真正的身体接触。我们虽然没有做爱,但除了最后防线外,其他一切事都做了。他要求和我做爱,但我拒绝了,因为我害怕。

我很爱我的男友,我们已经定好下次约会的时间了,几周之后要和一些朋友出去。根据他们告诉我的,我们将会有所进展(也就是说,突破最后防线)。我真的很恐惧,但我害怕如果我不那么做,我们的关系可能会受影响。

他总是说他爱我,当他抱我时,我觉得那么美好,好像我会永远和他在一起,而且每件事都会很棒。我真正的问题是:我怎么知道什么时候发生关系才是适当的时候呢?而且我要怎样才能知道他是否就是最适合我的那一位?有什么真正可靠的方法,可以得知他是否真的像他所说的那么爱我,如同我爱他一样?

这是一个贴近生活的案例,有相当一部分的中学生在感情中受着与案例中主人公相似的困扰。很多人在爱与性的困惑中找不到方向也找不到出口,他们惧怕过早地发生性关系,却又无法拒绝所爱的人;他们怀疑天长地久的可能性,却又无法在与爱人相处的亲密气氛中保持清醒。幸运的是,对于案例主人公提出的问题,心理学专家作出了以下回答,可以为无数困惑的人指点迷津:

第一,你怎么知道何时才是最适当的时候?当你和你所爱的人一起站在所有的亲朋好友面前,并且为你们的一生许下婚姻的诺言,你就会知道那就是最适当的时候了。然后你们步出

一 青春需要"摆渡人"

礼堂,永远地住在一起,接着有性行为是最适当不过了,那是你们应享的权利。婚礼虽不是灵丹妙药,但却是人类迄今所发明的最佳指针,表示你们已经预备好面对"性"为心灵与肉体带来的巨大影响。

第二,你如何知道他是不是最合适的那一位呢?在评估时需要考虑许多因素,但最终的结论是:如果他愿意站在上面所提到的那些人面前许下那神圣的誓约,而你也愿意在那儿和他一同立约,那么他就是最合适的那一位了。尽管有人混过了这项考验,但被它淘汰出局的人更是出奇的多!

第三,你怎么知道他是否真如他所说的那样爱你?最准确的判断就是,要求他把性放在结婚这条线上,站在众人面前(我前面提两次了),并且许下承诺。虽然有人真的会在自己的婚礼上撒谎,但是,与那些舞会过后在肉体关系上疯狂放肆而不愿意结婚的人相比,却少得多。

同时需要了解的是,若要实践这样的标准,可能意味着使你的男友失望。但是,如果你因此而失去他,这个损失也并没有那么可怕。被恋人紧紧拥抱而有恋爱的感觉,的确很美好。但是,你可以和很多人在短暂的关系中,得到那样的感受。长期来看,除非你很明智地处理你的性关系,否则你将无法和任何一个人,持续地拥有这样的感受。你的身体太珍贵了,而赤裸裸的性又太绝对了,除了在婚姻这种稳固的基础上可以把它交出去之外,别的都不能。

当心!那心灵上的永远伤害

在2003年,中国人民大学附属中学心理教师、咨询师万秋实的学生陈曦和他的好朋友林伟峰,作了一项名为"北京市普通中学学生性生理、性心理发展"的调查研究，他们在互联网上进行问卷调查，并通过电子邮件、QQ、面对面访谈等形式，收集了上千条有效数据。问卷中有这样一个问题："你是怎样看待婚前性行为的？"统计结果显示：选择"双方愿意就可以发生性行为"的初中生占到45.3%，高中生占到63.9%。这份问卷带给她很大的震撼，也引发了她的思考：

性，是一个人成长过程中的重要组成部分，是一个人生命棋局中很关键的一步，具有非同寻常的意义。因为性不是一个"是否"会来的问题，而是一个"何时"与"怎样"到来的问题。有关性的决定会影响一个人的一生。

作为讲授"青春期心理健康课"的教师，我希望我的学生认真考虑什么是性，在今天和未来的日子里应如何处理有关性的部分。我希望可以帮助学生了解自己，了解婚前性行为的后果，了解健康行为的价值。我不想讲一些纯学术的东西，但我希望能帮他们想得更清楚！

在美国，"安全套"教育是青春期性教育的一项内容，向青少年分派避孕套，并教导孩子们使用，这是所谓"降低风险"的方法。如果说婚前性行为带来的后果，就只是怀孕、性病，那么只对他们进行"安全套"教育就足够了；如果说今天中国的中学生无法避免性行为的发生，那么我们对他们进行"安全套"教育是必须的。如果事实如此，这也是我们青春期教育的方向了。

但走这样的方向对我来讲很难，因为我清楚地知道，婚前性行为带给青少年的不只是身体的伤害，更多的是心灵的伤害。

曾经有一位女大学生向我讲述了她与男友发生性行为之后的感

一 青春需要"摆渡人"

受:"我觉得非常难为情,性让我在他面前赤裸敞开、毫无保留。我担心他会离开我,如果那样的话,我该怎么办?"我能理解她的罪恶感和不安全感,这些感觉影响了她的自信心和人际关系,包括她与男友的关系。

我也曾看到过一位女孩的自白,她与男友发生性行为,并怀孕,流产。"他陪我一起去的医院,他站在门外,我在里面,就这样眼睁睁地看着我们的孩子……失去孩子的痛我无法忘记,这种痛苦既包括生理上的,也包括心理上的,以至于后来我一看到他就难受,我无数次地尝试解脱,却无能为力。所以,在失去孩子不久,我离开了他。"我想这样的痛不只是女孩子的,对男孩也是终身难忘的痛,他们各自带着这样的伤害面对未来,面对各自的婚姻。

性行为不只是身体上的结合,也是心灵的交流,发生了性行为的两个人,好像两张粘在一起的纸,如果分开,他们都不再完整。我希望我的学生们可以远离伤害,自由地追寻友谊、人生的目标和完全的健康,我找到了进行青春期健康教育的方向——婚前守贞。

我从一些书中抽取了一些内容运用在课堂上,配合一些心理游戏和真实案例,设计了系列课程"青春无悔",在高一和初二两个年级讲授。通过每一节课结束时发放的反馈表,我了解到了同学们的感受、建议和愿望……一位同学在反馈中写道:"在进入青少年阶段,我们会钦佩多才多艺的异性,但那不一定是爱,应保持沉默,将喜欢留在心中,将美丽留给明天……"

"进入青春期时,会遇到很多诱惑,这也许会阻止我理性地思考,偏离原来的梦想,但我要坚定自己的信念,相信自己,不做出越轨的事情。"另一个学生这样写。几乎每一个学生都表示愿意等待、婚前守贞!当然,在人生的路上,还会有许多的挑战,将来面对爱情时还会有做与不做、等与不等的试探,但我还是要告诉他们"性自律不容易做到,但你能做到!"

及早筑好等待的大堤

从青少年的成长来说,理性地选择等待是最好的做法,但是,如果想要实现这个愿望,我们面对的是很多怀有相反想法的青少年!

中国青年政治学院等单位联合进行的关于"青少年异性交往问题"的问卷调查显示,目前仅两成多的中学生认为过早发生性行为不合适。调查发现,当问及"如果你周围的同学谈恋爱并发生了性行为,你通常的反应是什么"的问题时,只有21.7%的学生认为这是不合适的,其他人或认为"只要相爱,就能发生",或认为是"太正常了,没什么大不了"。

为什么只有两成多的中学生认为过早发生性行为不合适,追查原因就像看见一张渔网,每一个促使孩子产生这种想法的可能就像渔网中明显的结,结结相扣,越来越多的孩子被网在中间,动弹不得。

中学生的身体是一个可以发生性行为的身体,而控制身体的,却是一个还没有想清楚"性"到底是什么的大脑。中学生的生活环境充斥着性的信息,却没有正确的判断和指引。据统计,中学生最热衷的网络70%都是和性相关的内容;中学生的情感,需要爱和温暖;中学生的家庭,越来越不稳定,父母的情感越来越混乱;中学生在成长中,没有系统的性教育,父母总想蒙蔽孩子……

一 青春需要"摆渡人"

这其中,性教育的缺席又会给孩子性观念的形成造成一个无法填补的黑洞。在美国,性教育是课程教育,年龄从5—18岁,从幼稚园到高中毕业。教育的目的和内容包括:适时地向儿童和青少年提供与性有关的完整而正确的信息;帮助儿童和青少年形成与性有关的正确且适合于个体、家庭、社会的价值观、观察分辨能力、正确的态度和行为模式,教导儿童和青少年发展人际交往的技巧;帮助他们走向成熟和建立正确的人际关系,帮助青少年学会平衡义务与权利的关系,应对同龄群体压力,树立责任感,了解节欲的意义,掌握怀孕、性传播疾病和性虐待等性医学知识,特别是怀孕和艾滋病的危害以及如何预防。

性教育需要学校设有课程,专门设有老师,并且要有完整的教学大纲。同时,父母要担当孩子的第一位性教育老师,在孩子很小的时候就开始解答孩子心中的疑问。如果没有这样的教育,加上孩子本身飞快的成长和变化,我们所期望的等待就可能会一次次落空。

青少年教育专家张引墨在2002年开始系统地调查中学生的性行为状况,第一个受访的男生出生于1980年左右,他告诉她:"父母想让我们觉得性是成长中最让人觉得可耻的内容,于是与它相关的一切都变得模模糊糊、忽明忽暗,让我们的成长倍感艰辛。"到目前为止,最后一个接受访问的男生出生于1990年,在初三下半学期到高一上半学期,和8个女孩有过一次性的性行为。他同时也是一个有绅士风度、讲礼貌、遵守时间、遵守交通规则、热爱学习的学生。张引墨的孩子出生于2002年,他们班里的同学大多出生于2002—2003年,现在已经有孩子的妈妈开始向她求助,其中一个孩子的妈妈发现儿子频频向来家里玩的小女孩飞吻。

孩子们以一种巨大的、延续性的、成长的状态出现在我们面前，环环相扣。1980年出生的孩子现在已经开始谈婚论嫁，对于他们在性教育上的缺失，我们只好望而兴叹；1990年出生的孩子全部进入中学的高年级，对他们的性教育是一种补救式的、追赶式的教育方法；那么2000年出生的孩子，他们会享有成熟的性教育吗？对我们这些出生于20世纪70年代、没有接受过任何性教育的父母而言，会面临怎样巨大的挑战！

从孩子的角度出发，他们想要得到真爱和美好的情感，包括真正有益的性关系的愿望是可以理解的。这些想法的实现，需要时间，需要等待，但是我们确实没有为孩子筑好可以等待的大堤⋯⋯

从等待之堤的材料来说：孩子需要适合自己的性教育、爱的教育、人格教育⋯⋯

从等待之堤的建造者看：孩子需要稳定的家、爱的榜样、有效的情感支持系统、充分的爱的滋养、有知识和品格的性教育老师、美好的而不是肮脏的社会环境⋯⋯

[相关链接] 国外青少年性教育现状

瑞典

◆ 瑞典是世界上最早开设性教育课程的国家之一，从1942年开始对7岁以上的少年儿童进行性教育。教师采用启发式、参与式和游戏式的教学方法，内容是在小学传授妊娠与生育知识，在中学讲授生理与身体机能知识，到大学则把重点放在恋爱、避孕与人际关系处理上。1966年，瑞典又尝试通过电视实施性教育，打破了家长难以启齿谈"性"的局面。瑞典不仅在学校有完整的性教育课程体系，而且性教育已深入社区及社会生活的各个层面，如瑞典全国现已有200个青年门诊，免费向23岁以下青少年开放咨询与治疗。

一 青春需要"摆渡人"

英国

◆ 1948年,英国较为流行的是"同伴教育",即利用同辈间的影响力,通过发展青少年的自助群体和自我教育,抵御来自社会的消极影响。这一方式跨越了青春期性教育中传统教育者(老师、家长)与受教育者之间的沟通障碍。"同伴教育"以生物学、社会学和心理学知识为基础,采用讲课、讨论、游戏、讲故事、知识竞赛等多种形式,并配合多种传播载体和实物模型,既生动又有效。目前,这一方法已引入亚洲和南美的一些国家。

新加坡

◆ 新加坡在学校专门开设了性教育课,该国教育部制定了一个系统的性教育方案,并为中学低年级学生设计了一套多媒体性教育教材——《成长岁月系列》。另有3种《成长岁月系列》教材将在未来两年内相继推出,它们适用于小学高年级、中学高年级和中学以上的学生。主要用于教导学生们如何对待异性朋友、对待感情和对待早恋等,教育他们如何掌握适当的分寸,理智地对待与异性的交往,不去跨越友谊的界限。

韩国

◆ 韩国从2001年起,在小学、初中、高中实行每年10课时以上的义务"性教育"制。韩国的教育人力资源部帮助每个学校按类别配备担任性教育的教师。在初中阶段讲解避孕的目的、避孕的种类和流产等知识;对高中生则进行详细的关于避孕种类和原理、避孕方法、错误的避孕知识和避孕失败的原因等问题的教育。

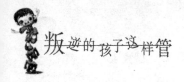

值得等……

上帝造男造女之后，送给亚当、夏娃最棒的一份礼物就是"性"了。只是不到适当的时机，就不能提前拆开这份礼物。然而避免人偷拆的最好办法，就是明明白白说清楚：不提前拆会有什么好处，提前拆又有什么坏处？而"性"又是一份什么样的礼物？如此一来，你自会评估，是乖乖等待呢，还是要做个"性叛逆小子"。

"性"没有预防针，爱情这条路的陷阱还有很多——做与不做，等与不等，还在时时挑战着你的理性与感性。

》等待真的有必要吗

当今社会中"性"是一个无法回避的话题。其实，"性"这一问题一点也不神秘。如果你一定要归咎是谁的话，就怪上帝好了。是他使你有活跃的性欲，是他把这股动力放在你里面的。但是，当你责怪他时，可别忘了也要给他一些称赞。如果没有性，人生会变成什么样？

当电视上肤浅的男女关系成为大众的榜样时，我们所感受的压力是来自周遭的环境。不管是因为身体的感觉太难抵挡，还是社会的"性"观念越来越开放，有人干脆说——不必等了，既然无处不谈性，人人也都提前了，等待真的还有必要吗？

》等什么？给我一个理由

有人认为，艾滋病能做到道德劝诫所无法达成的效果——把大

一 青春需要"摆渡人"

家吓得等到婚后才有性行为。也许会吧,但我深感怀疑。

事实的确很吓人——

如果你得了艾滋病,你会死掉;

男女之间的性是传染艾滋病的途径之一;

唯一绝对安全的防范措施是,一生只有一位性伴侣,而对方也没有其他性伴侣;

保险套虽被广为宣传为可提供"安全的性行为",但实际上也不是百分之百的安全。比较准确的说法应是,可提供"较不危险的性行为"。

在讨论一些吓人的可能情况时,让我们再加上一种和艾滋病同样糟的情况——意外怀孕。婴儿的诞生原本是人生的一个高潮,对相爱中的父母来说,那是件令人得意而激动的事。然而,对一个年轻的未婚妈妈而言,却变成一个令人前途未卜的悲剧。倘若照目前的趋势发展下去,每5个少女中,就有2个在20岁之前至少会怀孕一次。坦白来讲,怀孕可能毁掉她们的一生。

知道婚前性行为的真实后果是很有价值的。它可以提醒你,电视和电影画面所描述的,把一大部分给省略了——省略了悲痛欲绝、寂寞孤单、遭受毁坏的人生,也省略了生育能力丧失、疾病和死亡。真实的后果能叫你停下来想一想:我明白我正在做什么吗?性行为是件生死攸关的事,难道我只是想赶时髦吗?

▶ 值得等!为婚姻的美梦提升爱情

可有什么比性更美好呢?然而,婚前若能保证不发生性关系,你们就会从彼此的关系中获益更多。

你们会有更多时间彼此了解。如果双方不发生性关系，两个人的关系基础就很清楚："这是个考验。我们在逐渐彼此认识，学习如何享受和另外一个人在一起，如何关怀另一个人，但我们在肉体及灵魂上并不彼此相属。"了解这点可帮助情侣们避免落入情感和心理的陷阱中。

等到婚礼当天，性已经是天经地义的事，那才是最适当的时机。当你们的心灵与情感都已合一之后，才在那特别的一天里在肉体上合一。当你说"我愿意"时，才会开始完全拥有这美梦中的自由。这虽不是进入美梦的唯一方式，却是最可靠、最平顺、最美好的方式。

实现婚姻的美梦意味着完全的、一生的承诺。你已经选择了某一个人，不再有其他的人相竞争，真正亲密的关系必须有这种安全感与信赖感。如果你想经历完全委身的性，最可靠的方式就是不要有其他的性经验。当然，等待是一种煎熬，但是美好的事情多半如此。

当你爱上某个人，你只会做对你的另一半最好的事，那么请耐心等到婚礼那天吧。

▷ 不只是等！在等待中成长

你需要明白什么叫好的关系。忘掉你从电视或电影上学来的一切，观察自己的父母——不管他们的婚姻是好是坏，即使只是普普通通。

两个完全不一样的人要进入亲密的关系，需要双方试着去彼此了解，需要沟通，还必须在更深的层次上认识彼此。你们必须互相关心，必须知道对方的梦想和忧虑，也必须了解对方内心最深处的

一 青春需要"摆渡人"

需要。我所说的关心是:照顾、保护、遮蔽、效劳、珍惜和关爱。

一般来说,你的结论会是这样的:建立一辈子相爱的关系,而这与姣好的外表、受欢迎的程度或是性的吸引力几乎没有关系。即使"恋爱"的感觉很棒,也有它的局限。与一辈子的爱有更多关联的是:信赖、关怀、牺牲、无私、沟通、耐心、坚持和忠实。能拥有一辈子的爱,和你及伴侣两人的品格大有关系。

(摘自《值得等:待到禁果成熟时》,〔美〕蒂姆·斯塔福德著,北方文艺出版社2006年2月版)

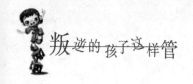

儿童性侵犯：是孩子的伤，而不是错

从人权道德的角度来看，儿童性侵犯是对生命最彻底的摧残和剥夺。然而，对于儿童性侵犯事件，成人、家庭、社会似乎更关注的是罪犯的惩罚、家族的清白、孩子的前途等，却忽略了孩子的感受，甚至把更多的责任推卸到孩子身上，这是对孩子的第二次伤害！如何帮助那些受侵犯的孩子，使他们的伤痛降到最低并最终走出阴影，是全社会的责任。

黑色秘密被揭开以后

这是一个真实的故事，在中国北方农村柴胡营（化名），一名男教师对6名女学生进行了不同程度的性侵犯，给受害女孩及其家庭带来了无尽的创伤。

黑色秘密被揭：震惊、愤怒、自责、眼泪

敬家的慕容第一个说出了那个黑色秘密，结束了6名女孩长达两年之久的性侵犯遭遇。慕容一直以为老师"干那事儿是上课"，只是这"课"不舒服，后来她拒绝服从，便遭老师当众打骂。她"实在抗不住了"，便决定向奶奶告状，想让家长制止老师的打骂。于是，一个深秋的夜晚，敬家奶奶在临睡前听到孙女说的耸人听闻的悄悄话……

一开始，奶奶嗔怪孙女"胡说"，并警告她不能"说谎"。慕容反复保证"是真的"，"俺们这6个女生都是"。奶奶这才将信

一　青春需要"摆渡人"

将疑，神色凝重。爷爷此时已在另一房间睡下，奶奶只好等天亮后再说，但心里却像翻江倒海一般……第二天一早，爷爷听到消息后非常震惊，他不相信"这事儿"竟然发生在学校！老敬夫妇联想到这两年来孙女曾多次无意间流露线索，后悔自己却从未当真！

沈家的朗朗在听说慕容已经说了后，就开始默默流泪，最终承认"老师对我不好"。沈妈当时"吓坏了"，劈手就给女儿一记耳光，厉声责问女儿。想到女儿两年来"遭了多少罪"时，沈妈心如刀割，抱着女儿失声痛哭。在6名女孩中，只有慕容一人主动说出，其余5人均在惊恐中被迫说出，展现出极为相似的一幕：同班同学的女性家长突然造访，把母亲叫到一旁低声细语，母亲就在外人面前厉声质问女儿"是不是有这回事"。孩子们最初矢口否认，后经女性家长哄劝、威胁和安慰，特别是听到"别的小孩都说了"，才哭着承认。

▷ 创伤相继出现：焦虑、害怕、噩梦、愤怒

6名受侵犯女孩所普遍存在的创伤反应包括噩梦、闪回（创伤回忆）、害怕报复、焦虑、愤怒及攻击行为、烦（怕）见男人（生）、学习成绩下降等症状。据家长介绍，孩子向警方和媒体反复叙述性侵犯经过后，创伤反应更为强烈。

遭受性侵犯对吴家女儿聪聪影响最大的是"闹心"、噩梦和厌食。事件披露后，聪聪常"因为那事儿而闹心"。没人玩时，"想起以前那破事儿就闹心"，由于"上课时老闹心"，使得聪聪无法专心上课，学习成绩直线下降。

在柴胡营，几乎无人不晓李家女儿蔷薇遭受性侵犯"程度最严重"。然而，噩梦并未随着性侵犯的披露而终结。蔷薇时刻担心遭

到侵犯者的报复,她噩梦连连,在梦境中永远无法驾驭自己,无力反抗。

受害女孩多数独自面对噩梦等症状,有的女孩曾告诉父母,却很难得到帮助。于是,她们选择缄默,并想方设法让自己"忘记",理由是担心父母"上火"、害怕父母指责、"不知道怎么说"。

▶ 援助亟待提供:法律、经济、心理、情感

当被问及需要什么服务时,家长和受害女孩普遍表现出惊愕,因为披露后没有任何部门主动给他们提供过服务。在家长们看来,警方调查和拘捕侵犯者是例行公事;媒体和律师是为了"挣钱"、"业绩";媒体曝光后,各级领导登门慰问是为了"保住乌纱帽"……

与其他5家相似,周家妈妈所需的服务偏向于实际利益和生活安排,而受害女孩则需要康安活动。周妈觉得,最彻底的帮助就是给一家人"换个环境",在那儿"谁也不知道孩子的事儿"。这需要镇政府协助转学、搬家,并解决"牵涉到的经济问题"。否则,就应该"给几万块钱"。

张家则曾从家外系统中得到安慰,比如媒体曝光后各级领导的探访、镇党委书记站在受害者的立场、侵犯者被判死刑、村民同情受害者等。然而,当被问及如果以后有机会专门为孩子举办免费的康安训练营,是否愿意让女儿参加时,张妈斩钉截铁地说:"坚决不去!"在她看来,"淡忘"、"不要再提起"才是唯一有效的途径。她的女儿张颖则表示愿意参加专门为受害女孩举办的训练营。

一 青春需要"摆渡人"

🐝 放下性之耻，关怀伤之痛——直面儿童性侵犯的社会责任

绝大多数热爱并有机会接触孩子的人，只要充分了解儿童性侵犯现象，就会理解：努力帮助创伤中的儿童及其家人的确是社会的责任。

❯ 是暴力犯罪，而不仅是性

在一般人看来，儿童性侵犯的黑暗之处在于，让纯洁的儿童经历性行为。在他们看来，儿童本不该有性行为，因为那是成人的专利。因此，遭受性侵犯的孩子很容易被贴上耻辱的标签。然而，纵观国内外儿童性侵犯现象，我们不难发现，儿童性侵犯并非纯粹的性活动，而是暴力犯罪。即在不平等的权利关系中，有权势的侵犯者以暴力或非暴力手段，通过性活动，将自己的意愿强加给地位低下的儿童，侵犯和剥夺受害儿童自由支配自己身体的权利与意志。

儿童性侵犯的本质是入侵，是暴力！因此，受害者不仅是18岁及以下的女孩，也包括男孩。"性活动"不仅包括带有性含义的身体接触，比如抚摸身体、体腔插入等，也包括裸体、观看色情录像或图片等非身体接触的性活动。侵犯者可以是受害者熟悉的处于权威地位的家人、老师、亲属或熟人，也可以是同龄人或陌生人。

儿童性侵犯这样的暴力现象并非人们想象得那么罕见。西方社会权威研究显示，在18岁之前遭受过身体接触的性侵犯者，女性为1/4，男性为1/10。如果将非身体接触的性侵犯包括在内，女性为1/3，男性为1/7。中国目前尚无大规模相关的人口调查数据，但很多人的生活经历和媒体报道告诉我们，儿童性侵犯现象已经成为亟

43

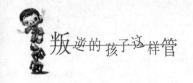

待解决的社会问题。

▶ 是孩子的伤，而不是孩子的错

朗朗，一直被父母当作掌上明珠的10岁女孩，在小学二年级至四年级期间，曾遭受班主任老师的性侵犯。事件被告发后，尽管父母在理智上清楚是老师的错，在感情上怜惜女儿的伤痛，可还是经常不自觉地责备女儿"没有保护自己"、"没有及时告诉父母"，朗朗自己也会经常责备自己。很多人都会有类似态度，如果遭受性侵犯的是青少年，人们倾向于把更多的责任放在孩子身上，这是对那些孩子的第二次伤害！

科学理性使我们习惯于假定，孩子是有能力避免儿童性侵犯的行为发生的，却忽视了深受社会文化制约的侵犯者及受害者之间的背景关系，特别是彼此之间的权利关系怎样限制甚至捆绑孩子行使个人意志的可能性。在我们的现实生活中，权势低下的一方可以反抗或拒绝强权一方的要求吗？似乎不能！中国传统文化中的等级观念和孝道观念决定了"反抗"和"拒绝"将付出沉重的代价。

那6名遭受性侵犯的孩子的故事告诉我们，她们曾以不同的方式拒绝和反抗，却遭到侵犯者的威胁、惩罚和报复。有的孩子曾向周围人提供试探性线索，但周围人却假定：成人，特别是对家长友善的老师没有错。没有人相信孩子！孩子不能从周围人那里得到保护，儿童性侵犯持续发生在所难免！

▶ 不要惩罚孩子，那些是伤痛的表现

即使性侵犯事件已经停止，周围人仍不断责备、惩罚受害的孩子。

一 青春需要"摆渡人"

慕容和蔷薇是同班同学,在小学二年级至四年级期间,遭受同一班主任性侵犯。两个本应同病相怜的女孩却成了不共戴天的仇敌,成为周围人茶余饭后的谈资。不仅如此,她们还经常随便用别人的东西,莫名其妙地对家人大发脾气,"妖道"地谈论"小孩不该说的话"——性,课业成绩也一落千丈……

性侵犯刚被告发时,家人理解"这都是老师造成的"。然而,随着时间的推移,人们逐渐忘记了孩子们的伤,将社会规范不接受、成人不满意的种种行为归咎于孩子本身,比如"不听话"、"不懂事"、"不好好学"、"没有规矩"……于是,我看到,为此孩子们常在家挨打挨骂,在外受人嘲弄、羞辱和惩罚。

其实,这些都是性侵犯造成的创伤反应!性侵犯最明显的特点是入侵。侵犯者通常充当保护者和照顾者的角色,却任意侵入孩子的身体疆界和心理(精神)界限,违背孩子的意愿,秘密地做让孩子不舒服的事,孩子自己不能终止这件事。于是,遭受性侵犯的经历从根本上破坏了孩子对整个世界的信任,也破坏了他们对自己的信任。孩子感到孤单、恐惧、无助、羞耻、自责和背叛,心中充满了难以表达的愤怒、忧郁和焦虑。

遭受性侵犯的孩子处于上述生命状态,根本无法应付课业、交友等方面的发展任务。他们会经常上课走神儿,不能专注于作业和考试,做什么都显得心不在焉。当生活中出现压力时,创伤反应将更加强烈。惩罚只会加剧上述创伤反应,让孩子的内心更加混乱。

▶ 家长难为

相信没有人会否认:家人的支持有助于使遭受性侵犯的孩子创伤康复,却很少有人体会到,孩子遭受性侵犯的家庭生活有多难!

家人得知性侵犯后，打破了家庭原有的平静。家人需要作出一系列重要的决定：相信，还是不相信？报警，还是不报警？谁应负责？如何负责？家人无论作出哪个决定，都要面对自己复杂的情绪，都要重新面对自家孩子和侵犯者，都要重整家庭关系。

刚才讲述的故事中，柴胡营的不少家长为自己未能保护女儿免遭性侵犯而内疚、自责。报案后，听闻侵犯者不久就会被放出来，家长们担惊受怕，担心遭到报复。他们曾向政府职能部门求助而未果，后为"讨回公道"，通过媒体曝光，试图打一场没有法律依据的官司……在整个过程中，家长们的无力感和愤怒情绪与日俱增，周围人的品头论足，又增加了他们的羞愧和内心冲突。这些复杂情绪不仅阻碍家长之间及亲子之间的相互支持，反而增加了一家人的情感负担。

家人很容易把内心复杂的情绪投射到朝夕相处的孩子身上，很难给孩子持续的呵护和支持。朗朗的妈妈在相当长的时间里觉得女儿"脏"、"不纯洁"，担心女儿未来的生活，于是，总是控制不住地对女儿发脾气。如果侵犯者是家庭的亲属和朋友，一家人也要面对保留亲友关系还是保护孩子的两难处境。

家庭关系和家庭界限也会因此改变。柴胡营的6家家长报案后，不同程度地打开了家庭界限。他们需要在缺乏确定性的前提下，让警察、记者、政府官员、法官、律师等人进入他们的家庭，增加家庭压力。尽管他们最初都能为了孩子"拧成一股绳"，然而，随着家庭压力增加，在看重孩子的家庭中，夫妻关系恶化；在看重成人关系和谐的家庭中，惩罚孩子的情况增加，两种情况都不能给创伤中的孩子提供关怀和支持。

一 青春需要"摆渡人"

▷ 第一个听孩子说出秘密的人该如何做

我们不能将处理儿童性侵犯的责任放在个人及家庭，也不能采取个人心理疾病的治疗模式。因为遭受性侵犯不是孩子本人及家人的选择，康复创伤所需要的资源远超出个人及家庭的能力所及。发达国家的经验表明，没有任何个人、专业和部门可以单独处理儿童性侵犯这样复杂的事件，需要所有与孩子打交道的多部门跨专业通力合作，全方位地开展工作。

不少人天真地以为，只要遭受性侵犯的孩子早些说出来，就可以减少伤害。这话只说对一半，不少遭受性侵犯的孩子表示，说出来后周围人的反应所带来的伤害，甚至超过性侵犯本身的伤害。因此，处理儿童性侵犯事件需要周围人合作，以免给孩子带来进一步伤害。

侵犯是两个人之间的秘密，缺乏人证和物证。通常，侵犯者不会主动说出来。只有孩子自己说出来，才会启动后续的保护工作。第一个听孩子说出来的人需要如何反应？如何让孩子在绝对安全、只说一次的条件下，如实地说出性侵犯的经过和侵犯者身份？而且让这些证据被法庭接受？警察、心理医生、社会工作者、家人、朋友、老师、同学、邻居等，每一个有机会接触孩子的人都需要清楚地知道这些，警察、社会工作者和心理医生等专业人员还需要接受专门训练，以便有能力娴熟地达到要求。

下一步需要立即采取有效行动，保证孩子避免再次遭受性侵犯，这是创伤治疗最首要的前提。这就需要公检法司部门采取行动控制侵犯者，需要专门部门把那些在家不安全的孩子转移到安全的地方。

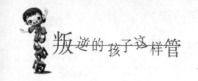

接下来,社会工作专业人员将协助受害儿童及家庭经历漫长的创伤康复历程。社工的助人专长是,在回应个人需要的同时,调动回应个人需要的社会资源,为受害儿童及其家人提供情绪支持,建立社交网络,使之能回到正常的生活……

帮助孩子及家庭身边的人清楚地了解事件真相,学习不歧视、取笑或指责孩子及其家人;帮助那些认识或熟悉侵犯者的人平复情绪;需要有好的社区教育,让受害家庭的亲属、邻居、孩子的老师、同伴等理解他们,而不是对他们指指点点。

那些已经受到法律的惩罚,并在监狱隔离的侵犯者则需要接受强制矫治。他们需要在临床心理学家的带领下,反思自己成长的历史、思想、感觉和价值取向,为侵犯承担责任,挑战偏差的性观念,建立对受害儿童的同情心,预防再犯危机。

预防儿童性侵犯的发生是非常重要的,需要大规模的社区(公众)教育。但教育的重点应放在让更多的年轻人不再受侵犯,而不是要求那些权势低下的孩子为性侵犯承担责任。为了消除暴力,我们的性教育不应该只停留在生殖教育上,而是应该强调人权和关系的教育,即教育我们年轻人在各种关系中保护自己的权利,并尊重他人的权利,消除暴力,建立和平。

如何照顾我的"花儿"

张老师的女儿马上就要上小学了,她有一点欣喜,也有一点焦虑。这很正常,因为就像小王子对他在小行星B612里种的那朵玫瑰花一样,她为孩子花费了大量时间,她要好好照顾孩子,她希望女儿可以安然度过人人都要经历的"成长的烦恼",不希望她受到意

一 青春需要"摆渡人"

外的身心创伤。

　　女童遭遇教师性侵犯的事件绝非个别,在各种媒体的报道中也从不鲜见针对女童的性侵犯。张老师为包括自己女儿和学生在内的女孩群体能否拥有一个安全的成长环境而感到忧心忡忡,为自己究竟能不能好好照顾这些娇嫩美丽的"花朵"而感到忧心忡忡。之所以这样,是因为张老师听说了身边发生的一起骇人听闻的事件:

　　男生小远告诉我,一个跟他关系很好的女生从七八岁开始,在将近3年的时间里持续被一个青年强奸!那时她根本不知道这意味着什么,但常常想到那种情景,因而注意力不集中,成绩也下降了。初中阶段,她依旧懵懂,但噩梦并没有随时光流逝而结束。即使白天她也不敢一个人走空空的楼梯,因为那个人始终选择楼顶作案。到了高中,通过读书以及和小远的交谈,她知道了那种伤害带给女孩子的后果,于是,她觉得自己不洁,一想到几年前的事就会身体痉挛,缩成一团并且哭闹,一度还酗酒,更可怕的是——女孩始终有自杀倾向。

　　对于孩子的这些异常反应,她的父母居然毫无察觉!从她初次遭遇性侵犯至今近十年时间里,她的家人只关心她有怎样的成绩,用打骂来惩罚她,却从未察觉她的恐惧,她甚至连女孩出现痛经现象的原因也只到小远那里去求证——她的母亲没有给正在发育的女儿任何常识与抚慰!同样地,她也无法在学校求得安慰,因为我们的学校教育从来都缺乏生命教育与精神关怀。

　　重创下的女孩得不到"家庭支持",只能无助地抓住小远这根"救命稻草"——她失去了安全感,失去了对世界的信任,她很想用情感生活来置换屈辱伤痛的记忆……

初闻此事，我很愤怒，想过如何去追究那个侵害者的法律责任，然而很快我就被新的问题所困扰：诉诸法律当然可以惩罚犯罪分子，但也势必会给那个女孩带来更多刺激，强化创伤记忆，她的自杀倾向有可能变为残酷的现实……毕竟，在创伤已经成为事实的今天，尽可能多地给女孩一些精神慰藉，尽可能降低此事对她的成长与情感的负面影响才是最重要的。

女孩再三警告小远不能把这件事告诉别人，可如此重负又岂是小远能承受得了的？我不是她的班主任，没有与她接触的合适机会，贸然地去找她谈也许会适得其反；我调查女孩子父母的情况，看能否以合理的方式告知他们，并且促使他们对孩子多一些体谅与精神关怀，然而她的家庭太漠视她的存在了！

我也想过让小远找机会带女孩进行心理治疗，然而女孩坚决反对，本地也缺乏有资质的治疗师；我密切地关注各种媒体报道中有相似经历的女性是如何摆脱阴影的事，提醒小远利用合适的时机告知女孩，然而收效甚微……

作为一个知情人，最大的痛苦就在于：明明知道危险还在，却无法消除！这让我觉得自己太无能，教育的力量太弱小；或者说，在巨大的身心创伤面前，我们的教育太无力！这近在咫尺的案例让我对那个女孩子无比痛惜，也对我女儿的成长焦虑不安。

其实，我们原本不该如此无力，有很多事我们是可以改变的。首先家长应该对"性侵犯"所涉范畴有明晰的认识，而后对幼小的女孩实施自我保护方面的性教育，比如说告诉她身体哪些部位不能让别人碰触……

然而，不能够深入体察孩子精神变化的父母，即便知道了黑色秘密，也未必会给孩子多少良性的支持。要么以顽固的"贞洁"观

一 青春需要"摆渡人"

念强化孩子的不洁感,要么因为痛惜而放任胡为,要么采取"捂"的办法,希望一切会随着时光流逝……这都不是真正的"家庭支持"!"搂住她,告诉她,她没有做错任何事。无论发生了什么,她永远都是爸爸妈妈心中的天使。"这才是女孩最该听到的,这才是对自己养育的花朵真爱的表达!

家庭之外,学校教育也应该反思。除了小远,女孩不愿意与任何人说这个噩梦。为什么?因为我们的教育缺乏足够的人文关怀以及常识教育。很多老师不熟悉学生心理状况,或常常因为职业倦怠等原因疏于关心学生,难以赢得学生的信任。即便关注,也常常因为面对非专业所长的棘手问题而束手无策。至于青春教育,至今仍然是含糊其辞的盲区。没有家庭、学校的援手,那个女孩就只能把自己绑在小远身上前行,而每一步下面都可能藏着地雷。

在欧美等一些国家,从社会到学校、家庭,都存在着针对儿童性侵犯的社会工作体系,一张巨大的、温情的网包裹着那些身心饱受创伤的孩子。即便有一个环节缺失,也会有其他环节的力量站出来为受害的孩子疗伤止痛。对此我们无限憧憬,却又觉得在中国要做到这一步,实在需要走一段极其漫长的路。如何在不断建立完善的社会服务机制的前提下,使学校和教师的"无助"感降到最低?

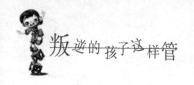

谁来关照这些少女妈妈

青春期困惑是个永恒的话题。我们无法避免人生中的种种磨难，但我们至少可以为自己的孩子规避一些不该有的沟坎、挫折、人为的阻碍与压力，为他们创造一个有所归依的精神世界。如果世界并不如理想中那样完美无缺，我们要做的便是把伤害缩减到最小，即便有伤痕，也要想方设法来弥合它。

在"青春之河"溺水的少女

2005年7月8日，中国人民解放军第411医院开通了上海首条未成年少女怀孕的医疗咨询电话——少女意外怀孕求助热线，希望通过成立这条咨询热线，使孩子们在面对过早性行为和意外怀孕时，及时找到解决的办法，不至于慌乱之中"有病乱投医"或麻木不仁，酿出苦果。

热线开通的几个月来，医生们发现一些女孩生理上的早熟与心智发育的滞后形成了强烈反差，对性的无知、无畏使她们不明白过早发生性行为对生理及心理产生的双重危害。

小兰的故事

不久前，中国人民解放军第411医院妇科副主任医师、少女意外怀孕门诊主任张峥嵘接待了一个外地女孩小兰（化名）。她出生在一个单亲家庭，从小没见过自己的亲生母亲。她的父亲再婚后，后妈对她很不好。在学校里，小兰是个聪明的孩子，学习成绩一直

一 青春需要"摆渡人"

不错。但是，后妈和父亲商量要把小兰送到农村去读书。小兰明白，那是他们不想供她继续读书了。于是，她干脆主动辍学，打工赚钱，开始自食其力的生活。那一年，小兰刚刚13岁。

后来，小兰通过网络认识了网友阿聪（化名）。于是，小兰离家出走，到上海和阿聪同居了。小兰告诉张峥嵘，最初的那段日子，两个人很开心，阿聪对她很好，直到有一天小兰发现怀上了阿聪的孩子。那个时候阿聪没有固定工作，听说小兰怀孕的事情后，他的态度很明确，要小兰把孩子打掉。

那是小兰怀孕两个月左右的时候，有一天早上醒来，小兰发现屋子空了！阿聪卷走了所有值钱的东西，包括小兰的身份证，他只给小兰留下了两三百元现金，就消失不见了……

"小兰到我们这里的时候，肚子里的胎儿已经有4个月大了，需要住院手术。"张医生说，小兰做完手术后被赶来上海的父亲带回了老家。对于少女意外怀孕门诊的医护人员来说，这个故事结束了，但对于小兰来说，一切也许才刚刚开头。

"这件事情对她心理上和情感上的伤害也许比对她身体的伤害更大。她从小缺少亲情的关爱，以为网上认识的这个男人可以给她爱护，但那个男人又如此不负责任地对待她，她受到的是双重的打击。"张峥嵘说，其实这样的情况在来就诊的怀孕少女中并不少见。隐性的伤害也许将伴随她们许多年，在她们追求幸福的路上投下阴影。

▶家长上门求助

由于意外怀孕，到医院做人工流产会给这些年轻的女孩子们带来很大的心理困扰，所以"少女意外怀孕求助热线"也同时提供心理疏导。正是因为这个缘故，一些对孩子无能为力的家长会上门求助。

张峥嵘还记得那个叫丹丹（化名）的女孩是被家长强行带到医院的。"她是个上海郊县的女孩，刚满18岁，怀孕了，不愿意做人工流产，坚持要把孩子生下来。"张峥嵘说，丹丹父母离异，她跟着妈妈长大。在张医生接触过的怀孕少女里，这种单亲家庭的孩子为数不少。

据丹丹的妈妈说，女儿和男朋友同居，住在一个几乎没有窗的屋子里，环境非常差。丹丹的妈妈自己身患癌症，为了节省生活开销，长期住在上海周边地区，所以大多数时间，丹丹是一个人在上海独立生活。

在为丹丹做检查的时候，张峥嵘发现她感染了性传播疾病。但是丹丹拒绝医生为她用药治疗，坚持要把孩子生下来，生怕用药会影响了肚子里的孩子。"我们跟她说了很多道理，最后是连哄带骗地为她做了两次治疗。"后来，丹丹终于做手术拿掉了孩子。但是，"整个过程中她都比较抗拒，不愿意配合医生。"

也有女孩子找到中国人民解放军第411医院的少女意外怀孕门诊时，肚子里的胎儿已经超过6个月。"按照规定，这样的情况就不可以做引产了，只能把孩子生下来。"张峥嵘说，很多女孩子认为自己什么都懂，觉得怀孕了只要随便什么时候到医院去做个手术拿掉就可以了，事实上并不是那样。"在怀孕的不同阶段，医生处理的方式也是不同的，越早发现越早处理对女孩子来说伤害越小。"那些没有办法做流产手术的女孩子离开医院以后去了哪里，最终是生下了孩子，还是通过其他渠道做了引产手术，张峥嵘不得而知。

一 青春需要"摆渡人"

▷ "监护人空白"现象

身为女性,张峥嵘也曾有过16岁的花季。将心比心,作为过来人,张峥嵘对前来就诊的女孩子们真的很疼惜。"我们那个时候社会环境相对稳定、保守,很少发生这样的事情。和当年的我们相比,现在的孩子处于这样一个比较开放的社会,她们更自我、更叛逆。社会在给她们更大的宽容度的同时,也相应地让她们承受了比我们那代人更多的东西。"

应该说,在少女意外怀孕的现象背后,长辈们有很大的责任。在少女意外怀孕门诊,大多数早孕女孩都是由同学、男友陪着来的,很少有家人、老师陪同。对此,张峥嵘坦言,这种"监护人空白"现象并不在少数,前来咨询、求助的早孕少女大都隐瞒着学校、家长,不少少女已经做了两次甚至多次人工流产,而家长和学校仍然对此一无所知。

在求助热线帮助的少女中,有28%的少女来自单亲或者不和谐的家庭,她们表示平时很少能感觉到家庭的温暖;52%的少女认为,平时父母只关心学习,很少有生活情感上的交流。而一旦发生意外,86%的少女会主动向同学或好友等同龄人寻求安慰和帮助;只有5%的少女会告诉老师;仅3%求助父母。

为了避免家长、老师知道,许多少女宁愿去非法小诊所就诊,更有甚者,为了躲避医生的询问,她们不惜随意编造年龄来隐瞒自己未成年的事实,或找其他成人冒充监护人。

▷ 如果我有孩子……

与青少年的性发育提早形成鲜明反差的是,青少年性教育的滞后和性知识的贫乏。据有关部门统计,青少年的性知识有77%来源

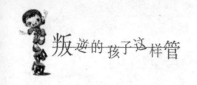

于网络、报刊、杂志、电视等各类媒体,只有3%来自母亲,1%来自父亲,而鲜有人承认来自学校。

张峥嵘说自己还没有孩子,假如有朝一日自己成为一位母亲,一定会在孩子可以接受的时候,尽早对孩子进行性知识的教育。"如果我有一个女儿,我会像朋友一样和她沟通,然后告诉她一定要保护好自己。"

随着社会节奏越来越紧张,人们结婚的年龄也在推后,"一定强调婚前不可以有性生活,要做到不太容易。我觉得要告诉年轻的女孩子们,不要随意地有性行为。如果发生性行为,一定要采取保护措施——安全套不仅可以防止怀孕,还可以阻断性病的传播。"

很多女孩子不懂得保护自己,以致怀孕并且染上了性病。张峥嵘说:"有时候这样真的会给她们的将来带来一些隐患,有人会因此在今后的婚姻生活里无法怀孕。"据中国人民解放军第411医院妇科门诊统计,有35%的少女认为人流对身体是毫无伤害的;40%的少女认为人流对身体只有轻微的影响;而当这些少女被医生问到过早性行为可能的危害时,90%的反应是:"最多是怀孕吧!"当医生郑重告诉她们,还有可能发生各种妇科疾病、感染性传播疾病、影响内分泌和身体发育时,她们都流露出难以置信的神情。

张峥嵘还特别提醒女孩子们,如果例假迟到了,要马上考虑是否有怀孕的可能。"药店里都可以买到试纸,做检测并不困难。如果确认怀孕,一定要找正规的机构做手术。"

需要的是宽容和帮助

张峥嵘表示,仅仅对少男少女开展性教育并不够,他们的成长受家庭、学校乃至整个社会的影响。如果社会道德观念和学校德育

一 青春需要"摆渡人"

中还充斥着落后的性观念，仍然会对少男少女们造成伤害。

实际上，许多怀孕的女孩子最害怕的是来自社会的歧视，害怕家庭、学校对她们不宽容。受中国传统的道德观念影响，许多怀孕少女处于人格冲突之中，心理压力很大。其实，这些怀孕女孩需要我们的引导和帮助，社会也应该更理智地看待低龄堕胎少女这一社会问题，给她们更多的宽容和更实际的帮助。

我曾是个少女妈妈

"时至今日，青少年的性问题已是一个'不是问题'的问题。'少女妈妈'成为了现今社会的新问题。'性'从讳莫如深的怪圈中走了出来，甚至有了泛滥之势。在某种意义上，它比性禁锢更可怕。"透过儿童文学作家、媒体人殷健灵写她创作《橘子鱼》的初衷和体会，不难感受到"少女妈妈"已成为现今社会的新问题，应该引起社会的关心：

▶ "坠婴事件"轰动上海

虽然，关注少年心灵成长一直是我创作的主要话题，但我却迟迟没有去触碰"少女妈妈"这一敏感题材。一是苦于没有很好的角度，二是我不希望将作品写成照搬现实的报告文学作品。这样一个题材，如果止于博取读者的好奇心则显得过于浅薄，我期待着能以某种形式实现文学上的超越，并引发读者深层次的思考。而真正触发我写作《橘子鱼》的直接动因，是来自生活中的真实事件。

2003年12月，一则有关"少女妈妈"的社会新闻轰动上海，引全文如下："某日凌晨5时许，一名刚刚出生、沾满血迹的男婴，被全身赤裸地装在马甲袋里，从一居民楼6层抛下后死亡。经警方调查，抛婴者是孩子的母亲，未满16周岁。据了解，事发住户是一对再婚夫妇，女方有一个和前夫所生的十多岁的女儿，该女孩一直跟随生父生活，很少在小区内出现，小区很多居民都没见过她。

据警方介绍，"少女妈妈"榛榛(化名)由于害怕家人知道，故而将刚出生的婴儿放置在窗外防盗栏上，因防盗栏不牢固而发生坠落事件，该案性质为过失致人死亡。由于榛榛已满14周岁、未满16周岁，根据《刑法》的有关规定，其未达到负刑事责任的年龄，所以警方将不追究其刑事责任……"

一石激起千层浪，榛榛顿时成为社会各界关注的焦点，引来媒体的追踪报道。

▶ "我曾是个少女妈妈"

作为媒体工作者和儿童文学作家，我自然也对此投以了关注，并且心怀隐忧。当社会各界为榛榛这个"少女妈妈"扼腕痛惜的时候，有多少人设想过榛榛的切身感受？这一事件将对她个人未来的命运发生怎样的影响？这种关注究竟是帮她还是害她？她能否得到对危机情绪的干预和疏导？有谁能为榛榛的成长直接负责？她被无辜地投入舆论的洪流，他人和社会的压力也许会远远大过事件本身对她的影响。对榛榛这样的女孩，我们能提供的切实的帮助是什么？

基于这样的思考，2004年1月，我在所在报纸的"谈话"栏目中策划了一个专题，希望从积极的角度来探讨"少女妈妈"问题。在采访中，我们遇到了一个真实案例。被采访者是一位成功的白领女性，她平静地告诉我："我曾经是个'少女妈妈'，青春期的伤痛对我来说，是一笔'意外财富'。"她这样描述当年的经历对她

一 青春需要"摆渡人"

今天的影响。

"我是家里的乖乖女，从小学到中学，我一直是班干部、三好学生。上高中时，班主任是个新分配来的大学生，观念很新，别的班级都羡慕我们班主任的开明。当时我是班长，小鹏是副班长，我们经常一起组织活动，不知不觉中有了好感。那是多么珍贵的初恋啊，我们小心地相约到美术馆看展览，到电影院看早场电影。在一个初夏的夜晚，我们偷尝了禁果。在一次次灵与肉的狂欢后，我怀孕了。那年我们都是17岁，慌得不得了，不敢告诉家长。等到身体再也遮掩不住了，惊恐万分的我们找到了班主任，告诉他实情。

他是真正的人类灵魂工程师！对于24岁的他而言，这种情况是个大大的意外。但他没有一句指责，立刻通过亲属联系了一家医院的妇科，冒着被别人误解为师生恋的风险，陪我去做了人工流产。又花掉半个月的工资，给我买了滋补品。在我身体康复后，他把我和小鹏叫到一起，语重心长地劝我们暂时冷却一下爱情，给自己一段时间来专心学习。我和小鹏听从了他的劝告，不再做'校园情侣'。第二年，我们都考上了名牌大学，他去了北京，我留在上海。虽然我们的爱情搁浅在花季，但我们现在还是很好的朋友。

我想我是幸运的，有过那么一段青春期的特殊遭遇，却在老师的帮助下有惊无险地渡过，并未影响自己的航向。相反，让我更加能控制自己的情感，学会了换位思考。毕业后我选择了做'人'的工作，动机很简单，就是想为需要的人送上一份光明和温暖，为迷失的人送上一份希望，为流泪的人送上一盏心灵的烛光。"

与坠婴事件相比，后者无疑给了我更为强烈的震撼和启发。在感动于故事中这位年轻教师的豁达与开明的同时，我也仿佛看到了一线人性的曙光。

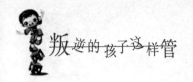

❯❯ 引渡者的角色不可缺失

可以说，是以上两件事给了我创作的灵感，后者则成为了小说故事的雏形。在以后的日子里，我不断看到各类"少女妈妈"的相关新闻见诸媒体，而心里的故事也在悄然生长。直到2006年年初的某一天，我拿起了笔，开始写下《橘子鱼》的第一个句子。

很多人对"橘子鱼"的书名感到好奇。其实，确实有一种观赏鱼叫橘子鱼，它的体色不稳定，常随水温和饲养条件而变化，只有在适宜的环境中，才会显露其漂亮的"橘子"本色。拿"橘子鱼"作为小说的书名，可谓传神，与我想表达的主题特别吻合。

如今的孩子，生活在一片迷茫的大海上，他们在"流行的风"中上升、跌落。谁来真正关照这些"橘子鱼"的精神世界，为其重建健康的价值观，帮助他们实现精神的归属？而我们的社会和成人又该给那些飘摇中的孩子创造一个怎样的环境，让他们显露"橘子本色"？在大众文化大肆侵蚀人类精神世界的今天，这些问题已经越来越显示出它们的普遍意义。

小说中的"我"和秦川，在某种程度上寄托了我的美好理想。他们的力量十分弱小，他们所做的，是护佑相隔一个时代的两个少女平安地渡过了"青春之河"，秦川甚至为此付出了巨大的代价。我非常固执地认为，帮助青少年顺利泅渡"青春之河"，是必须有引渡者介入的。如果世界并不如理想中那样完美无缺，引渡者们要做的，便是把伤害缩减到最小，即便有伤痕，也要想方设法来弥合它。

只是，随着时代发展，引渡者肩负的担子越来越沉重。他们不单要面对一个青少年的个体，更要面对一个庞大的价值多元社会。而作为社会中的每个成人，或许都应该为建设一个更加纯洁、更少暴力与

一 青春需要"摆渡人"

色情、更能促进孩子健康成长的文化环境尽一份微薄的力量。

"摆渡"之职太过沉重

当"早恋问题"出现时,坚决地将其"扼杀在萌芽状态"是一种做法;当校园出现"少女妈妈"时,悄无声息地将其劝退或者杀鸡儆猴地公开开除是一种做法。但这些都无助于让青春平稳过渡,而青春成长中的暗流又实在太急太猛,一不小心,就会粉碎花季的美好。

不止一次在媒体上看到关于"少女妈妈"的报道,也曾经看到有关专业人士调查校园"性"问题的访谈。惊心动魄之余,让张老师不由得深深思索:"身为教师,能够为这些浮沉在'青春之河'中的孩子们做些什么"?

我在高中任教,曾经听说过这样一件事:一个男生惊慌失措地跪在班主任面前,失声痛哭:"昨天晚上,我和她一起睡觉了!"听说这件事的人常常会痛心地感叹:"现在的高中生真是太胆大了!""现在的女生也太随便了!"这些孩子有父母、老师教育着,有约定俗成的道德规范约束着,为什么他们还会如此胆大冒失?一定是有什么缺失了。

在我的职业经历中,父母离异或家庭不和的孩子出现心理问题的频率最高,甚至常常可以由一个孩子的举止推断出他的家庭状况。虽然现在的孩子常常满不在乎地说:"别以为我们什么都不懂",但真的有事来了,他们往往是"我的恐惧无法诉说"。在这种情况下,学校教育,特别是教师必须适时介入。读完青年作家殷健灵的新作《橘子鱼》时,小说中秦川老师的做法引起了我的思索。

秦川是一位知道成长之痛的老师,所以他会在郊游时对学生讲述自己成长中的情感故事,并且如此总结:"这样的经历每个人都会有,就像在旅途中遇到一处河滩,或许很美,或许潜藏着危险,安然渡过就好。"一个感情充沛的人,会正视自己及他人成长中的惶惑;一个能够充分尊重人性特点、推己及人的教师,才可能真正做到"顺木之天,以致其性"。

面对"少女妈妈"夏荷,秦川老师没有采取曝光、上报乃至更为极端的做法,而是在她认识到后果之后,给予类似现在"少女意外怀孕求助热线"那样的帮助,把她从泥沼中拉出来,并且竭力让她明白:这是错误,而不是罪过。只有明白了这一层,夏荷才不会背负着负罪感生活,才不会失去对未来的憧憬,以及拥抱新生活的勇气。当问题出现的时候,我们的确应该让学生明白是非对错,但不能一味地追究责任,以惩罚的方式强化孩子们心中的犯罪感。那样做,不仅无助于事情的解决,反而可能使他们破罐子破摔。

然而,"引渡青春"的职责真的太过沉重,一个秦川远远不够,更何况,青春的冒险必将以巨大的代价换取。付出代价的,不仅是自己,甚至还有他人。《橘子鱼》的结局让人扼腕,其中当然有时代的因素、职业的因素,但更多的原因恐怕还在于:任何人都要为迷航的青春付出代价,而这代价会无比沉重,甚至会累及无辜。正在经历成长岁月的追梦少年,读到这样的结局当能掩卷深思吧。

当一个孩子的家庭性教育已经缺失,社会又不能给这些孩子以良好的氛围和完备的机构时,学校与教师的关爱不应再缺失!教师必须做些什么,无论可以改变什么,改变多少。

我们必须把生命教育、青春教育、性教育做得更加人性化和具

一 青春需要"摆渡人"

体化,而非一味回避、态度强硬。

我们必须是真正关注青少年心灵成长的"人师",而不是一味关注升学率的"赚钱机器"。惟有如此,学生才会对学校和老师给予信任,在遇到青春漩涡而又不能从家庭中得到帮助时,才愿意向学校和教师求援。

我们必须有更多社会保障设施及公益机构可以凭借,有更宽松的社会氛围可以依托。否则当"少女妈妈"等事件发生时,即便我们伸出援助之手,也还是不能保证她们的心灵不会受到其他伤害,鄙视、冷漠都是会伤及这些敏感心灵的利器。

我们必须在帮助孩子们解决后顾之忧的同时让他们意识到:只有珍爱自己,才能获得更多的尊重与爱护,才能更从容地渡过青春这条汹涌激荡的河流。

成长的青春需要"引渡"。身为教师,理当肩负起这沉重而高尚的责任,让飘摇的青春不再迷航。

 **谁来抚慰成长之痛**

《橘子鱼》一书讲述的是两个不同时代的少女面对青春期困惑的成长故事。其间,既有萌动的爱情、青涩的性、叛逆的青春等个体的问题,又有代沟、单亲家庭、社会偏见等社会问题。夏荷和艾未未两个少女尽管隔了一代,但她们有太多的相似:家庭的背景、情感的经历、偷尝禁果怀孕后的境况,而且都幸运地得到了"精神摆渡者"的帮助。

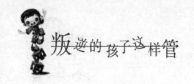

❯❯ 哭泣的百合女

作家夏荷是在自己的新书发布会上遇见艾未未的。这个女孩生活在一个单亲家庭中,母亲早年弃家出走,原本性格沉闷的父亲变得更加沉默寡言了,于是她想尽办法提醒周围人自己的存在。她装扮怪异,故意考试不及格,我行我素,旁若无人。但叛逆的行为并不能够抚慰艾未未内心的脆弱,她渴望倾诉,渴望有人理解她的感受。

艾未未的父亲把女友带回家,父女俩寂静单调的生活被打破了,也让父女间隐藏的矛盾浮出水面,家中的气氛到了剑拔弩张的地步。这时,艾未未认识了男孩松山——一个喜欢音乐和文学的、有才华的男孩子。

圣诞节临近的冬日,夏荷接到艾未未打来的电话,原来艾未未发现自己可能怀孕了,打电话向夏荷求救。夏荷见到艾未未时,她已经哭得泪水涟涟。在夏荷的印象里,这是艾未未第一次哭,以往她总是扮酷,像一株倔强的向日葵。夏荷带艾未未去看国际妇婴保健院的青春门诊,那里只对青春期少女开放。检查结果出来,艾未未怀孕了。夏荷将艾未未一直送到了家,并叮嘱艾未未父亲千万不要责怪她。坐在车上,望着未未父亲一直站在风中的身影,一段飘远的往事又重新浮上夏荷的心头。

❯❯ 泅渡"青春之河"

在夏荷的记忆里,春天总是和柳絮联系在一起。美浓小镇上,最多的就是柳树。山坡上、夹道旁、水塘边、房前院后……绿烟缭

一 青春需要"摆渡人"

绕,风吹无声,默默之间,又漾动起满眼绿波。生活在单亲家庭中,妈妈对于夏荷的要求很严格,夏荷也是一个听话的乖乖女,是语文老师秦川最得意的学生,日子过得清淡宁静。直到有一天,郭晓芒出现在夏荷的视线里,少女的心中漾起了波澜。

郭晓芒是新来的插班生,在夏荷身边坐下时,带过一阵凉风,夏荷嗅到了一股青草的气息。她从余光里瞥见这个男生,17岁,手已经有男人的样子,骨节粗大,但手指颀长,指甲修剪得圆润而干净。郭晓芒是个很有主见的男孩,和同龄人相比显得那么与众不同。很快,两个年轻的孩子都被彼此的优秀所吸引了。

一切也许本该就这样平平淡淡地过去,就像春天的柳絮被风纷飞吹落。但是秦川老师要到外地去进修学习,迂腐的葛洪宝接管了夏荷他们班,将夏荷与郭晓芒之间纯真懵懂的情感视同洪水猛兽加以打杀,夏荷母亲歇斯底里的疯狂,也让夏荷难以承受。一个寒冷的冬夜,夏荷与母亲争执之后夺门而出,躲到郭晓芒的身边去逃避现实的丑陋。

秦川终于回来了,但是夏荷发现自己怀孕了。那样一个禁忌的年代,这无疑宣判了一个少女命运的死刑。秦川知道了一切后,并没有责怪他们,他知道这并不完全是两个孩子的责任。秦川将夏荷带到一个离美浓小镇很远的地方,找了一家医院帮助夏荷解决了麻烦。一切就这样过去了,夏荷和郭晓芒都平安地度过了难关,重新回到自己的生活轨道上来。

» 青春"摆渡人"

清晨6点,夏荷被电话吵醒,艾未未吞药自杀了。经过洗胃,艾未未的生命保住了,肚子里的孩子自然流产。在医院的走廊里,前所未有地聚齐了和未未有关的人,这在她健康的时候,是从来没有过的。夏荷在心中默默地祈祷,但愿未未醒来以后,不要再次被悲伤袭倒。

艾未未醒来了,当着她父亲的面,前所未有地哭着说了很多话,道出了自己的委屈。夏荷欣喜于艾未未的眼泪,因为她知道流下一滴眼泪,需要很久很久。人越长大,就越习惯于压抑内心的真实感受,不再放声大哭、放声大笑。很多时候,一滴泪,在渗出眼眶之前,早已在心中酝酿了许久,甚至可能在落下之前,已经悄悄蒸发。经过这些事情,艾未未似乎也成长了,开始了解到父母的苦衷。夏荷让每人相互写封信,把最想说的话写在里面,相互了解彼此的感受。艾未未接受了父亲和他的女友,和松山也成为了好朋友。她抛弃了从前的叛逆,开始了快乐的生活。

夏荷这时更加怀念自己的老师秦川,不久后在一次中学的校友会上,夏荷听说秦川已经被学校开除了,因为有人举报他曾与女学生有染,带着学生去做人工流产。离开学校的秦川过着潦倒的生活,就在校友会的当天因癌症去世。夏荷在泅渡"青春之河"时所应付出的代价,秦川代她受过了。

(摘自《橘子鱼》,殷健灵著,贵州人民出版社2007年2月出版)

二 爱情教育是做人的教育

理想中的青春期教育,应该是以爱情教育为主,以性教育为辅。没有爱情教育而只有性教育的青春期教育,只会导致生物利己主义的泛滥,而不能将人性提升至人类文明的高度。没有爱情教育又没有正确的性教育的青春期教育,会让孩子们误入歧途。更明确一点说,"性教育"和"性教唆"有时仅有一步之遥。

  在我们看来,爱情教育是引导孩子们追求高尚美好的教育,它给孩子们的成长提供了一块丰腴的情感土壤,一片明朗的道德蓝天,让他们青春期萌动的性的种子有一个健康良好的发育环境,留待日后萌发爱的叶片,绽开爱的花朵。唯有这样的教育,才能从根本上让孩子们克制一时冲动造成的荒唐行为,而仅仅着眼于知识讲授的性教育,可能只会让他们懂得保护自己,但不会让他们懂得对他人、对社会的责任。我们的教育不能只是"头疼医头,脚疼医脚":看到现在的一些中学生出现了性行为,就把"性教育"当作一剂良药拿来试用。其实,我们应该从行为约束的道德方向去考虑问题,才能真正防止孩子们出现不慎的行为。

  总之,爱情教育作为一种"做人"的教育,从道德、理想、情感等各方面对学生一生的影响,都是性教育所无法比拟的;还可以说,只有在爱情教育辉映下的性教育,才是真正意义上的属于我们"教育"范畴的性教育,离开了爱情教育的性教育,是无本之木。

二 爱情教育是做人的教育

跟孩子开宗明义地谈爱情

十来岁的孩子虽然处于青春期之前,但他们也很有可能具备了"爱"的心理,这是我们必须正视的现实。成人过度强化儿童世界的"天真纯洁"和"无性"的存在,这是一种自欺欺人的心态。

找到我的"安娜"

德国小说家彼特·赫尔特林写的《本爱安娜》是一部反映童恋问题的作品,讲述了一个未满10岁的男孩本,爱上了一个叫安娜的女孩的故事。其实,童恋问题并不仅仅是小说中的故事,在现实生活中,有许多男孩女孩也面临着同样的困惑,而家长们又该怎么办呢?作者彼特谈起自己的创作初衷时,特别提到了自己的一段亲身经历:

成年人常常对孩子们说:"你们根本就不可能知道什么是爱,等你们长大了才能懂这个。"这种说法是不正确的。孩子们懂得爱,而且他们懂得的不仅仅是家庭内部的那种爱。这本书的男主人公本亚明(昵称本)的情况就是这样。他爱上了班上新来的一个名叫安娜的移民女孩,安娜有一阵子也很爱本。这很美好,但也很沉重。这里有激情,有委屈,有嫉妒,有与朋友的争吵以及被嘲讽的恐惧……

我写这本书的冲动出现在33年前,那时我8岁的儿子突然爱上了一个女孩。这种情况的出现扰乱了整个家庭。每个家庭成员都想弄明白,他看上了谁,是班上的哪一个女孩。小家伙受到了兄弟姐妹们的追问和嘲讽,而我们做父母的都只能做一些言不及义或言不由衷的评论。我为我们面临这个问题时的表现感到恼火,为什么我们就不可以跟孩子们开宗明义地讲爱情呢?为什么我们就不可以抛弃陈词滥调和虚伪的羞怯呢?烦恼催生了一个计划:为孩子们专门写一个爱情故事。这是有着重大意义的。这本书不谈别的,就谈童恋。

有了计划,我开始设置人物和情节。说实在的,人物的原形是现成的,我儿子和他的第一次恋爱就摆在那里。然而我明白,先入为主的人物和情节会让作者不由自主地决定取舍,为此我专程去了柏林。在一所小学里,我找到了我的"安娜",她来自立陶宛。上课的时候,她常常一节课一声不吭。当我问她为什么这样自我封闭时,她告诉我:"班上的同学们都疏远我,不喜欢我。"从柏林回家的路上,我想到了一个男孩的形象,他被女孩的自闭所吸引,喜欢上了这个移民女孩,这个男孩就是我的"本"。于是,这个故事就有了双重基础:距离与爱情,最终是爱情缩短和消除距离。

这本书赢得了广大读者的喜爱,绝大多数读者认为这本书是积极的,而不是消极的。不少小读者甚至对号入座,把自己与安娜或者本加以比较。我在书的末尾故意没有讲述这个爱的故事的结局,小读者们自己写了续篇寄给我,在续篇中表达了他们的愿望——本和安娜的爱最终是不受伤害的、圆满的。还有许多和安娜有着类似遭遇和处境的女生坦陈她们的伤心、孤独与陌生,她们说:"我不被班级接纳。"每当我和读者见面时,都会引发关于如何跨越鸿沟的热烈讨论。

这本书出版后的头几年中,有一些女孩,特别是出生于土耳其家庭的女孩发表她们的意见。她们认为书中的安娜举止不适宜,一

二 爱情教育是做人的教育

个女生和一个男生在湖里裸泳是不规矩、不应该的。我对她们说，这就是文化差异。在我看来，我的儿女们和他们年龄相仿的玩伴在河里或湖里裸泳，那是很自然的、无需大惊小怪的事。土耳其小姑娘们的羞怯是可以理解的，因为她们的成年人中大多数认为那种情况是不规矩的。不过让我感到欣慰的是，绝大多数土耳其读者认为本书的相关章节还是描写得生动有趣的。

这些年来《本爱安娜》一书在学校里广泛流传，也是这本书让男女老师有了一个契机——不受拘束地去跟学生讨论爱情。30多年前，人们可不像现在这样无拘无束。这本书成了一个引线，引燃了许许多多男女生心中的秘密。成千上万的男生女生写信给我，描述他们的女朋友或男朋友，他们还向我打听我初恋时的情景。有一些孩子在信中指责我，作为一个小说家，不应该在书的结尾"抛弃"本和安娜。

我本人从这本书中也得到了教益：要严肃认真地对待孩子们的"奇闻轶事"，要对得起小读者们的信任，要小心翼翼地对待他们的爱情，而不去恐吓他们，特别是在他们下定决心向你吐露心声的时候。有一回一个男孩在信中写："你好，赫尔特林先生！我的名字叫施文，今年10岁，我的女朋友也是10岁，名叫西尔维雅。她想嫁给我，你说我应该怎么办？"我能对他说什么呢？世界上最简单，也是最难做的一件事："再等一等，到爱成熟的时候吧！"我还会在我的信中对他说，"亲爱的施文，你的来信和你的信任，证实了青少年文学作家工作的重要性！"

🌸 家长需给予最大的宽容和理解

当本爱上安娜时，成人世界对此是无视、回避的，更多的是不承认、不相信这个事实,因为无论是本还是安娜都太小了,小到生命之花还没来得及恣意地绽放,小到漫漫人生之路上尚未留下一行哪怕是十分模糊的脚印。可是"孩子们懂得爱,而且他们懂得的不仅仅是家庭内部的那种爱。这个故事的男主人公本亚明的情况就是这样,他爱上班上新来的一个名叫安娜的移民女孩。安娜有一阵子也很爱本……"要叙述这样的故事一点也不比叙述一个成熟的、正宗的爱情故事容易,用什么样的观点、分寸、细节和语言去表现不到10岁的孩子之间的爱呢?

当本爱上安娜时,"本的世界完全变了样,上学不再枯燥,而是充满了愉悦"。而且,他无缘无故地总是很冲动,他无法聚精会神,"心里就像有成千上万只蚂蚁在爬动似的,他简直想从教室里跑出去,跑出校园,跑到马路上,一直跑到旷野里,跑啊跑,一直跑到糟糕的感觉烟消云散为止"。可当他的同学贝伦哈德在他面前提到安娜时,"蚂蚁爬动的感觉没有了,他强烈地感到了刺痛。他恨不得马上打一架"。特别是贝伦哈德送给安娜一个小面包,而且知道了安娜以前所在的城市名叫卡岑维兹,还有意在本面前卖弄一番时,"本暗暗思忖,'他应该长点见识,否则我要气炸了,真的!'"于是,他在贝伦哈德的屁股上贴了一张"月亮面孔"——一张面如满月的大胖脸。当贝伦哈德去擦黑板的时候,他屁股上那张表情丰富、妙不可言的月亮的脸使他出尽了洋相。"本望了望安娜,她的脸颊鼓鼓的,一只小拳头压在嘴巴前,挺开心的模样。蚂蚁爬动感和刺痛感都消失了"。

作者把本"爱上"安娜以后的心理体验表现得层次丰富,细致入微,活灵活现,有声有色。我们仿佛看到一个男孩被一种陌生的、奇特的感情击中以后,那种一刻也不得安宁、想狂奔、爱捉弄

二 爱情教育是做人的教育

人、动不动就想打一架的样子。让人不由自主地深深同情和喜爱这个在爱的漩涡中手忙脚乱、徒劳无功地挣扎的小男孩,并暗暗地庆幸,在本对爱的体验中,独独没有成人世界基于道德或品性的评判给他带来的负罪感和羞耻感。而这在中国的现实社会中,几乎是不可避免的。

对于本来说,成人世界的代表便是家长和老师,而他们却给了本最大的宽容和理解。当本的妈妈听说他有了女朋友时,只是好奇地问了一句:"是不是卡佳?"还为要去安娜家拜访的本准备了一束鲜花。安娜来家里做客,她拉着安娜到一旁去说话时还特意高声地说了一句:"安娜很快就回来。"这自然是在安慰本……书中还有许多这样的细节,表现出家长对小儿子恋情的认同理解、不惊不乍,言谈举止中的那份家常、自然、平等、从容……令人惊讶又感怀。而老师西普曼先生对这个恋爱中的小男孩身不由己地惹出来的种种事端选择包容和宽慰,更是让人肃然起敬。特别是这样一幕:有同学嘲弄本,在黑板上写"本爱安娜",全班尖声怪叫,本无声地抽泣。西普曼先生手抚着本的肩,并在黑板上写下了另一行字:"安娜爱本",然后告诉大家:"爱是双方的事。"这一永恒、朴素、简洁的真理,这位可敬的先生用这样的方式告诉了这些9岁的孩子们,好像他们不是9岁,而是19岁。事实上,无论9岁还是19岁的生命个体,在人格上都是平等的,没有本质上的差别。作者如此人性、如此平易地看待本与安娜的感情,表现出他对儿童意志与人格的无条件的尊重,对生命内涵的深刻理解,正是这样的精神气质,使得本与安娜在幼年时期的爱散发着永恒、诗意的幽香,无论是对书中的人物还是书外的阅读者,这幽香都将缭绕于心,弥久不散。

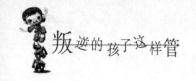

"两小无猜"猜什么

一天，5岁的儿子从幼儿园一回到家，就兴奋地对妈妈说："今天我亲了巧巧！"妈妈愣了一下，问他："为什么呀？""我喜欢她呀！"妈妈和老公不禁对视了一下。在家里，遇到高兴的事，父母总喜欢相互拥抱和亲吻，是希望孩子明白拥抱和亲吻只是表达喜悦的一种方式。但这次不同了，儿子亲吻的是个女孩子，好像有些麻烦。妈妈想了一下，对他说："儿子，今后要想再亲小朋友，一定要先对她说：'我能亲你吗？'她如果同意，你再亲她。"

"为什么？"儿子睁大眼睛不解地问。

"因为她也得喜欢才行呀。"

"哦……这太麻烦了，我不想亲了。"儿子边摇头边说。

妈妈连忙"推销"："我这有几个不麻烦的办法你要不要听一听……"当然，后来儿子都会用"不麻烦"的办法去喜爱小朋友。

其实，在幼儿园和小学低年级阶段，孩子们一些亲昵的动作和语言，一般代表两种含义：喜爱和游戏。其中游戏主要是模仿成人世界的一些活动，并不代表什么含义，就如古人所云："郎骑竹马来，绕床弄青梅。同居长干里，两小无嫌猜。"

这个"猜"字用得太妙了，"两小无猜"，如果"猜"，又会"猜"些什么呢？一个"猜"字，让人联想到的是：未知、神秘、好奇、意外，甚至是诱惑和刺激。

正如德国作家彼特·赫尔特林在《本爱安娜》所描写的那样，本爱上安娜就是在不断地"猜"的过程。书中这样描写本第一次见到安娜时的情景：他再一次打量安娜，就在这时，安娜抬起头来，

二 爱情教育是做人的教育

回望了本一眼。安娜的一双褐色眼睛大得出奇,眼睛里隐含着莫名的悲伤。这样的眼睛,本还从来没有见过。他也弄不明白,为什么他会觉得,那小姑娘的双眼里只能找到悲伤。他想,人不应该长这样的眼睛,它们会让人颤栗。这堂课他再也没向那个方向瞧。

安娜这个来自波兰的移民女孩有太多需要本去猜测的地方:安娜的过去、安娜的家人、安娜的喜好、安娜的心,最终是本自己对安娜的爱。书中的本懵懵懂懂,东冲西撞,而安娜却显得格外的成熟,她对本的态度总让本捉摸不透,这反而让本更加努力地去"猜"。

有人会说10岁的孩子恋爱太早了吧,我觉得本对安娜的感情只能叫做"恋",就是想念不忘,不忍舍弃,不想分开。这种感情在同性小伙伴中经常发生,大家通常叫友谊。可麻烦的是如果发生在异性伙伴身上我们该叫什么呢?这是非常困惑的一个问题,好像没有一个词能准确地概括,这时的孩子已经有很明确的性别意识,再加上成人世界就有很好的"模板",所以很多孩子愿意把这种感情说成是"恋爱"而不是"友谊"。

当老师的都知道,基本上从小学三年级开始,班里就会有人起哄:"谁和谁搞对象了!""谁和谁恋爱了!"所有起哄的孩子都会兴奋不已,被说的孩子要么愤怒,要么害羞,而这些表现,又会给起哄的孩子带来更大的满足感和刺激感,这样发展的结果有一种可能就是——被说者真的觉得自己在恋爱了。

在孩子们面前,我们不要羞于谈"爱",其实就算你不说,孩子们知道的一点也不少。李曾对120名五年级女生进行月经知识调查,虽然来月经的女孩子不到15%,但98%的女孩子都知道这个词,可只有不到一半的女孩子是从妈妈那里了解到的,剩下的要么从小说里看来的，要么从同伴那里听来的，而这些信息又都是残缺或失真的，结果有的女孩初潮时大哭不止，以为自己会流血而死。

面对现在爱情婚姻观的混乱与错位，我们更要告诉孩子爱的真谛，描绘爱的美好。去年教师节，李老师收到一个毕业生写给她的贺卡，上面写道："您是如此的与众不同，您从来都不回避男女生问题，还有您朗诵的爱情诗，真是太美了。"确实，一般到孩子上了高年级，一些老师会在恰当的时候为他们朗诵一些爱情诗，每次都会有热烈的掌声。老师希望每个孩子心里都有一颗爱的种子，等时机成熟了，长成的是一棵美丽的大树。

爱的本领

其实，不到10岁的孩子真的不懂男女之爱，因为他们之间的爱和喜欢里，还没有性的参与，他们之间的爱不是爱情，不是恋爱，只是喜欢。成年男女，互相喜欢或相爱后可能有性的行为发生。而性不成熟的孩子，他们的喜欢或爱，和性没有关系，互相吸引的性质也不同。异性儿童之间会被彼此的性格、共同的爱好等特质吸引，这种吸引在同性之间也存在。其实，喜欢和爱，在人的一生当中，会有很大的变化。现在，我们习惯一提到爱，就认为是异性之爱，是谈恋爱，其实根本就不是。在性教育当中，能够让孩子掌握爱的本领，理解爱的丰富含义，是很重要的一部分内容。

《本爱安娜》中深深的理解孩子处在萌芽状态的爱，这种本领得到了提高，而不是被扼杀，本和安娜对爱的回忆会一直停留在美好的记忆里，并且长久地对爱留有一份敬意，这些都与德国对小学生性教育的重视和完善是分不开的。我们可以看一份德国小学六年级性教育的课程提纲。这份提纲是在开学后，老师发给每个孩子的

二 爱情教育是做人的教育

家长来配合学校的性教育的。

亲爱的家长：

我想告诉你们：在我的性教育课程中要达到哪些目的？对孩子们提起和性相关的话题时，为什么你们老是感觉到难以和孩子沟通？在我们的课程里面，都要和孩子们讨论些什么？

男孩女孩最初的性特征：比较成长中的身体的不同。

最初荷尔蒙的作用：男孩子的变化、女孩子的变化。

男人的性器官：形成和作用（考试），精子的成熟和遗精。

女人的性器官：形成和作用（考试），卵子的成熟和月经。

性生活和受孕过程（考试）。受孕过程精子经过的路途，卵子的路途。什么时候、在哪里受孕。

避孕：作用、承受力、效果。

怀孕：过程，胎儿的发育和出生的过程。

友谊、爱情、责任和家庭。

婴儿的发育过程。

如果您对上述问题或者各种教材还有疑问，请与我取得联系。

教师签字

大家可能很吃惊，用得着给小学的孩子讲述这样深入的内容吗？这是因为性教育，包括爱的教育，一定要有一个提前量，在孩子没有发生爱情、没有性冲动之前，与之相关的答疑解惑必须已经全部完成。

还想提到的一点是，每个成人都要在孩子成长的过程中帮助他们得到更美好的爱，帮助他们培养对爱和性慎重思考的态度，而不是以成人的强势阻止爱的发生。人类对异性的特殊感觉从来就

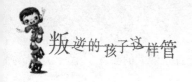

有，对漂亮异性的喜爱也是天生的。儿童也会有这种情感，他们会向周围的人学习表达的方式，例如可以一起学习、游戏，可以互相帮助，可以送小礼物，可以拉拉手，可以亲吻脸颊……我们要告诉他们这个年龄段表达喜欢异性小朋友时可用的方式，而且无论做什么，事前要问对方是否喜欢——这是尊重！

孩子们懂得爱

《本爱安娜》是一部反映童恋的作品。未满10岁的本亚明爱上了班上的新同学——移民女孩安娜，并为这朦胧的、超出一般友谊的爱而激动和彷徨……

》可我喜欢你

好几天过去了，全班没有一个人理睬安娜。他们说，安娜的身上发出臭味而且蠢得像头猪。"傻妞！"课间时，本挥臂扔出了网球，球不偏不倚正中安娜的额头。安娜发出了一声短促的尖叫。"她马上就要号啕大哭了。"本心想。他在等着她哭叫，大伙儿也中断了游戏，在等着。安娜站在那里一声不响，只是揉着自己的额头，然后很慢很慢地转过身去面向围墙。

课间休息结束了，安娜依旧站在树下，本重新跑回院子，走到她身后。"安娜！"本的声音很响，安娜转过身来望着本。她的脸颊上满是泪痕和脏东西，她是用双手擦去脸上的泪水的。那双大眼睛看上去比平日还要悲伤，我的天，这样的眼睛！

二 爱情教育是做人的教育

本说道:"对不起了!"安娜说:"也没什么大不了的!""可是你哭了。""因为大家都不喜欢我。""可我喜欢你!"本突然冒出一句,他本来不想这样说的呀!"哎呀!"他又叫了一声。

▶ 安娜回信了

本给安娜写了第一封信:"亲爱的安娜,今天你真可恶,你在球场嘲笑我!我的足球本来就没有杰恩斯踢得好,可是你知道吗,他到今天还不会游泳,我已经是游泳好手了!假如杰恩斯快淹死的时候,你也会嘲笑他吧?你嘲笑了我,我很不满意。我请求你以后不要这样了!除了这一点,你一切都好。现在我问你一个问题:'你愿意做我的朋友吗?'"

放假前一天,安娜在众目睽睽之下交给了他一封信。同学们全都起哄了:"朗诵!大声朗诵!"本羞得无地自容。

西普曼先生来上课了,"安静!"他吼道,"你们难道不知道信件是私人秘密吗?现在我们上课!想读书的快把课本从书包里拿出来!"

本开始读信,它并不长:"亲爱的本,你的信我已经收到。信写得挺不错,只要是你说的,我认为都很好。放假后你会出远门吗?或者我们能在一起做点什么?"

整节课本都没法集中精神,西普曼先生也没叫他回答问题,本觉得这样不乘人之危的老师特别特别亲切。

▶ 还缺一行字

教室的黑板上有人用印刷体写着一行字:本爱安娜。本的双脚

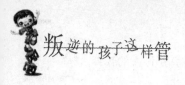

如同生了根似的立在座位与黑板之间,全班同学屏住呼吸在等待着他的反应。西普曼先生不知什么时候走进了教室,他站在本的旁边,一只大手轻轻放在本的肩上。

突然,教室里爆发了惊天动地的怪叫声和大笑声,本爱安娜!本爱安娜!

西普曼先生更紧地压着本的肩膀,等了一阵子。这时的本几乎压抑不住自己的抽泣了,他觉得胸膛快要炸裂开了。站起身的同学一个接一个地坐了下去,一个又一个的同学闭嘴安静下来。"黑板上还缺一行字。"西普曼先生说。他的声音很轻,轻到没有一个人敢大声出气儿。他拿起粉笔,在"本爱安娜"的下面,以同样大小的印刷体字母写道:安娜爱本。

"爱是双方的事。"西普曼先生只说了一句。他没去管黑板上的那两行字,而是把本领到座位上说:"下课以后你们再去思考这个问题,现在我们一起来练习心算。"

本病了,病后复学的第一天,安娜在他家的车库前等他。安娜告诉他,她爸爸在其他城市找到了工作,她要和父母一起走了。

本送安娜回家,看着安娜跑回去的背影,本想失声号啕,可他没有哭出声来。

(摘自《本爱安娜》,〔德〕彼特·赫尔特林著,二十一世纪出版社,2002年8月版)

二 爱情教育是做人的教育

对爱，不能在角落里独自琢磨

如今的孩子，生活在一片迷茫的大海上，他们在"流行的风"中上升、跌落。谁来真正关心这些孩子的精神世界，为其重建健康的价值观，帮助他们找到精神的归属？而我们的社会和成人又该给那些飘摇中的孩子创造一个怎样的环境，让他们显露孩子本色？在大众文化大肆侵蚀人类精神世界的今天，这些问题值得我们深思。

一场有关青春期的讨论

一个初春的午后，阳光暖暖地洒在身上，三三两两的学生从身边经过。这是一所让所有北京孩子向往的中学，这里的学生每天都在争分夺秒地学习，可是今天他们在阶梯教室里进行了一场有关青春期的讨论。

"当我们进入青春期，有一个词会在不知不觉中影响着我们，那就是'性'。在中国，一提起这个词我们就会满脸通红，觉得它难以启齿，其实它是一件很美好、很科学、很神圣的事。"老师将同学们带入了讨论的主题，当讨论越来越深入的时候，同学们的神情也越来越专注了。

探究爱与性的关系

老师： 今天我们要拿出一点时间来探究爱与性的关系，这是我们成长过程中极其重要的一课。大家也许已经感觉到了那种内心的躁动、渴望，还有对爱的需求。那么，在你们看来什么是成熟而美

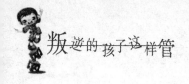

好的爱?

学生A(女):我认为爱情应该是从我们这个年龄开始就有的一种对异性的好奇,希望从他们那里得到从未有过的一些感受。我觉得爱情就是一种彼此间的依赖关系,包括情感和心灵的交流,当然也不排除身体的交流。(笑)

学生B(男):我觉得真正的爱应该建立在对彼此负责的基础上,而我们现在还没有这种能力。

老师:女孩儿和男孩儿对爱的理解是多么不同,女孩子很感性,可男孩子却基本趋于理性。当你遇到爱时,要学会坐下来冷静地思考一下,学会判断、分析和掌控你的感情。接下来我们讨论,假如你的爱发生了,且越来越强烈,甚至需要有一些身体上的交流的时候,你会怎么想、打算怎么做?

学生C(男):从小到大,我们都被告知这是不对的,但是有杂志说,一个"法国式的深吻"可以让我们活得更长,从这点看,它应该是一个好的东西。

学生D(男):我认为首先要做的是判断这种感情是不是我们认为的那种感情,也就是说这个"法国式的深吻"是不是一个真正的"深吻"?

老师:对!这位同学提出了一个非常严肃的问题,就是我们在"法国式的深吻"之前,是不是清楚这段情感的真实性。

判断你所遇到的爱

老师:当你要面对这件事情(性)的时候,请和你的男(女)朋友一起讨论,你们互相合适吗?你们的价值观、人生目标一致吗?如果不发生性关系你们还会愉快地相处吗?当别人发现时,你

二 爱情教育是做人的教育

们还能保持坦然吗？你们的相处有安全感吗？只有当你们把所有的问题都讨论清楚时，你们才永远不会后悔。

学生E（女）：我觉得要是说的话对以后的关系会有影响，会让对方觉得自己不是特别真诚或不是真心喜欢。

学生F（男）：首先我不大会和自己的朋友面对面地讨论这些问题。假如真的发生了这件事情，两个人应该不会再保持那种很纯洁的关系了，会觉得不同于他人，跟人家有很大的代沟。（同学大笑）

学生G（男）：我觉得如果两个人真的发生了这种事情，就不像原来那么自然了。假如我和一个人发生关系，然后分手了，会让人觉得我在道德上有点问题。

孩子们的回答让人惊讶，他们每一个人的思考都是那么认真，态度都是那么诚恳。从孩子们的神情可以看出，老师的问题已深深触动了孩子们的心，他们都在认真地思考着。

» 延迟性关系

老师：非常好！你们都认真地思考了这个问题。当你从一对多的关系变成一对一的关系时，你会觉得被朋友疏远了吗？如果发生了性关系又被别人发现，你会感到害怕还是骄傲？你们打算长久地维持这样的交往吗？如果没有性关系，你们还愿意维持这种关系吗？

学生H（男）：我认为这个问题比较难谈。海誓山盟的时候，谁都会说爱你一万年，关键是当你在谈论这个问题的时候是否保持着清醒的头脑。爱必须是相互的，而谈论这些事情时必须控制住自己不理智的渴望。

学生I（女）：我觉得女孩子一旦爱上了一个人，就不能容忍对方因其他朋友而忽略了自己，所以我觉得爱情应该是霸道的、单一的，但在我们这个年龄需要广泛地发展人脉，去开拓新生活，而不是整天面对一个人。

学生J（女）：只有两个人有了一定的感情基础，才会考虑这些行为。如果你顾虑对方是否能给你答复，那就说明你们的感情还不够成熟。不管是现在还是将来，我们在做事情前必须要考虑清楚，考虑对未来的影响。现在不讨论，只是对现实的一种逃避，并不代表将来可以一直逃避下去。

▷ 学会保护自己

老师：对！这就是我希望的态度，你必须提出这些问题，并且思考这些问题，而且相信对方也和你有一样的想法，愿意共同探讨这些问题，这种关系才有可能继续或者才有可能发生。如果不是的话，不要让它发生。下面我们要面对更加实际的问题了：

如果发生性行为，你们有预防性病的保护措施吗？你们有能力、有勇气去商店购买避孕套吗？当对方提出这样的保护要求时，你能每次都做到吗？女孩子不舒服时有勇气去做检查吗？如果你怀孕了，你有勇气面对和承担吗？

学生K（男）：我认为要有勇气了解性病，万一将来自己真的遇到这种事，或者自己的同学遇到这种事，也可以帮助他们。

学生L（男）：我觉得性病不是所有人都经历过（笑），我本身也没经历过（大笑）。但我觉得不管怎样，要是经历了就要有勇气去面对，去医院治疗。

老师：你们的回答非常精彩（掌声、叫好声响成一片）。我没

二 爱情教育是做人的教育

想到,我们的这次讨论会在这么热烈而愉快的氛围中结束。你们让我想起了曹文轩老师说过的话:我们在讨论一些问题的时候,为什么不能把它讨论得严肃呢?为什么不能把它讨论得神圣和崇高呢?今天你们让我感受到了这一点,我们在讨论这么一个在别人看来无法启齿的问题时,还是比较愉快、比较严肃、比较认真的,而且同学们给我的答案都是经过自己深思熟虑的,这一点让我非常感动。

这场讨论使同学们获益良多,促进了同学们"爱的能力"的成长。"爱的能力"是不可或缺的,我们不能等到20岁,等到我们非常成熟的时候,再来学习这种能力。

多么希望同学们在爱的这堂课上取得的成绩,和他们的语文数学一样好,这样他们才会成为一个真正幸福的人。当他们考上理想的大学时,他们的心灵和爱的能力也一样可以达到一个能让他们更幸福的境界。

请不要站在孩子的对立面

在生命科学获得极大发展的今天,青春期的教育首先要回归生命、回归生命自然成长的过程。尊重这一过程,我们将不会站在孩子的对立面,以压制、伤害、打击、恐吓等方式对待孩子生命中随时生长出来的情绪和想法,而是和孩子站在同一立场——珍爱生命,探讨和思考生命成长的各种问题。

我们习惯了把青春期的孩子比作青苹果,青涩带酸,却在生命枝头绽放着令人瞩目的绚丽,并在阳光下坦然地泛出青绿色……

我们习惯了把青春期称为花季雨季,生命渴望绽放,又无法躲避风雨,随时可能因遭受风吹雨打而过早凋零枯萎……

青春期的孩子需要什么？他们衣食无忧，却偏偏在高考最紧张的日子去谈情说爱；在戒备森严的家庭和学校之间，甚至在父母的眼皮底下，居然偷偷地发生性行为，甚至怀孕，然后流产……而他们对这一切的回答，竟然那样地离经叛道。

是什么力量推动他们非要一意孤行、铤而走险？是什么诱惑他们明知是"禁果"，却不顾一切去摘取？

14岁的男孩儿突然长出胡须，声音变粗，出现遗精。13岁的女孩儿突然来月经，乳房快速增大。这些生命内在的信号总在不断地提醒他们自己长大了，提醒他们逃出父母的手心和视线，来证明自己的独立和个性。与此同时，有一种无形的力量开始左右他们的目光追随着异性的脚步……

于是，青春期的孩子对爱的需求不再是渴望让父母牵着手，不再是倾听父母的叮嘱和唠叨，而是渴望了解自己生命内在的变化，渴望寻找精神情感上的知音，渴望一双眼睛的注视、一个人的牵手、一颗心的低语……

跟青春期的孩子谈"情"是我们成年人一直回避的话题，回避的原因是怕孩子知道，怕孩子因此分心走神影响学习成绩。跟青春期的孩子谈"性"几乎是一大禁忌，所以，当我们的孩子生命中不断涌荡着青春激情，体内充满着大量的荷尔蒙，想了解自己身体内在的变化，想寻找自己生命的方向（男人的方向和女人的方向）时，最亲近的人——父母、最信任的人——老师却把"情"与"性"两个字在生活的日程表上删除了。青春期的"情"教育和"性"教育因此出现大片空白，青春期的孩子只好通过其他渠道——网络和同龄人寻找答案。

我们的青春期教育缺少什么？确切地说是缺少对生命的尊重，

二 爱情教育是做人的教育

对生命每个季节成长变化的尊重,缺少对生命的珍爱和坦然面对生命的勇气。

青春期的孩子需要爱、需要提醒、需要引导,他们并不拒绝古老的传统(比如:贞操观),而是拒绝我们成人惧怕生命成长的态度。每次在大学讲课,当我讲到"贞操"两个字时,总有大学生先要皱着眉看我,觉得我老旧陈腐,但听完我的课便开始点头赞许。因为他们一旦懂得了传统文化并不意味着限制,还有更深层的价值——对生命的保护,他们将接受传统文化给予他们的财富。

热爱生命是人的天性,只要我们坦然地面对生命的激情,不断地倾听孩子心灵的律动,我相信,每个成人都能找到青春期教育最好的途径和方法。

谁是"不知道自己不知道"的那群人

青少年研究专家《藏在书包里的玫瑰》一书的作者张引墨说:"最希望我书中的文字对读者有用,好像我的这个目的已经达到了,因为上周离开北京去出差前,我收到了一封哈尔滨女中学生的来信。她在信中向我描述了高中3年,她如何在我的文字的帮助下,了解自己、了解别人。她还说,她知道了很多以前并不知道的事情和道理。"

实际上,很多西方的性教育专家把进入青春期的孩子定义为:不知道自己不知道的一群人。他们的意思是,这些快要长大成人的孩子对很多重要的事情有点一知半解,理解的并不是很透彻,可是却自以为自己知道了,这也包括他们对"性"的理解。

想要帮助一群人,首先就要了解他们,张引墨在漫长的采访过程中,观察到孩子们的变化,了解了其中的一些规律,下面就是一

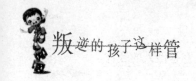

些在现实的采访中归纳出来的孩子们的变化：

《藏在书包里的玫瑰》是2002—2003年的采访，采访的对象是1980年以后出生的孩子。《寻找温暖爱的方法》是2005—2006年的采访，但是所采访的对象基本都出生在1990年左右。因为采访对象在出生年龄上发生了变化，所以《藏在书包里的玫瑰》一书所讲述的5个事实也开始发生了一些微妙的变化：

发生性关系的学生中，半数以上是师生公认的好学生。几乎在所有新采访的孩子中，已经没有人把是否发生性关系和学习成绩好坏放在一起评论，他们好像觉得这两件事之间联系不是很大。

发生性关系的学生中，有1/3来自重点中学。有一个省立重点中学的高中女孩向我解释了性行为在当下中学生生活中的演变状况："在我们的现实生活中，高中生分为3种，一种是重点高中学生，一种是普通高中学生，还有一种是职高生。在以前，就是在我高一的时候好像这种思想仅限于职高生，到了高二的时候，就是一般的普通高中学生也已经接受了这种思想，而现在我高三了，我发现其实很多重点中学的学生也是这样想的了。像我以前就读的那所重点学校，我一直认为那里的孩子应该是很单纯的，但是现在我突然发现那里的孩子已经变成这样了，就是无论你在哪个环境都已经开始接受这种思想了。"

他们初次发生性行为时100%不用安全套。已经有少部分的孩子在发生性关系的时候开始准备安全套，但是这个比例，在我采访过的孩子中仅占10%左右。

父母与老师100%不知道他们有过性行为的事实。很遗憾，这个事实在我的采访中，几乎没有任何新的变化。

二 爱情教育是做人的教育

他们对学校的性教育100%不满意。大部分小孩子认为,如果是纯粹生理知识的教育,学校的教育还是有进步的,但是如果综合起来考虑,学校能得到的成绩还是不及格。

孩子们的成长和情感都呈现出了有别于任何前一个时代的复杂和物质化倾向,身体和性作为媒介不断挑战道德尺度。

一些女孩对"处女"的看法发生了变化,这种变化既让女孩们相对减少了一些心灵中黑暗的东西,同时又让她们倍感迷茫。

手机和网络改变了孩子的生活状态,也让他们的情感范围因这两样物品的帮助而不断丰富和扩大,同时也变得复杂和不可预料。

成人社会的情感活动很容易影响孩子的情感世界,很多孩子对性和情感的态度和看法,都折射出成人的情感表现。

我在开始写《藏在书包里的玫瑰》时,虽然了解中学生的情况,但还只是停留在冰山一角的状态。《藏在书包里的玫瑰》出版之后,全国各地的孩子们用信件、电子邮件、短信、MSN、QQ等方式告诉我他们精彩纷呈的感情、复杂多变的成长、隐秘忐忑的性关系……也使我开始对这件事有了一个不论是经度还是纬度都能从宏观上了解、从细节上探寻的可能。

随着了解的深入,我越来越感觉自己力量的微弱,因为成长本身的烦恼以及青春的残酷永远存在。一个孩子一定要犯很多错,走很多弯路,才能慢慢长大。但是我想指出的是,这种成长中的错误一定不能伤及内脏,不要犯下那种掠夺性的错误。至少女孩不要毁坏身体、破坏子宫……男孩不要破坏自己对性的感受和态度……

从性教育的角度,将我上面所说的话概括起来就是:在西方发达国家,性教育被定位为人格教育,性教育的内容包括性知识,与性有关的价值观、态度和分辨能力,人际关系和社交技巧,责任

(性道德)。这些内容都要从认知、情绪情感和意志行为3个方面进行讨论，不仅要教给学生正确的知识，同时要让他们讨论自己的观念与态度，建立正确的社会交往行为规范，这也是散落在我那本书的各个角落里的目的。

倾听青春期孩子的心声

《寻找温暖爱的方法》一书以访谈实录的形式，讲述了13位中学生内心对爱与性的真实感受。他们个性鲜明，拥有强烈的好奇心；他们置身于复杂、混乱、多元化的社会中；他们以身体和性作为媒介不断挑战着传统道德的底线。这里不仅有真实的对话、颇具趣味的心理测试，还有给父母、老师们的建议，更有作者与孩子们心与心的碰撞，以此帮助孩子们寻找温暖爱的方法。

》处女也是一种负担

像我们现在谈朋友，并不是单纯地牵牵手就完了，很多人都要发展到发生性关系那一层。当你还是个处女的时候，就总要去想我的第一次给他到底值不值得。如果不是处女了，就不用考虑那么多了。又比如，我的一个朋友在酒吧里玩时被一个男生下了药，要求她跟他做那种事情。如果她是一个处女的话，遇到这种事情心里面真的会受不了，第一次就这样可以说是被强奸了，但是如果她不是一个处女的话就无所谓了。我现在已经18岁了，如果告诉别人我还是处女的话，就觉得挺耻辱的。

二 爱情教育是做人的教育

【点评】当父母认为自己的孩子因为发生性行为而一辈子都完了的时候，孩子却把自己仍然是一个处女当成一种负担。同时，孩子对性行为已经完全有了自己的主张，对性知识的掌握，在广度和深度上都超过了大人的想象。

» 压力特别大

我的学校是省重点高中，学校的升学压力特别大，家里给的压力也很大，思想上不能有一点放松。而且我们这一代的很多家庭都会出现父母离婚的事情，一旦碰到这种事情心里就会特别难受。还有同龄人之间的影响，有些事情大家都知道是不好的，可就是会盲目地陷入，最后一发不可收拾。

【点评】今天的孩子们生活在各种形式的压力之下，父母常常不明白这种压力会有多强烈。对一些人来说，当情感需要和精神压力开始堆积时，性可以提供顷刻的满足感。

» 单亲家庭

我一直觉得，我和大家不一样，我是一个特例，因为我想的你们一定不明白，也不会理解。怎么说呢，就是从小会觉得缺少最基本的温暖感。我从小基本上都是跟着我妈妈，觉得妈妈很不容易，她一个人带着孩子。家庭变化对一个人的影响是根深蒂固的，比如你碰见什么事的话，就会和别人表现得不一样，比别人成熟一点。妈妈给我的是一种母爱，但我缺少父爱，父爱和母爱是两种不同性质的东西。因为从小没有接触过，我会缺少对男人的信赖，但不见得会使我对男人丧失信心。

【点评】离婚家庭的孩子很容易对感情产生怀疑并轻易放弃，

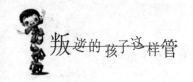

因为他们很小就知道,结婚是一件正常的事情,离婚更是一件正常的事情,一切都没有什么可以大惊小怪的。

▶ 女孩要保护自己的身体

我买了药,在宿舍里吃了,药没有吃完,也没感到疼痛,去厕所时只知道掉了一坨肉,我当时下定决心不再做这样的事情,但后来我们还是做了好多次,而且每次都没有避孕措施,明知道这样对身体不好,却还是不能控制自己的冲动。

那个时候大家彼此相爱,就想留下永远褪不掉的痕迹,现在却是我最大的伤疤。我没有任何能力保护自己,不光是避孕措施这些知识,主要是心态,既要躲着老师和家长,又怕去医院看医生歧视的目光,还要忍受生理、心理上无以复加的痛苦,那种感受无法用言语表达。

【点评】这样的行为几乎是拿自己的性命开玩笑,没有丢掉性命,只是因为运气很好。女人在少女时期最应该学习的一门功课便是如何保护自己,如果将来自己也想做母亲,就不能不考虑保护好自己的子宫,因为这是一个很脆弱、很娇嫩的器官。同时更要学会保护自己的心灵和精神,让自己的心灵和精神能够独立于情感而存在。

(摘自《寻找温暖爱的方法》,张引墨著,广东人民出版社2008年版)

二 爱情教育是做人的教育

爱情教育：别让孩子摸黑寻找

为了了解孩子们对爱情、爱情阅读、爱情教育的看法，几位同学进行了一场圆桌讨论，希望孩子们的心声能引起更多成人的关注和思考。

▶ 我还没准备好

难道爱一个人还需要理由吗？难道爱情也需要条件的限制吗？在神圣的爱情面前说条件不就是低俗的表现吗？这些问题若是高中时的我碰到，我会鄙视提出问题的人，但在回顾中我发现，高中时代的我，以及我身边大部分朋友对爱情的定义、理解和准备，都还不是很成熟。

高中时代是我最开心的日子，因为它少了一些社会的现实，少了一些少年的冲动，多了一些自己的主张，多了一些对社会、人生的美好认识。高中时代的我们心里只有一件事——高考，别的事我们都大可不必去理会。课余时间我们除了看书、学习，还可以与三五个知己朋友去打球去娱乐，那时可算是无忧无虑。在爱情方面，我们充满美好的憧憬，认为自己可以，也有能力去爱并能使对方感受到爱。

我现在已是一名大学生了，回首往事，不禁有点想发笑，我并不是笑高中生愚蠢地恋爱了，而是觉得恋爱中的高中生可爱。他们是那样勇敢地爱，爱得那么认真，那么大胆，甚至有点叛逆。但我觉得他们可爱得有点傻。两情相悦是爱情的最基本也最重要的事情，但爱情本身却带着很大的责任，也是一件消费不小的事。两人

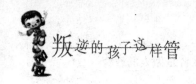

约会、逛街,每天倾诉相思之苦总不免要有所花费,对方对自己的爱护、关怀等也免不了产生出一些责任出来。这些都不是高中生应付得来的,甚至可以说大部分大学生也应付不来。

高中时代对爱情的想法是神圣、纯洁的,但到了大学这种观点似乎有点变味了。时代在变,社会在发展,爱情似乎变得有点复杂,动机也有点不正了。电子信息技术的日新月异,使我们可以通过上网聊QQ、手机短信以及电邮等多种通信手段认识很多人,交友范围一下子就扩大了,"网恋"等新名词出现了。但在网上认识的人只是一个虚拟化的人物,正如一句经典名言所说:"在网上没人知道你是条狗。"还有人说:"一个男人若对一个没有见面的女人承诺下他一生的爱,他不是不成熟就是不负责。"可见虚拟世界的爱情终究不适合现实,但有多少人能明白过来呢?恐怕要等到失败才能明白吧。还有"少奋斗二十年"之说。在大学里时不时会听到有人这样讨论:"娶个有钱的老婆可以少奋斗二十年啊!"也许这正是受到社会的利益关系的影响吧。在大学这个小社会里,人与人之间的利益关系慢慢显露出来,有时还会赤裸裸的,这些也不免会影响到大学生对爱情的理解。我们当中很多恋人只求在大学一起快乐就行了,至于以后毕业了怎么办就随缘吧。我觉得有点可悲,毕竟付出了真心是很难放得下的,受伤的滋味让人难受,特别是伤心!

爱情,是属于青年时代最美丽的事物,但它只会在准备好的人群中散发它美丽温和的光芒。问问自己,你准备好了吗?

(广州工业大学陈伟)

▶ 不要让我们独自在黑暗中寻找

诗经《关雎》的曼妙之思,李清照《声声慢》的缠绵悱恻,

二 爱情教育是做人的教育

《简·爱》的执著热烈，《傲慢与偏见》的纷扰情愫，还有村上春树在《挪威的森林》中描绘的经典畸形之恋，渡边淳一在《失乐园》中刻画的徘徊在道德与死亡间的绝爱，安妮宝贝从《告别薇安》到《二三事》的残酷、激烈、绝对而冷艳的爱情，网络作家如蔡智恒对人们内心渴望却不可能的恋情的挖掘和寻找，郭敬明的《梦里花落知多少》这样的都市言情小说中快餐一样的爱情，还有散落在报纸杂志的字里行间多如牛毛的爱情片段……这些爱情阅读让我觉得爱情实在很有迷幻色彩，但我更愿意用"幻觉"、"完美"、"彻底"、"责任"和"悲伤"等形容词来描述爱情。

我和我周围的同学都比较喜欢经典、奇特而不落俗套的爱情文学。我认为适合现在中学生看的爱情小说应该是以描写学生时代的爱情为主的文学，而不是脱离群体描写一些离生活圈子比较远的边缘恋情，应该把爱情的纯洁、美好作为主要描绘的主题，少一些成人式的颓废，少一些随意的爱情与性的脱离等爱情的负面内容。希望看到一些同龄人写的真实、纯真、青涩但不教条俗套的爱情小说。故事结局悲伤，人物心理贴近我们的小说比较打动人。

可惜老师和家长几乎从来不向我们推荐这方面的书。其实爱情是需要启蒙教育的，在我们还不明白、还没有受到外界太多爱情观的影响的时候，就应该受到正确的爱情启蒙教育。这样能避免诸如现在金钱交换爱情、随意的性解放、快餐爱情、爱情麻木等不健康的爱情观的产生。

我希望从8岁左右就开始受到来自家长、老师、书籍、音乐、电视等多方面、多角度的爱情教育，可以是一次与老师家长就他们爱情的经历进行的讨论，而不是开展什么打击早恋的批判主题班会，或追根究底的盘问谈话。如果我们在外界媒体传播的爱情

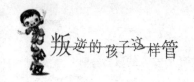

观之中自己盲目去寻找，在我们还不能分辨的时候在其中摸爬滚打，这样很可能导致我们走许多弯路才能寻找到真正的爱情。

今天在公共汽车上看到两对老人，他们走路都打颤，但是当汽车停住之后我看见两位老爷爷都先下了车在下面等着老奶奶，各自伸出手去拉自己的老伴。忽然之间我觉得特别感动，这么老了还如此关怀自己的爱人。原来我们要寻找的爱情不过如此，只是在年老体弱的时候伸出的一双手，但是这又是多么难得，多么令人感动啊。

我需要的是真实的爱情教育这样充满真情实感的教育，而不是一味强调什么时候是可以谈论爱情的时间，什么时候不可以。爱情是一种机缘巧合，又怎么能用准确的时间来衡量呢？重要的是这份爱情能不能经得起时间空间的考验和磨砺，重要的是你们能不能在爱情中慢慢学习成长，重要的是它足不足够真诚单纯值得让你去付出。我们应该被教育的是这些东西，而不是在家长老师批判中模糊地寻找，在遍体鳞伤中追寻所爱，然后一起在众目睽睽下落荒而逃。

我们本来可以不用走那么多的弯路，本来可以在得到足够的爱情教育的养料后顺利成长，本来可以清清楚楚地知道我们要的到底是什么。但是，事实并非如此，我们不懂，所以我们寻找。然而我们不知道路，我们在黑暗中慢慢摸索，幸运的孩子找得到路，不幸运的不仅找不到路，而且犯下大错要被批判和驱逐，然后，我们心灰意冷，在遍体鳞伤之中渐渐麻木。在该被教育的时候没有人教，"犯错误"以后才有所谓的"教育"，简直就是可笑！不，应该是悲哀，为教育的失败而悲哀，为下一代的爱情观衰败而悲哀。不过，虽然像我们这样的孩子不是全部，但是我们应该得到应有的教育和保护。

二 爱情教育是做人的教育

不要让孩子独自在黑暗中寻找，点一盏灯为他们照亮前面的路！

（广西师大附中高一 叶婉丽）

» 为了爱情牺牲一切值得吗？

说到爱情，好像我在很长一段时间里把它与友情混在了一起。以至于我现在都怀疑我那时的情商是否只有40%。

在我还搞不清爱情的真正含义的时候，它就像一块绚丽的宝石，光彩夺目，以至于我无法看清它的真实面目，就像抬头看太阳，看到的只是一片刺眼的光。

一个偶然的机会，我得到了一本莎士比亚的《罗密欧与朱丽叶》。在当时，这本书对我来说充满了神秘的色彩。我读得很慢，原因在于这些有关爱情的文字，在岁月中沉淀得太久太久了。后来，慢慢地，莎翁文字中因沉淀了历史的沧桑和辉煌而发出的光芒，使爱情在我的眼中变得明亮而不刺眼。

在此之后的几个宁静的夜晚，我都去了罗密欧和朱丽叶的那个时代：他俩出生在有世仇的两个家族，可是命运又偏偏把爱情带给了他们，由于家庭的阻挠和各种不可抗拒的力量的干涉，以及命运的安排，这对有情人最终一起殉情在一个墓穴里。

悲剧爱情的结尾也许更能诠释爱情的真谛，此时在我心中的爱情已变得严肃、认真、神圣了，为了爱情可以牺牲一切，甚至是生命，这就是我从莎翁这个古老故事中所学到的。

"为了爱情可以牺牲一切。"不知道我对爱情的理解是否过于偏激？也许只有等到爱情到来的时候我才能回答这个问题吧。

（浙江省淳安一中高一 汪俊恺）

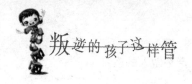

如何进行爱情教育

爱情教育是以人为本的社会中最能体现生命关怀的一项事业，对此，记者专访了《爱，你准备好了吗？》的作者曾宏燕老师。

记者： 中学物理课上，老师在上面讲"红苹果落地是由于地球万有引力的作用"，下面有学生就接话说"青苹果落地是由于爱情引力的作用"，您觉得学生的这句戏说透露出现实中的什么信息？

曾宏燕： 这句戏说，其实是中学生对青春期男女同学间"爱慕"情感的认可，在他们看来，那完全是顺理成章、自然而然的事情，是谁也无法阻挡的，就像苹果树上的苹果熟了必然掉落在地上一样。现在大多数的中学生可以理解其他同龄人的彼此爱慕，可以欣然接受来自异性的爱慕，也会大胆表达自己对异性同学的爱慕，也就是说，他们更注重情感的自然性，而鲜有压抑自己的。虽说是戏说，却表现出他们内心的真实，而且真实得可爱。当然，这句戏说也可以视作对不理解他们的成年人的一种调侃。

记者： 您对青春期的朦胧情感首先采取的是"尊重"的态度，是否意味着您认为"早恋"是可以允许的呢？

曾宏燕： 孩子们步入了青春期，他们的性意识睁开了蒙眬的眼睛好奇地观望，我们能够指责吗？我们能够硬让他们闭上双眼不去观望这个世界吗？回答当然是"不能"。我的"尊重"正是基于这样的理解。在我看来，青春期的朦胧情感，是一个人成长中必然要经历的体验，我们有什么理由横加干涉，甚至将其置于死地？但是，"尊重"并不意味着放任自流，而教育者只有在尊重的前提下，才能够给孩子们更加善意和有益的引导。从这个意义上说，只有"尊重"才会使教育者拥有美好的心态去陪伴孩子们度过情感的

二 爱情教育是做人的教育

朦胧期。反之,没有"尊重",教育者必然会以一种对峙的心态去进行所谓的教育,而这种教育的后果是可想而知的。

爱情教育就是基于这样的"尊重"进行的教育。既然所谓的"早恋"根本不是我们可以阻止或加以控制的,就像孩子戏说的,如果苹果没有成熟就落下来,肯定是事出有因的。或是营养不良,或是虫害所致,或是遭遇了狂风暴雨之类的情况,那这苹果在没有成熟的情况下落下,必然是苦涩的,而不会有成熟果实的那种香甜。我们要做的就是,无论"恋情"是否发生,我们都应该关注和爱护他们情感的萌芽,用爱情教育的营养滋补孩子们尚未成熟的心智,给它提供一个可以健康生长的环境,让它在果树的躯干上继续汲取营养,等待成熟的一刻。只有这样,在孩子们未来的人生中,我们才会看到成熟的情感果实确实能够在"爱情引力"的作用下自然地落在生活的大地上。

记者:几年前你曾经写过一本书来阐释您的爱情教育理念,即《爱,你准备好了吗?》。出版以后,读者的反响如何?有反对的声音吗?

曾宏燕:这本书出版后,我收到了来自全国各地的学生、家长、老师的来信来电,他们通过各种方式查到我的地址和电话,这让我感受到他们的诚意和迫切心情。也有地方请我做相关讲座,每到一处,反响都很大,而且不仅仅来自学生。记得在佛山的讲座结束的时候,我当场收到了很多递上来的条子,其中有张条子是一位家长写的,他说,他感受到久违了的美好情感。这让我感到,原本是为学生们写的书,成年人也喜欢,看来,美好的情感是人们都向往的。从读者提出的问题中,我感受最深切的是,尽管现实中有不少堕落的情感,尽管现在图书市场大肆出版一些只求经济效益不求社会效益的垃圾书，网络上一些不健康的东西在玷污爱情的神圣，但人们心底对美好情感的追求仍是存在的，这让我更加坚信，和孩子们谈美好的情感是十分必要的事情。

这里我很想再说几句题外话，现在很多出版社有一个观念，那就是严肃的题材是没有市场的，所以，他们竭力去迎合人们浅层的所谓感官需求。其实，我在与许多读者的接触中，发现他们心底有一种打动我的东西，那就是执著的对美好的向往，包括对爱情。

这本书出版后，我还没有看到有反对意见的文章，却直接听到了反对的声音，那是我在《新语文读本》编写组工作的时候，当时我提出编选有关爱情教育的篇目，比如苏霍姆林斯基的《给女儿的信》，当时就有反对的意见，认为现在中学生的"早恋"越来越甚，不要再提供什么谈爱情的东西给他们看。当然，我的意见最后还是被采纳了，但不难看出，这种声音代表了一部分人的观点，那就是不要对中学生搞什么爱情教育。

记者：现在流行的校园文学或青春文学少有不涉及爱情的，而成人创作中却鲜见直面中学生青春情感话题的作品。《爱，你准备好了吗？》感动了那么多人，可也同时面临着一枝独秀的寂寞。在性教育越来越受到重视的今天，您还坚持认为爱情教育远比性教育重要吗？

曾宏燕：这本书刚出版的时候，首先受到了媒体的关注，央视"读书时间"的访谈，以及中国教育报、中国青年报、中国图书商报等媒体的专题报道，使《爱，你准备好了吗？》这本书被更多人知晓。教育部关注到这本书和爱情教育的观念，电话直接打到学校，邀请我参加了当年教育部举办的"教育论坛"，《人民教育》

二 爱情教育是做人的教育

还刊发了我的讲稿。但由于此书发行的滞后,知道的人不少,但能够买到并读到的人并不多,所以影响就非常有限了。时间一长,也就自然而然被淡忘了。您提到寂寞,是的,寂寞。其实,在这本书寂寞的背后,是爱情教育观念的被漠视。虽然,这种寂寞反而让我听到了在热闹的环境中根本无法听到的来自同道者的真切的声音,但也让我为爱情教育受到冷落而焦虑,尤其在近几年校园里因青春期情感困惑引发的悲剧事件日益增多的情况下。

与爱情教育的寂寞形成巨大反差的是性教育的"热闹非凡"。面对性教育被高度重视的现实,在不否认性教育存在的合理性和必要性的前提下,我仍然要说,爱情教育远比性教育重要。我理想中的青春期教育,应该以爱情教育为主,以性教育为辅。没有爱情教育而只有性教育的青春期教育,只会导致生物利己主义的泛滥,而不能将人性提升至人类文明的高度。没有爱情教育又没有正确的性教育的青春期教育,会让孩子们误入歧途。更明确一点说,"性教育"和"性教唆"有时仅有一步之遥。在我看来,爱情教育是引导孩子们追求高尚美好的教育,能给孩子们的成长提供一块丰腴的情感土壤,一片明朗的道德蓝天,让他们青春期萌动的性的种子有一个健康良好的发育环境,留待日后萌发爱的叶片,绽开爱的花朵。唯有这样的教育,才能从根本上让孩子们面对一时的冲动克制荒唐的行为。而仅仅着眼于知识讲授的性教育,可能会让他们懂得保护自己,但不会让他们懂得对他人、对社会的责任。我们应该从约束行为的道德方向去考虑问题,才能真正防止孩子们出现不慎的行为。

总之,爱情教育作为一种"做人"的教育,从道德、理想、情感等各方面对学生有着一生的影响,都是性教育无法可比的;还可以说,只有在爱情教育辉映下的性教育,才是真正意义的属于我们

"教育"范畴的性教育，离开了爱情教育的性教育，在我看来是无本之木。鉴于此，我的爱情教育观，在寂寞的现实中日益坚定，从未动摇。

记者： 除了观念不一致，对很多中学教师来说，更大的困难在于爱情教育如何进行。这里面有一个针对学生生理年龄、心理年龄及个体差异的"阶梯"式渐进和"个性化方案"的问题吧？

曾宏燕： 我不这么看。我认为，对很多中学教师来说，最大的困难并不是爱情教育如何进行，而是是否愿意进行爱情教育。教育的功利性现已成为目前教育发展的最大障碍。现在的学校，以及地方教育的主管部门，实际上还是把升学视为头等大事。在这样的教育目标之下，教师们追求更多的自然也是学生的成绩，而无暇顾及其他。在这种教育大环境下，能够真正关注学生青春期健康成长的教师为数不会很多。虽然我看到很多教师，尤其是年轻教师有热情有思想，但是面对现实的教育状况，他们中的有些人也只能在无奈中放弃曾有的理想和追求。只有少数一些人能够在困境中坚持教育的理想而放弃现实利益的诱惑。一个真正意识到教师天职的人，是不会忽略学生在中学阶段这个重要的青春成长期的情感教育、道德教育的。

至于"阶梯式渐进"和"个性化方案"，是一个教育必循的原则，忽略学生生理心理年龄以及个体差异的教育，不会是有效的教育。不过，和性教育相比，爱情教育应该拥有更大的驰骋空间和自由度，也可以说是更有弹性。对性教育，我一直坚持审慎的观点，必须要考虑孩子的生理、心理年龄及个体差异，而且还要有教育的艺术性。性教育的"度"的把握，是要十分谨慎的。但爱情教育，对"度"的要求，不必过于拘谨。

二 爱情教育是做人的教育

记者：您把爱情教育放到做人的高度进行了长达20年的思考和实践，您认为中学教师应该如何引导孩子们阅读爱情、准备爱情呢？

曾宏燕：我觉得爱情教育应该从小抓起，不仅仅是中学阶段。比如，儿童期的爱情教育，一般以美丽的童话故事为主要内容，给他们幼小的心灵带来明媚的色彩，带来美好的憧憬。尼采说过一句很精彩的话："一个人童年时代对色彩的记忆，在将来的岁月里，他总是用另一种形式将这种记忆表现出来。"可见童年记忆色彩对人生的意义。而随着他们的长大，也就是步入了初中阶段，就可以用文学、音乐及其他艺术形式对他们进行多方位的影响，增强他们童年时代对爱情这种人类特有情感的美好向往。

我之所以强调用文学艺术的形式来进行渗透式的爱情教育，是因为我认为情感的教育、道德的教育、潜移默化的影响远胜过说教，那是一种渗入心灵的教育，而不是一种桎梏心灵的教育。当然，到了高中阶段，随着他们生理和心理的日趋成熟，应该引导他们去理性地认识这种情感，这时候，可以给他们读一些哲学方面的或者其他有深度的有关人生感悟的作品，引导他们在更广阔的人生背景中，去认识和体会爱情。

简言之，爱情教育应经历一个由感性逐步上升到理性的过程，既要考虑到整体年龄段的差异，也要考虑到个体性差异，更要考虑教育形式的丰富性和多样性。

现在的学生面对的是更加复杂的生存环境，在引导他们向往美好的同时，也要教会他们认识复杂的社会问题。比如有些学生在网络上遭遇"爱情"陷阱，假如我们的教育有这方面的警示，那么很多孩子是可以避开这些危害的。另外，创设一个团结友爱的班集体，为爱情教育提供一个良好的环境也是很重要的。

当然，爱情教育还肩负着对个体进行引导和教育的责任，这是一项更加具体和细致的工作。所以，爱情教育要真正得到落实，不仅有观念的问题，有现实功利的干扰问题，还有一个教师自身的素质和责任心的问题。

在阅读方面，我觉得教师一是要向孩子们推荐经典的爱情读物，并和他们就阅读中的感受进行交流，引导和帮助他们正确理解它们；二是要关注孩子们自己选择的爱情读物，尤其是当今图书市场的良莠不齐，我们必须知道他们在读些什么，才有资格和他们就一些问题展开探讨。在探讨中，一定要注意和他们的平等，才有可能进行有效的引导。有了推荐和引导两方面的工作，阅读爱情才会给孩子们的心灵带来真正的滋养，为他们准备爱情的精神原料。

爱情教育对教师是一个挑战

教育本应该是"立人"的事业，对中学生的爱情教育没有受到重视，涉及一个对"人"的理解的问题。人，既是物质的又是精神的；爱情，既是性的相互吸引，又是精神的相互吸引。但现在的人更多强调的是人的物质性，忽略了精神层面的东西。以前，"性"被看成肮脏、可怕的，不能放到桌面上讲，现在又过于偏重于生理知识的传播，忽视了情感上的因素。当然我不否认对中学生讲授性生理知识的必要性，但不应忽视情感的、爱情的教育，应该强调爱情的精神的美，使孩子从小建立一种爱情是美的、圣洁的观念。

中学生情感问题多，甚至出现了一些悲剧，原因出在成年人身上。对性爱问题存在动物化理解，是当下社会的普遍问题。从这个意义上说，曾宏燕老师的《爱，你准备好了吗？》是一本真正的启蒙书，而且不只是启孩子之蒙，很多成人都需要补爱情教育这一课。

二 爱情教育是做人的教育

这其实是培养真正的人还是培养读书机器的不同"教育观"的较量。我们必须坚守住教育这块"精神的圣地",当孩子们的身边充满了各种急功近利的诱惑的时候,我们必须教育我们的学生"用自己的心去热爱周围的人们,去帮助周围的人们,引导他们在走向高尚的路上迈进。"

虽然曾老师的努力很艰难,但总使我想起鲁迅说过的那句话:我们所做的,不过"如一箭之射入大海",实在是可怜得很。但我们又确实不能坐等"客观条件的成熟"。我们的生命说不定就会在这等待中荒废。我们只能从自己做起,从现在做起。

具体操作上,作为中学教师或中学生的父母,针对孩子的年龄特征和心理特点,充分利用经典文学作品的感染力,让孩子自己去认识爱情、理解爱情,是进行爱情教育的很有效的途径。

也许目前"曾老师"们在教师中的比例还不算大,但中国的教师队伍相当庞大,"曾老师"们的绝对数量还是相当可观的。也许在你的周围,就有这样的"曾老师",同样充满了对教育、对孩子无私的爱,同样进行着创造性的教育试验。其实你自己内心深处又何尝没有类似曾老师这样的创造欲求?有志于教育改革的老师们应该互相了解,互相支持,进行心灵上与实际经验上的交流,在"相濡以沫"中,我们会感到自己并不孤独,还有"真同道"在。

(北京大学教授 钱理群)

》爱情教育不能再等了!

我非常赞同对中学生进行有关爱情的"启蒙"教育。教师不引导学生"明里探究",学生自然就要"暗中摸索";学校不履行"启蒙"的职责,学生很可能就会"自我启蒙"。从"无厘头"风格的"大话"文本里边,从影像快餐的"速配"表演当中,从古装"格格"们疯疯傻傻、假痴不呆的嬉戏之间,他们得到的这种"自我启蒙"会导致怎样的后果呢?当初我们这一代,谁会写"恋"字都会招来一阵大惊小怪;而今天的社会日趋开放与多元,连几岁的小孩都会跟着电视学舌:"如果你是方便面,我就是一壶滚烫的开水——我要'泡你'!"在这种将优雅当肉麻、把肉麻当刺激的现代背景下,借助爱情"启蒙",用高尚的情感教育从庸俗文化手中拯救青少年,学校教育责无旁贷,而且刻不容缓。

对中学生的情感困惑,成年人假如继续采取掩耳盗铃、漠然置之甚至蔑视和打压的态度非但过时,简直就是既危险又无能!其结果必然加剧青少年性格中本已日趋激烈的叛逆倾向,促使他们以蔑视的态度对待来自成人世界的任何情感影响与交流。

应该如何定位中学阶段的爱情教育?拉·罗什福科尔说过,如果人们从来不曾读过爱情的字眼的话,就没有人会堕入情网。为了使我们的学生避免只在当年阿Q的水平上理解和表达自己的情感,爱情教育绝不能陷入"实用课程"的泥潭,而应更多地体现为一种深切的人文关怀。在我看来,中学阶段的爱情教育,主要是一种以青春、生命和情感为主题的审美教育。它并不是某种应急式指导,而是针对人生"幸福元素"的展望、引导和规划。在爱情教育里,应该拒绝冷冰冰的知识教条、机械可笑的"操作规程"、刻板僵硬的道德面孔,努力融合文学、艺术、历史、哲学、心理、社会的多元视角于一体,通过体认、品鉴令人激动和振奋的高尚爱情,引发学生对"爱"的美好体验和认真反思,使之日趋情感优美、身心健康、品位高尚的人格境界。

前苏联著名教育家苏霍姆林斯基说:"凡是善于聪明地、富有

二 爱情教育是做人的教育

自尊地去爱的人,才会有真正的美,真正的自由。"爱情教育不是性教育,更不是"婚恋指南",它不仅要引导学生在符号的层面读到"爱情的字眼",更要从人类理性的高度,让学生主动领会"聪明、美好、富有自尊的爱"。用苏霍姆林斯基的话说,这是一种自觉的"欲望的学习"。

不要低估了今天的孩子。即使在我们这样的农村初中,我也遇到过同我讨论村上春树、A.阿德勒的学生。当然,更不能把孩子朦胧的情愫"妖魔化"。调查显示,当孩子们独自思考爱情的时候,他们几乎都没有出自成年人想象中的低俗和污秽。我很欣赏《逃学外传》里那位张老师处理师生、学生之间情感纠葛的方式——平等、坦诚,鼓励学生说出自己的感受,正视自己,也善待他人。教育的目的在于让更多的人活得有尊严、有质量,如果因为我们的不公或冷漠,致使学生面对自己的情感却深怀罪恶和耻辱,那我们就是虐待狂。

对十三、十四岁的孩子来说,爱情往往不只是简单的、生理意义上的情窦初开,更是对自我价值和存在意义的探究。它体现着自我实现的强烈诉求,是一种以非理性的方式呈现出来的理性需要,属高级的情感心理活动。因此,爱情教育对教师是一个挑战。教师要争取自己在学生情感学习世界里的主导权,首先要真诚地参与孩子的生活,获得其接纳与认同。同普通知识领域的教学活动一样,教师要乐于放弃"以过来人自居"的权威,平等介入学生情感世界,细腻观察,耐心倾听,有效沟通;同时,整合多方资源,尝试多种策略,提供给学生适合其个性特点的个别化的情感教育:比如,学生喜爱音乐,则不妨一起欣赏《梁祝》或者《透过开满鲜花的月亮》;偏好哲学,则远有泰戈尔的哲理情诗,近有弗洛姆《爱的艺术》或阿兰·德波顿的《爱上浪漫》可以援用；学生爱看电影，那么《流浪者》、《泰坦尼克》则堪作经典案例……总之，同普通知识教育一样"教无定法"，因人因事而论，没有一定之规。案例与素材并不匮乏，难的是不施强迫，不露痕迹，不落俗套，不入空泛地进行生活化的爱情教育。尤其重要的是，教师要找准自己在爱情教育中的角色。在孩子面前，他不能作为一个旨在施加某种影响的成年人而存在，他要向孩子证明，自始至终，他愿意做一个值得信赖的听众，一个真心的分享者，一个睿智而充满善意的长者和朋友。

（四川宜宾金坪中学　方助生）

≫ 无视不如正视　忽视不如重视

所有的感情都需要启蒙教育，既然爱人类、爱国家、爱父母等情感早已成为课堂上、班会上的正面话题，早已成为教育性读本的主要内容，那么为什么不可以对爱情也来点启蒙教育呢？难道爱情只能成为课堂上、班会上的负面话题？别认为爱情只涉及两性关系，其实爱情决定着家庭的幸福，关系着社区乃至全社会的稳定，影响着人类的生活质量。爱情的意义如此重大，教育工作者理所当然地应该加以阐发。

虽然说爱情不是年轻人的专利，但爱情在一个人心中的萌芽、冲动常常在年轻时甚至在幼年时就开始了。所以，爱的感觉对于广大青少年来说，是一个无法否定的存在。有的人始终停留在萌动的程度上，有的人则不以我们的意志为转移，向前跨了一步，变成了人们通常所说的"谬误"。其实无论是走到哪一步的爱情，都需要我们教育工作者加以引导：爱情萌动者要让他（她）们心存美好，

二 爱情教育是做人的教育

而不是在痛苦中折磨自己的心灵、诋毁神圣的爱情；爱情发芽、开花的人要让他（她）们恢复理智，而不是在老师和家长的压制下歇斯底里地反抗；即使个别连爱情的萌动都没有产生的人，也要让他（她）们了解一点爱情常识，从而能够理解别人的爱情，能够与爱情经典名著对话。总之，对待爱情，与其无视，倒不如正视；与其忽视，倒不如重视。

况且，我们不启蒙，街头上不负责任的小报和媒体上夸饰性的广告也在不停地"启蒙"。与其让街头小报做歪曲性的"启蒙"和广告做片面性的"启蒙"（多为物质享受），倒不如让我们争取主动，在课堂上、班会上进行正确的、全面的启蒙。那么，中学生应该接受什么样的爱情启蒙呢？

首先是认知方面的启蒙。为什么要有爱情？人类的爱情是怎样产生的？爱情是罪恶还是幸福？爱情与婚姻的关系如何？爱情萌动了，怎么办？萌动之后，如何才会避免行动，从而不影响学习？……这些问题，我们要告诉学生。这是爱情的基本道理，懂得这些道理，既有利于学生的在校成长，也有利于学生将来的成家立业——我们不是经常说要为孩子的一辈子负责吗？

其次是情感方面的启蒙。无论学生有没有爱情萌动，我们都要让他们内心充盈着一种圣洁的爱的情感。学生之所以需要这种情感，除了是为未来"准备爱情"之外，还有一点理由：为了在阅读中赢得对话的权利和资格。因为古今中外有无数爱情经典，有无数经典涉及爱情，而我们的课本也有直接写到爱情的内容，如"窈窕淑女，君子好逑"（《诗经·关雎》）、"东边日出西边雨，道是无晴却有晴"（《竹枝词》）、"宝黛初会"（《林黛玉进贾府》）、《致橡树》（舒婷）、《我愿意是急流》（裴多菲）等，如

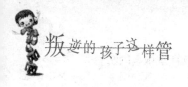

果学生不会在想象中体验爱情,就难以跟作者进行精神上的沟通。

最后是实践方面的启蒙。爱情启蒙,绝不是帮助青少年纷纷进入爱情季节,更不是鼓励青少年"将爱情进行到底",但是在进行启蒙之前,事实上就有少数学生已经把"萌动"转化为"行动"了。这时,就需要我们适时地进行指导。笔者做班主任时,每当碰到学生发生爱情"行动",总是首先肯定爱情的神圣,然后因势利导:如果他们自悟到爱情的故事没有必要续写了,那么我就教会他们如何行动才不伤害对方,如何和谐相处;如果他们一定要"将爱情进行到底",我就绝不用粗暴的手段拆散他们,而是教会他们在情感与理智之间、在爱情与学业之间、在情人与同学之间寻找到一个最佳平衡点,尽量使他们的爱情走向成熟。

(江苏省盐城中学 李仁甫)

爱情教育是性教育中非常重要的部分

"目前中学生谈恋爱的现象禁而不绝,在一些城市、一些中学还出现了普遍化、低龄化、公开化的苗头。对此,老师、家长等成年人采取默许甚至纵容的态度是失职,教学生把握成长才是良策。"说到对中学生的爱情教育,多年从事中学生性教育研究的北京教育科学研究院闵乐夫研究员认为,首先要慎用"早恋"这个反省式、演绎式、批判式的不科学的本土化概念,主张使用"中学生恋爱"这个中性概念,既不贬斥,也不褒扬。

闵乐夫说,人的生物性成熟和社会性成熟之间日渐增大的"剪刀差",造成了一个既充满青春活力又潜伏危机的较为漫长的过渡时期。这个时期的少男少女相互吸引,相互爱慕,是再正常不过的事。15岁孩子体内骤然剧增的激素使他们渴望接近异性,这种渴求

二 爱情教育是做人的教育

并没有错误,是15岁孩子心智发展正常的标志。如果成年人不能正确对待这一现象,就会加重中学生恋爱的不稳定性和不确定性。把"早恋"的标签到处乱贴,带来的是误解、偏见,造成的是师生关系、亲子关系的紧张,制造的是孩子成长的"逆境"。

闵乐夫认为中学生恋爱带来的利弊,常取决于成年人的引导。有经验的班主任常说:"推一推,可能催成早恋;拉一拉,拉回友谊。"所以,父母和教师应该以自己的感情、言语、观念、行为与孩子共同推动青春的成长,和孩子共同分享情感的快乐,共同承受挫折的烦恼,共同设计合情合理的故事发展,共同求解这道青春的难题。

为此,闵乐夫主张把主动权交给学生。性的成长,是一个逐渐学会理解生命、感悟生活的过程。不要以为学生是在说教中长大的,成人要引导学生思考什么是爱、怎样去爱,更要让他们在体验中产生爱憎变化、是非判断和行为取舍,在体验中建立自己的价值观。手握主动权的少男少女才能体会到自尊自律,才能自己去思考"对不对"、"该不该"、"值不值"、"做不做",从而逐渐有了行为准则,有了自律能力,懂得了承担责任,从而在一定程度上把握青春的成长。

"爱情教育是健全的性教育中非常重要的部分,是性心理、性道德等情感教育的核心内容。在高中和大学阶段应着重进行。对某些发育提前、性心理前倾、边缘性性行为(如拥抱、抚摸、亲吻)早期化的初中生,应该进行个别的爱情教育。遗憾的是我们目前的性教育开展得不够普及,爱情教育更不那么理直气壮。如果孩子们没能从经典文学作品和相关主题的报告文学等图书中得到正面的影响和暗示,就会从非正常渠道获取性知识,一些糟糕的、肮脏的读物就会进入他们的视野。那些书里没有情感,只有性,对女性没有尊重,只有玩弄,这样的阅读就会造成一种扭曲的性心理,甚至造成人的生物化恶性膨胀和社会性逐渐萎缩,后果是很可怕的。"

编写过多种性教育科普读物的闵乐夫,对时下流行的各类青春期教育图书的评价是:知识的部分讲得多、讲得实、讲得科学、有可操作性,心理、道德、情感的部分则讲得少、讲得空、讲得未必科学、缺乏可操作性;引进的译本多,原创的作品少;国外研究者提供的理念很好,但仍需经过本土化的过程。随着社会的进步,性教育日渐成为一个科研的、普及的、教学的话题,家长、教师和学生都呼唤早日出现本土的、完善的、可操作性强的性教育读本。

》捍卫人之所以成为人的尊严

现行语文统编教材(课本加读本)中,有大量涉及爱情的文学作品——诗歌,《氓》、《静女》、《湘夫人》、《雨霖铃》、《鹊桥仙》、《迢迢牵牛星》、《孔雀东南飞》、《新婚别》、《锦瑟》、《致橡树》;小说散文,《林黛玉进贾府》、《杜十娘怒沉百宝箱》、《鸣凤之死》、《边城》、《春风沉醉的晚上》、《与妻书》、《我为什么活着》;戏剧,《西厢记长亭送别》、《牡丹亭游园》、《长生殿惊变》、《罗密欧与朱丽叶》、《玩偶之家》、《雷雨》等等。尽管教科书提供了可供教师进行"爱情教育"的丰富资源,可是真正利用了没有,利用得怎么样,如何解读文本,从哪个角度切入,重点放在何处等等,却是另一回事了。比如我上戏剧单元,就将教学重点放到学习话剧与戏曲的舞台程式上,力图利用好宝贵而有限的资源,让这一代人多多少少了解一点承载着我们民族文化血脉的传统戏曲,至于内容的解读则基本留给

二 爱情教育是做人的教育

学生,更遑论进行"爱情教育"了。其他体裁的作品也多多少少存在这个问题。至于学生从外部环境获得的"爱情教育",学校与教师则更缺乏必要的引导,缺乏基于正确价值观之上的教化,如此看来,说爱情教育处于"真空状态"也不是没有道理的。

对中学生进行爱情教育绝对必要。道理很简单:在谈及人与动物的区别时,以往的答案唯有"制造工具",后来才知道答案是丰富多彩的。比如符号学家定义为"人是符号的动物",研究喜剧的美学家认定"只有人才会笑",而教育家如苏霍姆林斯基则认为"千万种生灵生活着,繁衍着,延续着自己的种族,可是,只有人才能够爱"。用黑格尔的哲学语言表述:"人之所以为人,就在于能脱离直接性和本能性。"依我看,这正是爱情教育的旨归。

我在山区工作多年,有两件事感触很深:一是我早年的学生中,竟先后有三人殉情而死,有的死法十分惨烈。想到这些青春的花朵骤然凋零,唯音容宛在,而为人师者却未能给予些许呵护,心中便甚是难过;二是对众多农家子弟而言,上大学几乎是他们走出大山的唯一道路,尤其是女孩子。我教过不少天资聪慧的女孩,都因为过早陷入感情旋涡无力自拔,使学习一落千丈,失去了改变命运的机会。我想这些情况,大概都是"爱情教育"应该解决的问题吧。

何时开始比较合适呢?苏霍姆林斯基在回答女儿"爱情是什么"的提问时,他的女儿14岁。而从目前中国的情况来看,这一代人生理的成熟期已经大大提前了,这只能说明,这一代人生理性的成熟与社会性的不成熟的矛盾凸现得比以往任何时期都更为明显。我甚至这样想,并不一定要等到生理成熟期到来,少男少女"情窦初开"之后,方才进行"爱情教育"。普希金的许多美丽的童话诗都写到了爱情，20世纪60年代风靡一时的阮章竞的长诗《金色的海螺》也写到了爱情，这些都是在青少年的认知范围内，可以作为至纯至美的东西接受的，实践证明也并不会带来"早熟"的不良后果。

爱情启蒙教育的内容很多，我认为其核心应该围绕一个价值导向而展开，通过设立一种理想的人格目标，去引导学生追求人的完美化。我再一次想起苏霍姆林斯基回答"爱情是什么"时对爱情的礼赞："上帝在他们身上看见了一种不可思议的美和一种从未见过的力量。这种美远远超过蓝天和太阳、土地和长满小麦的田野。总之，比上帝所制作和创造的一切都美好。这种美使上帝颤抖、惊异，以致惊呆了。"从审美的角度切入，把爱情作为人类独具的一种美来审视，大概不失为爱情启蒙的一条途径。

如今社会日益物化，市场经济要把世间万物变成商品，爱情的精神内涵已萎缩殆尽，古典式的珍贵爱情几成绝响。物欲横流带来了肉欲泛滥，情和欲不再和谐，灵与肉日渐分裂，后者挤兑前者，压倒前者，甚至取代前者。这就是这一代人在爱情问题上身处的文化语境，也即是我认为有必要进行爱情教育的逻辑起点。无论是物欲横流，还是肉欲泛滥，都是爱情的异化，人性的异化。爱情教育之为做人教育，其根本目的，就是抵抗爱情的异化和人性的异化，捍卫自人猿揖别以来漫长进化过程中培育起来的那份人的尊严——这或许正是古今中外涉及爱情这一永恒主题的优秀文学作品的共同母题。说到底，爱情教育不过是我们面对的价值重建这一艰巨时代课题中的一个子课题罢了。我当然明白前方并不会有一个先验的"价值"等着我们去"发现"，而一旦发现便万事大吉了，人类会永远在追寻，永远不会停下脚步。但同时我也

二 爱情教育是做人的教育

执拗地相信并在心底咏赞孔夫子的那声浩叹:"仁远乎哉,我欲仁,斯仁至矣。"

(武汉市洪山高级中学 吴平安)

▶ 应该在进入青春期之前开始

异性的吸引导致的情和欲,是任何一个正常的人在进入青春发育期以后都会产生的,但高质量的爱情是建立在一定的文化素养、价值观和道德感的基础上的,因此爱情教育对一个人的成长十分必要,而且应该在进入青春期之前,应该是那种对纯洁美好友情的引导,这是爱情的前奏。

但是青春期又是成长中的一个逆反期,因此家庭和社会应该采取充分尊重中学生人格的平等交流的教育方式,推荐合适的文学作品就是有效的方式之一。

我的少年时代是在"文革"中度过的,那时候即使接触过少量的文艺作品,在爱情方面仍是懵懂的。记忆中关于爱情的书给我留下深刻印象的,应当首推《简·爱》。那是上大一的时候,第一次从同学手里借到这本老版本的书,当时同学要得很急,我必须第二天就还给人家,所以是连夜蒙在被窝里打着手电匆匆看完的。当时这本书给了我极大的震撼,一个曾经被压在生活最底层的卑微的弱女子,却拥有那样坚强独立的精神品格,简·爱与罗切斯特之间的爱情是那样纯美动人,那是超脱于外貌、金钱和地位之外的,是建立在个性气质和文化价值观基础上的,是生命与生命之间的相互信赖、倾注与托付,具有一种高尚的责任感。我那时所受到的震撼应该说极大地影响了我整个青年时代的爱情观和价值观。

(中国连环画出版社总编辑 汤锐)

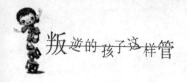

 苏霍姆林斯基如何回答14岁的女儿"什么是爱情"?

亲爱的女儿:

你提出的问题使我忐忑不安。现在你已经14岁了,已经迈进开始成为一个女人的年龄时期。你问我:"父亲,什么是爱情?"我的心经常为这种思想而跳动,就是今天,我不再是和一个小孩子交谈了。进入这样一个年龄时期,你将是幸福的。然而只有当你是一个明智的人时,你才是幸福的。

是的,几百万年轻的十四岁少女怀着一颗跳动的心思考着这样一个问题:什么是爱情?每一个人对它的理解都各不相同。希望成长为男子汉的年轻小伙子也在思考这一问题。亲爱的小女儿,现在我给你写的信不再是过去那样的信了。我内心的愿望是:告诉你要明智地生活,也就是要善于生活。我希望作父亲的每一句话都能像一颗小小的种子,促使你自己的观点和信念的幼芽萌发出来。

爱情这个问题也曾同样使我不平静。在童年和少年时代,我最亲近的人是玛丽娅,她是一位了不起的人,渗透到我内心的一切美好、明智和真诚的品质都受恩于她。她死于战争前夕。她在我面前打开了童话、本族语言和人性美的世界。有一天,在一个早秋的寂静的夜晚,我和她坐在一棵枝叶茂密的苹果树下,望着空中正在飞往温暖的边远地区的仙鹤,我问祖母:"奶奶,什么是爱情呀?"

她能用童话讲解最复杂的事情。此刻她的一双眼睛呈现出沉思而惊异的神情。她以一种特别的、与往日不同的目光看了我一眼,

二 爱情教育是做人的教育

说:"什么是爱情?……当上帝创造人类时……他把土地分给一个男人和一个女人,告诉他们怎样搭窝棚,给男人一把铲子,给女人一捧种子。

……整整一年之后,有一天一大早,他和大天使加弗利尔来了,他看见这一对男女坐在小棚子旁边,地里的庄稼已经熟了,他们身旁放着一个摇篮,摇篮里睡着一个婴儿,这一对男女时而望望天空,时而又彼此看看,就在这一瞬间,他俩的眼神相碰在一起,上帝在他们身上看见了一种不可思议的美和一种从未见过的力量。这种美远远超过蓝天和太阳、土地和长满小麦的田野。总之,比上帝所制作和创造的一切都美好。这种美使上帝颤抖、惊异,以致惊呆了。他向大天使加弗利尔问道:'这是什么?''这是爱情。'

……50年后他和大天使加弗利尔又来了。他看见了一座非常好的小木屋代替了原来的小棚子,草原上修起了花园,地里的庄稼已经熟了,儿子们正在耕种,女儿们正在收麦,孙子们正在绿草地上玩耍。在小木屋门前坐着一个老头和老太婆,他们时而看看红色的朝霞,时而又彼此望望。上帝从他俩的眼神里看见了更加美丽和更加强大的力量,而且好像又增加了新的东西。'这是什么?'上帝问大天使。'忠诚!'

……三年后他与大天使又来了。他看见男人坐在小山坡上,一双眼睛呈现出非常忧虑的神色,但是,却仍然表现出那种不可思议的美和力量,已经不仅仅是爱情和忠诚,还蕴藏着一种新的东西。'这又是什么?'他问大天使。'心头的记忆。'

……

这就是爱情,我的小孙子!爱情比上帝权威大,这是人类永恒的美与力量,一代一代地相传。我们每一个人最终都会变成一把骨

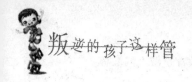

灰，但是，爱情将成为赋予生命的、永不衰退的、使人类世代相传的纽带。"

我的小女儿，这就是爱情！世上各种有生命的东西生活、繁殖，成千上万地延续自己的有生命的后代。但是，只有人懂得爱。而且说实在的，只有在他善于像人那样去爱的时候，他才是一个真正的人。如果他不懂得爱，不能提到人性美的高度，那就是说他只是一个能够成为人的人，但是还没有成为真正的人。

三 当青春期遇到更年期

处于青春期前后的孩子，思维活跃，渴望独立，逆反心理极强。而家长人到中年，或事业有成，希望孩子青出于蓝而胜于蓝；或由于自己碌碌无为，把成功的希望寄托在子女身上。于是两代人之间的矛盾接踵而至：父母们绞尽脑汁，按照自己的愿望，采取各种自认为有效的方法教育自己的孩子，均不奏效后发出无奈的叹息："现在的孩子怎么了？"而孩子们却以不屑的口气一言以蔽之："青春期遇上了更年期！"

　　看似两个不同生理阶段的碰撞，其实包含了两代人之间的矛盾与冲突及其困惑与无奈。家长该怎么做？老师该做什么？

　　家长好好学习，孩子天天向上——这是今天的社会条件下亲子关系的一个重要逻辑，即家长好好学习，提高了自身素质，孩子才可能在家长的影响和教导下，天天向上。

三 当青春期遇上更年期

别和青春期的孩子较劲

关于青春期的话题现在是铺天盖地，有人分析生理原因，有人解释心理变化，还有人评论行为特点。我们想强调的是，青春期是孩子的生理迅猛发育期、心理断乳期的统称，是真真正正、实实在在的非常时期。而由孩子们口中说出的"更年期"，只不过是一种解嘲的说法，以表达对家长的不满与无奈。

其实，家长们往后退一步，不跟孩子死较劲，只要孩子把内心的真实想法说出来，就没有解决不了的问题，也可以避免出现更严重的后果。如果走进了老师拿家长出气、家长跟孩子生气、孩子跟老师赌气的怪圈，只能是恶性循环，谁的气也顺不了。

与学生的一次心灵对话

初夏的阳光静静地洒在学校的操场上，从心理咨询室明亮的窗户望出去，可以看见学生们在红色的跑道上尽情地追逐嬉戏着。

就是这样一群天真可爱的孩子，已经在不知不觉中迎来了自己成长的黄金时段——青春期。他们在一点点长高长大的同时，心理也在悄悄地发生着变化，变得烦闷、敏感、暴躁……面对从小听话懂事的孩子发生的巨大变化，他们的父母能否理解？当青春期遇上更年期，他们之间会发生怎样的故事？5个孩子（3名女生和2名男生）走进了心理咨询室，在轻松愉快的氛围中，向万老师敞开了自己的心扉……

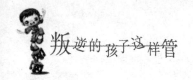

▶ 不知不觉的变化

万老师： 进入青春期以后，有没有觉得自己好像跟以前不一样了？

学生A： 的确有这种感觉，妈妈说我不爱和她说话了。

学生B： 我自己没有强烈的感觉，就是觉得不像小时候那么幼稚，那么无忧无虑了。

学生D： 我觉得有时候特别烦，脾气变得很急躁。

青春期的孩子通常会有很大的变化，这些变化甚至让他们自己也措手不及。朋友变成他们生命中极重要的部分，他们想要拥有更多的自主权，想要成为独立的个体……

▶ 成长带来的矛盾

万老师： 青春期出现这些变化挺正常的，那么这种变化有没有影响你们和父母之间的关系呢？

学生E： 我跟爸爸隔阂多一些，两个人不怎么说话，但是跟妈妈之间说话还是挺肉麻的。

学生A： 现在我长大了，爸爸好像也把我当大人看了，会跟我多说一些，有时聊得还挺正式的，这种感觉挺好。

学生C： 我跟家长间有点不太和谐，我们一开始只是为一些小问题吵架，后来越吵越多，距离也就越吵越远了。

学生D： 我现在长大了，有时候就想："让着他们得了！不跟他们计较了。"（笑）

万老师： 你们平时会因为什么事情跟家长发生争执呢？

学生E： 有时候课业压力大，父母在旁边絮絮叨叨，脾气就容易急躁。

三 当青春期遇上更年期

学生C：都是一些小事，像我妈，她老是端着水果就直接冲进房间来，我挺生气的。有时一回家发现自己的桌子变整洁了，不仅不感激，反而很愤慨。

万老师：你们觉得父母跟上你们成长的变化了吗？

学生B：感觉上是的，我们长大以后，父母也变得更尊重我们。有时他们跟我说话的郑重方式让我也感觉挺惊喜的。

学生C：他们的父母都是好家长。我觉得我的父母就没有，我们就一直吵吵吵，现在吵多了，脾气都磨平了，也不大说话了。

青春期的孩子需要寻求成人身份的认同，他们不希望父母还像小时候一样控制自己，他们需要在与父母谈判和妥协的过程中学会处理与权威的关系。

》如何才能更好地磨合

万老师：那你们期望父母怎样做？怎么样才是比较理想的状态？

学生B：我觉得我爸妈就挺好的，他们要是有什么不满意，就会开诚布公地跟我谈。而且他们也很尊重我，在家里每个人都有各自学习工作的空间，如果要进入都会提前打招呼，彼此之间都很有礼貌。

学生A：不一定争吵就不和谐，但是也别太多。

万老师：那你们希望父母管你们吗？

学生C：我觉得父母应该管，但还是应该有个底线，因为我也认识很多人，他们的父母都不管他们，一天到晚玩游戏，到最后都很惨。

学生B：不一定是"管"，但是交流挺重要的。我觉得日常的聊天挺重要的，那样会有潜移默化的影响，而且感觉听他们说话时

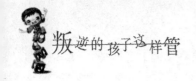

压力不是很大,也更容易接受。

万老师: 你们对老师跟家长之间的沟通怎么看?

学生A: 我觉得挺重要的,但家长不应该一听到老师说了什么就不分青红皂白地责问孩子,而应该先听听孩子的声音。因为在这个年纪,孩子也有自己的思考,我们做事也有自己的原因。

学生B: 对,家长和老师沟通很重要,但既要从老师那里了解情况,也要听听孩子的看法,再加上家长自己的观察,和我们一起分析,帮我们发现问题,这样比较好!

万老师: 你们觉得好家长应该是什么样?

学生C: 我觉得不要老拿自己的孩子跟别的孩子比较。我妈妈同事的孩子都特别强,都去考清华或者出国留学,我妈就老拿这事刺激我,我特不爱听。

学生D: 我觉得好家长不应该在孩子面前吵架。

学生A: 最好别在孩子前面干坏事,我同学的爸爸经常在我同学面前批评他的妈妈,弄得我同学特恨他爸,很同情他妈。

学生E: 没错,要是父母在家能有一个和谐的环境,我们上学也觉得很开心。而且我们还希望父母能多表扬我们,以前小的时候他们老夸我们,现在我们长大了,他们就不夸了。

万老师: 也就是说,你们还是希望家长能多夸夸自己,是吗?

学生A: 没错,虽然表面上不好意思,但心里还是挺高兴的。

青春期是一个角色混乱的时期,孩子需要明白自己是谁,需要接受并欣赏自己,父母可以帮助孩子发现自己正确的定位,父母的鼓励与理解是孩子前行的动力。父母的爱对孩子的成长最为重要。

三 当青春期遇上更年期

> **最感动的一件事**

万老师：最后让我们聊聊你们父母做的最让你们感动的一件事吧!

学生D：从初二起我每次过生日父母都给我写一封信，信里写些对我说的心里话，都是平时不怎么说出口的，特别让我感动。

学生E：我没有觉得特别令人感动的事，但是长年累月这样下来积累出一种情感，觉得很安心，回家后就觉得很温暖。他们说不管以后我做什么，他们都会支持我，也会爱我。

万老师：谢谢你们，今天分享了这么多，也祝福你们面对成长中的任何烦恼，都能幽默一下，也就快乐了。

我们看到，学生和老师之间的对话是那样的愉快、坦诚；我们听到，他们对父母的爱与期望。虽然每一个家庭的情况不同，每一位青少年也都独一无二，但他们内心的诉求是相似的，他们渴望父母对自己完全接纳，他们需要独立的空间，他们希望父母和睦，他们希望得到父母的理解、尊重与鼓励。据后来的了解，5位同学均品学兼优，其中3位学习非常优异、综合素质特别高。

正方：要充分相信孩子

根据多年的教育实践，关承华在《别和青春期的孩子较劲》一书中建议家长们对刚刚升入初中、即将进入青春期的孩子，重点培养三大习惯：诚信、读书、守时。她说：

一、孩子从小学升入中学，换了一个全新的环境，再差的孩子这时候也会萌生"改过自新"的愿望，不希望新老师、新同学再发现和抓住自己以往的过错，这是鼓励孩子进步的绝好契机。

二、"诚信"是做人之本，"读书"可以提高修养，"守时"

是规范一个人行为的基本要求。这3个方面做好了，自然就涵盖了其他更多的好习惯。

三、这个年龄段的孩子可塑性相当强，此时不塑更待何时。

初中、高中阶段的孩子，大多是12岁~18岁，家长的年龄一般在40岁左右。这时的孩子处于青春期前后，思维活跃，渴望独立，逆反心理极强。而家长人到中年，或事业有成，希望孩子青出于蓝而胜于蓝；或由于自己碌碌无为，把成功的希望寄托在子女身上。于是两代人之间的矛盾接踵而至：父母们绞尽脑汁，按照自己的愿望，采取各种自认为应该有效的方法教育自己的孩子，均不奏效后则发出无奈的叹息："现在的孩子怎么了？"而孩子们却以不屑的口气以一言蔽之："青春期遇上了更年期！"

看似两个不同生理阶段的碰撞，其实包含了两代人之间的矛盾与冲突及其困惑与无奈。家长该怎么做？老师该做什么？

▶ 家长好好学习，孩子天天向上

两年来，关承华接待的那么多无助的家长，他们的烦恼归结起来有一个致命的共同点，就是孩子的问题都出在家长身上，这进一步验证了我书中的观点：不全是孩子的错！

江苏一位高三男孩的父亲4次打电话找她诉说孩子的"罪行"：不学习、辍学、打游戏，当说到"快19岁了，自己连脚都不会洗"时，关承华只能反问："这怪谁呢？"一个原本学习十分优秀的女孩子，15岁时突然早恋并离家出走了，这时候妈妈才意识到，孩子6岁时父母离异，9年来父爱的缺失，使得孩子特别珍惜一个大男孩对自己的怜爱与呵护……凡是来咨询、求助的家长，凡是面对自己的"问题"孩子束手无策的父母，只要引导他们稍作反

三　当青春期遇上更年期

思,就会发现许多问题的根儿,其实在他们自己身上。

家长好好学习,孩子天天向上——这是今天的社会条件下亲子关系的一个重要逻辑。《别和青春期的孩子较劲》一书想传达给读者的理念就是"五要":作为家长,一要会做表率,就是以身作则。二要学会爱,知道什么才是对孩子真正的爱。三要学会把握,把握孩子成长的大方向。四要学会沟通,既不居高临下,也不委曲求全。五要学会引导,孩子没有不犯错的,正视不忽视,宽容不纵容,做孩子的导师。这"五要"又必须以"一要"作前提,那就是"要学习",因为做父母的未必懂得如何做家长,家长是"职称"——称职的父母才有资格称家长;家长是有责任的——不仅对孩子、对家庭,还对社会;家长是技师——教育孩子是一门高超的技术;家长是艺术家——教育需要有一定的艺术性。

家长好好学习,提高了自身素质,孩子才可能在其影响和教导下,天天向上。

» 老师和家长联系等于告状?

张小雨是性格内向的女生,不合群,打扮另类,看卡通漫画成瘾,学习成绩很差。父母烧过、撕过她的书,甚至打过她,但她发誓要看下去。老师在家长会上这样指点她的父亲:首先,回到家里不生气,不责备,表现得很高兴——这是第一个"意料之外";表扬她爱看书,不追星——这是第二个"意料之外";但是提出两个问题:这样看书对学习有没有影响?你的学习是否就是这个水平了?如果是,那老师家长支持你——这是第三个"意料之外"。

这3个"意料之外"大大地触动了小雨,经过几乎一夜的思考,第二天,她主动剪短了头发,把一箱子书锁起来,上课认真听讲，学习成绩直线上升。用她的话来说："老师这种方式，让我无法再顽抗，我只能投降，但我心服口服。"

这个案例中，老师告状了没有？显然是告了。但这个"告状"以理智为前提，以解决根本问题为目的，而不是就事论事，更不是把问题推给家长，而家长也在与学校的合作中学会了教育的正确方法。

▶ 没那么多孩子"早恋"

一个16岁的女孩欲言又止、吞吞吐吐地告诉妈妈，自己喜欢班里一位男同学。妈妈亲切地搂住女儿："你长大了，妈妈为你高兴。真巧，妈妈也是在像你这么大时喜欢上同班一个男生的。当时妈妈十分理智地战胜了自我，读大学时选择了你的爸爸，你不觉得爸爸妈妈现在很幸福吗？"女儿既诧异又欣喜地对妈妈说："我的好多同学都会为这种事挨家长骂的，妈妈你真好，我懂了，你放心吧。"

在处理所谓的"早恋"事件中，应该"既要热又要冷，该热时热，该冷时冷"。面对孩子青春期生理上的变化和心理上的困惑，家长要表现出"热"——理解、关心、呵护；面对孩子青春期阶段与异性同学的交往，家长表面上要显现出"冷"——冷处理。

对孩子，尤其对初中生不要轻易扣上"早恋"的帽子；家长，尤其是老师，尽量不用或少用"早恋"的概念。中学时期男女同学之间的好感和接近，大部分都是"短命"的，经过短暂的"热恋"之后逐渐都会冷却下来。而中学阶段的"出轨"现象，往往并不属于真正意义上的"早恋"，而是直接切入了"性"这个敏感话题。所以家庭、学校乃至社会，都不要在所谓"早恋"问题上过多地做

三 当青春期遇上更年期

文章、想对策，而是要再跨一大步——直面孩子的性心理现状，抢在孩子"犯事"前做好防患工作。

反方：该较劲时就得较劲

长期以来，人们在改变着教育子女的观念和方式，尤其对那些有自己的想法和独立意识的青春期孩子，家长、老师尝试着以宽容的理念面对子女教育，随着这方面的理论研究、实践推广，愈来愈时兴放手，以至于有所谓"千万不要和青春期的孩子较劲"这样一种说法。但是有人认为：较劲这个说法本身就是一种对立情绪，表明了对家长教育孩子的某种不信任。

而今，这些"90后"的孩子们天天享受着改革开放的成果，不仅吃穿不愁，享受的教育资源也很丰厚，娱乐生活更是丰富多彩。家长、老师和周围的朋友都希望他们能够成为有用之才，能够在将来的社会中有立足之地，不至于在残酷的竞争中被淘汰出局，于是尽可能地为他们提供优越的教育、生活和娱乐条件。

说到希望，有孩子说，爸爸妈妈就像一对充满希望的公鸡母鸡，从容不迫地下了个蛋，把满心的希望注入其中，包括那已经如愿和没有如愿的希望，然后每天守护在鸡蛋旁，就等着愿望实现。对孩子充满希望是非常正常的，不抱希望的父母还叫父母吗？没有希望的孩子还有出息吗？我们总说，少年强则国家强，少年智慧则民族智慧。我们做家长的不努力培育希望，这个国家的希望和智慧从哪里来？对孩子充满了希望难道还成了罪过？既然注入了希望，家长就有责任尽全力培育孩子，让希望茁壮成长。

家长是孩子的监护人，对孩子的学习、生活和成长负有不可推卸的责任，那么对青春期的孩子进行职责内的管理教育，就是所谓的较劲吗？更不要说，面对今天这个日新月异、变化多端的世界，家长们都忙于应对，孩子们就更是眼花缭乱了。在这种环境里，在这个转型期，应对变化是一个不小的课题。再说青春期的孩子还很不成熟，难道家长就只能看着孩子不成熟，任他由着自己的性子，自由闯荡，任性而为？要知道，这时的孩子是最容易"贻误战机"，枉走弯路，甚至踏上斜径小道的。

总有理论说，孩子的成长是在错误的叠加上完成的。根据这个理论，难道我们家长就可以眼睁睁地看着孩子犯错误、走弯路而见错不纠？为什么我们不能让孩子站在巨人的肩膀上前行？

事实也证明，许多聪明的青春期的孩子，非常明了是非曲直，知晓人生成长的长短优劣，在父母老师的指导下稳健、快速地前行，从而成为同龄人中的佼佼者，日后成为社会中最有成就的精英人士！而这个青春期如此关键，时间又非常短暂，真正能够抓住机遇的孩子和家长又能有多少呢？的确不多。最重要的原因是，在较劲中，把良好机遇丧失了，把优越的教育环境放弃了，把大好时光荒废了。

中国人有一个坏习惯，叫"一哄而上"，有什么理论也是这样，有什么说法也是如此。所谓"别和青春期的孩子较劲"的说法就有甚嚣尘上的态势，而且有可能成为一边倒的趋势！这对孩子的教育不能说不是一种负面效应，说严重点儿，就是贻误战机、误人终生！为了不误人终生，我们家长也要敢于管理、善于管理。也就是说，我们家长不得不和孩子较劲时，也要学着艺术地较劲，在不同的时机、场合，要适时"对症下药"。

该放松时一定放松，该抓紧时决不放松。宁可让孩子对家长一时误解，决不让孩子遗憾终生！

三 当青春期遇上更年期

🐝 如何安全度过"多事之春"

中国人民大学法律社会学研究所所长周孝正认为:"现在我们家庭里儿童缺乏伙伴,社会又处在巨大的变迁之中,所以我们的价值观在变。加上所谓的大众传媒在刺激孩子,孩子普遍青春期或者说性成熟提前,青春期拉长。大人又是更年期,而且现在进入更年期的这些人恰好赶上过十年'文革',他们中的多数人也没有接受过良好的正规教育。这样的两代人碰一块儿了,所以叫双期碰撞,它带有中国特色。"记者就青春期孩子与更年期父母之间的双期碰撞问题采访了周孝正。

记者:为什么今天中国的双期碰撞似乎异常激烈?您当年的回答是社会变迁、价值观改变、独生子女、传媒刺激以及成年人教育思想滞后等,现在有什么补充和变化吗?

周孝正:我认为"双期碰撞"问题是我们迅速进入高风险社会的一个表现方面。具体表现在:

第一,社会变迁的问题。现在流行"一切向钱看",人们变得特别功利,从前我们搞平均主义大锅饭,是不对的,但现在我们成了一个奢侈品消费大国,贫富差距越来越大、腐败越来越多、物价越来越高,外加"超级女声"节目的热播,使得无数小孩想一夜成名。双期碰撞只是这些大背景下的一个表现形式,是社会变迁的副产品。

第二,家庭中没有兄弟姐妹,这个问题到今天依然严重。人有三情:亲情、友情、爱情,其中的一种情没有,我们就遗憾,两种情没有就会痛苦,要是三种情都没有就虽生犹死。家庭中的儿童伙伴是一个孩子健康成长不可或缺的,挫折感、成就感、规则感、羞耻感等重要心理感受都是从小在游戏中自然而然地形成的。而缺失手足之情的孩子，长大以后心理上容易形成一定的缺陷。

第三，现在传媒越来越发达，从前无非是电视，现在电脑比电视还厉害。中国网民已经达到两个亿了。网络上充斥着各种电子游戏，又被称为"电子毒品"，都是根据人的各种性格设计的，你总可以找到一款适合你性格的，而自制能力薄弱的孩子尤其容易上瘾，不能自拔。

记者： 现在许多家长对孩子的期望值过高、过于单一、过于主观，使得教育思想滞后，他们认为："学习不好，将来有什么用？"在青春期教育中，只注重学习成绩肯定是片面的、不恰当的，但高考仍然是应试的，这就使家长和老师陷入了两难境地，这该怎么办呢？

周孝正： 这个问题的破解，关键就是一句话"命好不如习惯好"，人是环境的产物。等孩子到了青春期，再跟他较劲就不对了，因为青春期的孩子已经开始有独立思维和逆反心理了，但孩子青春期以前你干什么去了？让一个孩子从小就养成好的习惯，小到生活习惯，大到思维习惯，将来他有了自己的爱好，也不要横加干涉。孩子从小身心健康、养成良好习惯，这样到了青春期，虽然还是有逆反心理，但不会去吸毒、犯罪。

记者： 家长应当与孩子做"朋友式"的交流，这个观念现在已为大多数人接受，但人们更多的是流于表面，缺乏平等、真诚的沟通。请您谈谈，作为老师和家长，如何与学生和孩子真正友好、平等地交流，深入到他们的内心去？

周孝正： "朋友"这个词本身就用得不准确。"朋友"得有行为主体，孩子不是完全的行为主体，他跟你在人格上是平等的，但

三 当青春期遇上更年期

事实上不可能平等。他是"孩子",你们的关系是家长与子女、老师与学生的关系,不是朋友的关系,这个概念用得不对。社会发展到现在,打骂孩子肯定是行不通的,关键在于良性互动,父母要以身作则,榜样的力量是无穷的。

记者:您曾经讲过大学生谈恋爱是好事,您还说过"在情感上要练童子功",但如果牵涉到性呢?如果说"80后"的性还是放在书包里的玫瑰,那么"90后"赤裸裸地把性拿到桌面上谈,则似乎成了家常便饭,如何进行青春期性教育呢?

周孝正:婚前性行为普遍存在,这是一个趋势,也是一个世界级的难题,休想禁止,只能因势利导。在高风险社会,到处充满了诱惑,所以青春期的性教育必须是全面的。

第一,让信息对称,告诉孩子性是什么,风险是什么,好的性行为是什么。第二,给他们提供避孕的药物和器具,这是知识的教育。第三,让他们有责任感,这就是人文道德的教育,让他们知道性的后果——女孩儿可能会怀孕,甚至习惯性流产;男孩呢,你让那女孩怀孕了,你可是孩子他爸了,一辈子跑不了了。

最好的性教育,并不是家长教育,而是由专门的机构、专门的老师,采用专门的教材进行公共教育。但这是一个尖端的问题,哪个国家也没有解决好。

记者:您谈过"80后"一代的特点,总结出了他们是建设、浮躁、极端、虚拟、孤独的一代,而现在青春期教育的对象已经是90后的孩子了,您觉得"90后"孩子有什么特点呢?

周孝正:简单来说,就是家庭中儿童伙伴的缺乏越来越厉害,社会生态恶化,收入上升,信誉下降,彼此戒备,天天过节(愚人节)。没有本质变化,只是在量上加大了,社会风险越来越大,越

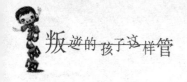

来越不确定。

青春期又被称为"多事之春"。想要安全、健康地度过青春期,就必须知道这些风险,然后降低、规避、分散这些风险。我们要在这个功利、浮躁的社会中取得一个平衡点,既不能随波逐流,也不能学屈原去自杀。我一直信仰4句话:对大自然有心灵的敬仰;对未知领域有敬畏之心;对社会公正有内心的追求;努力维护公正,完成内心超越。

三 当青春期遇上更年期

逆反不应是孩子孤单的独舞

曾几何时,人们习惯于把青春期的问题单纯地以"叛逆"或"反抗"这样尖锐的词语来概括。对孩子而言,这是他们一生中遭遇的最大变化期。孩子不会都是向着天空反抗的。不幸的是,被孩子当作反抗对象的,大多是他们的父母。很多父母都觉得,处在反抗期的孩子根本听不进他们的告诫。父母和孩子之间应以何种方式相处,才能避免潜伏在反抗期的种种问题呢?父母作出选择的过程,也是展示育儿智慧的过程,聪明的父母会正确地引导孩子,让这一段看起来虽有距离却不冷淡的缓冲时期变成孩子历练和快速成长的黄金时期。

我们渴望与父母彼此了解

这是初一年级的一节心理课,即将升入初二的他们,大多已经进入青春期。万老师打算和学生们探讨有关"青春期逆反"的心理现象。她以一位女同学写下的心灵独白开始了这节课:"又是普通的一天,当我睁开眼睛的那一刹那,觉得父母的唠叨比往日更令我心烦,老师的教诲也变得更令我反感!似乎从那一刻开始,我就正式加入了逆反期的行列。""是否有同学也觉得自己加入了逆反期的行列?"万老师问。很多学生用力地点头。"那你们反抗的对象通常是……"没等老师说完,学生们迫不及待地脱口而出:"父母!"

"父母的哪些行为会引起你的逆反?"万老师问。"他们还把我当成小孩子,家离学校那么近,还要坚持每天接送。放学时,那么多同学一起往外走,我一看见父母在门口等着,就非常不好意思。"一个男生首先站起来说。

"我妈总注意我和谁交朋友,看对方学习好不好,是不是好学生。要是她看见我和男生在一起,那可不得了,肯定会缠着追问,还要没完没了地说服教育!"一个女生无奈地说。

"她怎么教育呢?"老师追问了一句。"她最常说的是:'男生和女生在一起能有什么好事!'"同学们听到这句话齐刷刷地发出嘘声,有惊异也有不满。这个同学继续说:"父母们把问题想得很复杂,有时候我们男女生只是关系不错,挺谈得来,但他们就是紧张兮兮的。我还知道我妈偷看我的日记和手机,我不愿意跟她吵,其实家里的日记就是记给他们看的,我的日记放在学校。"其他同学马上发出共鸣:"是啊,我也遇到过这样的问题,我干脆就不记日记了。"看来偷看孩子日记的父母还不止一位,孩子们用各自的方法进行着有声或无声的对抗。

"父母整天只过问我的学习,说什么'你学习不好,将来考不上好大学,怎么在社会上立足呀?'"一个男孩子站起来,捏着嗓子叉着腰,学家长的样子说话,学得形神兼备。"对对对……"其他同学连声附和。

"谁不想好好学呀,考试成绩不理想的时候,我们心里已经够难受了,他们还要唠叨,真受不了!"

"一天到晚就是学习,没有一天是轻松的。这个周末我们全家出去玩,还没出门我妈就说:'你就顺便写篇作文,记录一下吧'。玩就玩呗,还顺便记录,我都快崩溃了!"

"我爸不让我听周杰伦的歌,说:'都听不清唱的是什么,你能不能听些好歌?'我都没法跟他说!"

三 当青春期遇上更年期

同学们你一言我一语,似乎在表明逆反是在父母重压之下的无奈之举。追求独立和确认自我身份是青春期孩子的心理需求,他们在积极寻找自我的同时也在努力争取脱离父母的管束,他们希望可以自己安排时间,自己作决定,他们会通过服饰、音乐、语言、发型来表现自己的独立和确定自己的身份。据班级调查显示,90%的同学认为父母过分干涉,使自己有被监视的感觉。

在外面碰了壁,没有比和家人诉说更好的办法了。但出乎意料的是,只有大约50%的同学愿意和父母交流自己的感受,并愿意倾听他们的意见。

"和他们说了也没有用。"一个同学一脸无奈,"每次跟他们谈论这些总避免不了大吵一架,还不如和网友在QQ上说,反正没人认识我。"马上就有同学表示赞同。

"有时候,我很认真地跟他们说我的事,却遭到他们的嘲笑。或者总是那句'怎么那么多事儿,好好学习得了',我现在什么事情都不愿意跟他们说了。"

也有同学持反对意见:"我觉得有事跟父母说是最好的,我有一段时间喜欢一个男生,就跟妈妈说了,她认真地听我说完,然后说:'凡凡,我觉得他不是你真正喜欢的类型。你再观察观察吧!'后来我送给那个男生一张贺卡,把我对他的好感告诉了他,他竟然拿给别人看,我很难过,把这件事告诉了妈妈,她很认真地安慰了我。"

"凡凡,有多少父母能像你妈那样呀?你妈是学心理学的。"看来这位"心理学妈妈"已经被班上的同学所熟知,凡凡为此挺骄傲、幸福地微笑着。正是有妈妈的接纳与尊重,能让凡凡力排众议表达自己不同的观点;正是妈妈的关心与理解,才让这位女生对父

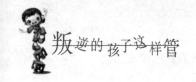

母敞开心扉，对与异性的交往释然，从而更好地把持自己。

"如果你们遇到和凡凡类似的事情，会跟父母讲吗？"听完万老师的问题，同学们大多摇了摇头。"如果你们的父母也能像凡凡的妈妈那样，你们愿意讲吗？"同学们用力地点着头。可见，孩子们还是很愿意寻求父母引导的，但孩子首先需要确信父母是接纳和尊重自己的。当青少年感到自己在父母的爱中得到安稳的倚靠，便能有信心面对社会的负面影响，最终成为成熟和有贡献的成年人；而当青少年感到父母处处与自己相悖并施加压力时，则很难不逆反了。

这节课上，老师给了学生们一些与父母交流的建议，还与大家畅想了理想中的家庭环境，其中被提及最多的是以下几点：轻松幽默的家庭气氛，父母可以冷静面对孩子所有的过失，不以成绩为重点；有一个相对自由独立的环境，可以自己尝试体验生活；父母真正了解孩子并给予肯定，尊重孩子的选择，不干涉他们与朋友的交往等。

同学们在交流与讨论中，真情流露，畅所欲言，一节课很快过去了。这些处在逆反期的孩子传达的信息更多的是：我们正在逆反期，我们期待与父母更多地了解彼此，这样我们才能平稳愉快地度过自己的逆反期！

逆反真的有理吗

对于有一个十三四岁的中学生的中国家庭来说，许多父母往往要开始焦头烂额地应对孩子青春期的逆反了。这些父母常常要分工，看到底谁唱红脸谁唱白脸。开始时，他们往往信心十足：管了你十几年，莫非现在还管不了了？于是，父母和孩子开始了长达几

三 当青春期遇上更年期

年的较量，各家有各家的高招。父母在争吵和压制中步步为营，甚至不惜大打出手，禁止孩子看电视，禁止孩子上网，禁止孩子交异性朋友，极端的还去跟踪孩子，偷看孩子的日记等。孩子们则在争吵和反抗中冲破父母的种种禁锢，顽强地表现自己，他们可能会成为一个阳光少年，也可能成为一个抑郁的少年。很多父母在自以为是地管了孩子几年后，往往铩羽而归，一无所获，感叹逆反的孩子太难管教，这些从小就很乖的孩子，要是不逆反该有多好！

  日本颇负盛名的儿童教育家品川孝子认为，孩子逆反有理。她说，逆反是孩子一生中遭遇的最大变化期，他们的自我意识开始觉醒，并开始了自立能力的学习，在其他时期里，你绝对看不到如此快速的成长。在逆反时期，孩子通过学习自立，脱胎换骨成为一个崭新的个体。由此看来，逆反不是一件坏事，而是孩子从少年变为成人的过程，是他们一生中最重要的过程。在逆反时期，父母们无疑是痛苦的，他们失去了过去那个乖乖的孩子，开始要接受今天这个会说"不"，要求独立思考、独立选择的孩子。孩子们无疑也是痛苦的，他们失去了过去百般呵护、亲切和蔼的父母，开始要接受今天这样絮絮叨叨、婆婆妈妈、满脸狐疑的家长。

  让人惊奇的是，中日两国的父母所面临的孩子逆反问题居然一模一样，孩子们的逆反表现也一模一样，父母对待逆反的态度竟也一模一样。这让人有了很大的兴趣，想知道日本人是如何应对孩子的逆反期的，他们认为正确的做法是什么。

  品川孝子认为，和逆反期孩子相处的第一步，就是要从根本上了解孩子的变化。当孩子进入逆反期后，便会试图打破由双亲所塑造的人格，想要以自己的力量重新塑造自我。因此，他们当然不愿意事事依从父母的指示。孩子和父母的冲突往往开始于一些小事，父母不应在小事上过于计较，可以让孩子在这些事上适当得胜，可以适当地丧失一些家长的权威，这是配合孩子成长的重要一步。当然，父母也不能事事让步，要有一些原则性的坚持。如果孩子因遭受父母的阻挠、反对而感到愤怒时，能退一步考虑到父母的立场，那将对孩子人格的发展、成长带来极大的好处。

品川孝子还认为，父母应当以开明的态度处理他们和孩子之间的意见分歧。大多数逆反期的孩子早已不再期待父母能和自己的意见一致。他们年轻，接受新生事物快，常常认为父母古板、顽固、不开明。面对孩子的种种疑问，有些父母往往会仗着自己所具备的丰富知识和人生经验，敷衍地回答："人生就是这样，总是变幻无常。"这样的答案很难让孩子满意。父母应当学会倾听孩子的心声，可以对孩子说："你是这样认为的吗？爸爸妈妈根本没有想到这一点。"肯定孩子的看法，和孩子交流看法，让孩子感受到自信和力量，这种使亲子之间更加亲近的简易方法，近年来颇受专家重视。

品川孝子指出，父母应当对孩子个性的发展表现出某种程度的欢喜和容纳，而不是妄加批评。每个孩子在进入青春期后，个性都会发生很大的变化，这些巨大的改变会使他们忍不住对周围的人和事物都抱以怀疑的眼光，因而常常会感到不安。当孩子很认真地想和父母讨论自己的个性和缺点时，父母必须耐心地听完孩子的自我剖析，然后率直地提出自己的忠告。另外，品川孝子还认为，父母对孩子，该放手时就要放手。很多父母总希望孩子是属于自己一个人的，希望孩子像幼儿时期一样，每天围绕在自己身旁，任何事情都毫不隐瞒地对自己说出来。而逆反时期的孩子可不这么看，他们面对父母烦人的询问，只会敬而远之，逃回自己的房间。孩子逃避的态度往往让父母感到不安与不满，父母希望把孩子拉回自己的身

三 当青春期遇上更年期

边,结果却往往是越远越拉,越拉越远。父母应当让孩子有自己的时间和空间,"既逃则莫追"乃是处理亲子关系的不变原则。当发现孩子渴望独处时,父母就应当适时地保持沉默。

日本人在教育逆反时期的孩子时,很多做法和中国人一样,很多困惑也和中国的父母一样,教育的结果也往往不能令人满意。但是品川孝子对此提出的体谅、开明、容纳和放手等4个方面的建议,是值得很多正在对逆反期的孩子进行教育的中国父母们关注的。

家长:用父辈的成长教育孩子

小弟青春期特别逆反,中考前曾经和一群小伙伴外出聊天而深夜不归,害得父亲让自己的学生满街寻找直至半夜。还有一次,小弟因为考试成绩不理想特别郁闷,夜深后趁大家酣睡连喝了5瓶啤酒,然后醉倒在阳台上不省人事,直到天亮才被父母发现。还有他左手腕上那个深深的"忍"字,据他事后跟我们说,那是用烧红的铁丝弄上去的……这些都是小弟当年的"青春壮举",他因此成了我们家青春期逆反的典型。当然,我也不是省油的灯。上高二时,历史老师方言很重,我听不懂,好几次和最要好的朋友一起逃课,去赣江边上的一位算命先生那里算命,或者干脆邀同学去教室顶楼的阳台上晒太阳以示抗议。

正是因为回想起自己曾经的"壮举",亲眼目睹过弟弟妹妹的种种"逆行",我才能更深切地理解正值花季的女儿,正确地对待孩子青春期的逆反。初高中时期,孩子的自尊和自我意识日渐形成,又因为读书压力大,父母望子成龙心切,老师成天叮嘱的也是学习和成绩,孩子容易产生焦虑、恐惧、悲观等情绪。此时这些情绪如得不到合理的引导和化解，往往就会产生逆反心理。其实，父母与老师大可不必为孩子的青春期逆反伤心劳神，只要做到沟通顺畅、关爱到位，男孩女孩有所区别地对待，防患于未然，结果就不会坏到哪里去——就连当年是逆反典型的小弟后来也成为一名优秀的大学教师兼青年雕塑家。

　　由于我理解并坦然接受青春期叛逆，还作好了充分的心理准备迎接女儿叛逆时期的到来，结果女儿反倒不那么叛逆了。用女儿的话说，其逆反最多不过是偶尔在上课时故意迟到或有意与老师的解题思路唱对台戏之类的小事。其实，女儿不是没有逆反，而是作为父母的我们注意因势利导，把可能会发生的逆反行为及时转化成了女儿的创造性学习行为。上高一后，女儿念念不忘去美国的高中留学的愿望，每次周末她一回家就给我们发布长篇报道，说班里的某某正准备托福和赛达考试，准备申请美国的高中去留学，然后要求我们帮她上网搜寻相关资料，联系学校。虽然我不主张孩子还这么小就离开父母独自出国留学，但她执意要去，我也不好打击她的积极性，尤其在这个敏感的青春期逆反时期。因此我建议她：“何不自己亲自试试？"于是，那段时间女儿一有空就上英文网站浏览美国各个高中的相关信息，并且按照拟申请学校给定的时间期限独立完成了申请流程，之后，果然有一所学校给她来了回函，但女儿一看那所学校的排名不理想，自己首先就没了兴趣。但女儿说，她的英语水平大大提高，现在看英文网页就像看中文网页那样熟练了。我告诉女儿，这就是我希望达到的最佳效果。这样不仅培养了女儿的独立能力及对自己负责任、敢于担当的精神，还激发了她学习的创造性。

　　其实，无论什么时代，青春期逆反都是青少年生长发育必经的

三 当青春期遇上更年期

一个阶段。此时父母或教师如果能够因势利导，区别对待不同性别、类型或程度的逆反表现，因材施教，反而能促进孩子的快速发展。青春期本来就是一段躁动不安的岁月，是青少年渴望突破束缚、获得独立的年龄。而对于孩子的青春期叛逆，有些父母不是放任纵容、无所作为，就是严加管教、百般约束，其结果不是导致孩子的发展受阻碍，就是影响了正常的亲子或师生的关系。我以为正确的态度应该是：以我们父辈曾经的成长经历教育孩子；努力同化和顺应其变化，及时沟通，化干戈为玉帛；"无为"而为，以此培养孩子独立的精神。

人类的发展是有规律的，理应一代胜过一代。父母是在对自身及其孩子的双重了解的基础上，根据遗传和变异规律来养育孩子的，所以为人父母者理应成为孩子的良师益友。同样，许多老师也为人父母，他们也有过青春年少，也有过叛逆行为，如果父母或老师能够反观自己的青春岁月，忆起当时自己渴望独立、不堪束缚的感受，本着"己所不欲，勿施于人"的态度，就不会轻易"逆"孩子之"逆"，而是以亲身成长经历教育孩子，与孩子同行，共同度过那段美好的青葱岁月。

同化和顺应是孩子在成长过程中处理其与周围环境关系的最普遍方式，也是父母面对孩子逆反行为时最有力的思想武器。如果此时父母能够把握好孩子的心理动态并给予适当的劝告或建议，努力转变孩子的观念，并能够顺利地被孩子接受，从而达到同化目的，这自然是最好不过的。但是，如果孩子无法理解父母，甚至更加逆反，那父母就要适当地顺应孩子，并分析他的逆反行为背后的真实原因，及时沟通，努力使其顺利化解，从而化干戈为玉帛。

面对青春期逆反，最好的教育方式，或者说最高的境界和追求

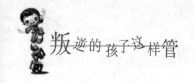

就是"无为"而为地培养孩子的独立精神。孩子之所以逆反，是因为他们觉得自己已长大成人，却还要受制于父母老师的管教与约束，心里很不乐意。而此时如果大人又不善于学习新鲜事物，再加上天然的代沟，孩子就会更不乐意甚至很不屑听命于父母。这时，只要孩子的逆反不是过分出格，还不如放手让孩子自己去面对，家长不露声色地暗中观察，等他们碰到困难寻求帮助时再慷慨相助，这样既培养了孩子独立解决问题的能力，又乐得自然顺应，两全其美，何乐不为？况且亲子之情或师生之谊还得到了进一步加强，这不正是"无为"而为吗？

（中央教育科学研究所 王晓霞）

成为孩子期待的好对手

反抗期有如成长中的竹节，在孩子的成长过程中，这个时期会引起很大的变化，而大多数父母对"反抗期"一词是感叹之中掺杂着愤怒和不解。日本颇负盛名的儿童教育家品川孝子针对让父母头痛不已的青少年反抗期教育问题，运用儿童心理学，结合典型事例和多年的研究及亲身经历，深入浅出地讲述了这一棘手问题的处理之道。

》父母参与要有慎重处理的态度

处于反抗期的青少年，通常是极难对付的，总会让父母不知所措。这个时期，孩子身体的各个方面都在飞速发育并逐渐达到成

三 当青春期遇上更年期

熟,然而,心理发展的速度却远跟不上其生理的发展。他们不服从权威,不愿意轻易接受成人的意见,常处于一种与成人相抵触的情绪状态中。父母对这种孩子成长的变化,往往感觉迟钝,认为孩子仍和以前一样,与自己有依存关系。然而孩子却急于摆脱对父母的依赖,希望获得完全的独立,因而产生了抵抗的心理。但青少年的内心并不能完全摆脱对父母的依赖,他们更希望从父母那里得到精神上的理解与支持。"反抗期"一词,正是从这种孩子的依赖与自立的矛盾以及亲子间不断地对立过程中得来,这不只是孩子的问题,也包含了父母的问题。

父母在参与上,慎重处理的态度是非常必要的,千万不要抱着漠不关心、满不在乎的态度来面对反抗期的子女。一旦父母曲意顺从孩子,势必很难使其身心健康成长。一旦父母放任不管,他们就会愈加认为自己的想法都是对的。可怕的是,一旦有某种想法进入他们的脑海,便会根深蒂固挥之不去。让孩子在反抗期变得遍体鳞伤,还是让这一时期成为孩子最充实的人生阶段,就要看身为对手的父母所采取的处理态度了。孩子这个时期的反抗程度,往往因父母的态度而有所不同。此外,父母还必须抛开支配者意识,让孩子以自己的力量建立自己的人格,塑造全新的自我。面对反抗期的子女,这是父母应该具备的智慧。

▶ 父母扮演的角色是严厉的他人

反抗期的一大特征是:只关心自己,很少意识到他人的存在。因而,父母所要扮演的角色就是严厉的他人。同样,这个时期的孩子对自己的自由相当敏感,但对他人的自由却浑然不觉,帮助孩子认识到他人的存在,正是父母的责任。当然,挫折是在所难免的,

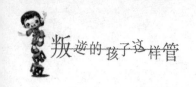

但是如果不经历这些，孩子就很难迈向另一阶段。

　　对于孩子的个性弱点，父母若能在实际生活中指示具体的方法，有时也能帮助其改变。"妈妈很希望能够帮助你。当你球打不好时，自然而然会向教练求助。同样，当你遭遇到任何困难时，我也很乐意提供自己的力量。而且，不论成败，我都会为你所做的一切感到骄傲。"这是给孩子自信和机会的最好方式。不安的感觉容易让人联想到失败，因此别忘了告诉孩子："当你为失败而默默哭泣时，爸爸也一样感到难过；当你辗转反侧时，记住爸爸就在你的身边。"作孩子的后盾，有助于减轻他们的不安。此外，当孩子很认真地想要和你讨论自己的个性缺点时，千万不可逃避。你必须耐心地听完孩子的自我剖析，然后率直地提出忠告才行。如果将孩子的不安一肩扛起，那么将会导致青春期的成长停滞不前。

▷ 父母必须具有相当的敏感度

　　一位大学生回忆自己的反抗期时说："当我还是个小孩子时，就有一种很奇怪的心理。我希望打败父亲，但又盼望他能努力加油，不要轻易地认输。结果，在一连串的对抗之后，我越来越喜欢父亲了。"孩子进入反抗期后，会试图打破由双亲所塑造的人格，不想被既有的常识所束缚，不愿意事事依从父母的指示，凡事都要和父母所做的不同。他们希望能与父母处于同等地位，因而产生竞争心态。他们会将过去所学习的常识、价值观、生活习惯及礼仪完全丢弃，试图以自己的力量创造一个全新的自我。因小事而引起的冲突并不可怕，潜藏在冲突背后的原因才是最大的隐忧。然而，父母眼中所看到的却仅仅是孩子将自己所教导的一切完完全全地丢弃。想到自己以往的努力竟然在眼前崩溃，而且已无轨迹可循，他

三 当青春期遇上更年期

们怎能不感到失望呢？殊不知，这并不是永久的破坏，而是孩子对自己的改造，而双亲过去的教导会产生潜移默化的效果，不知不觉中融入其改造，而不是完全被其舍弃。

青春期的另一特征是：尽管孩子表面上对父母所说的任何事都表现出满不在乎的姿态，但是在私底下这些话却成为他们批判自己的依据。因此，身为父母必须具有相当的敏感度，适时以孩子的个性特征、长处短处作为话题，帮助他们解除内心的疑惑。其中最好、最简单的方法是尽量避免谈论令其感到尴尬的问题，即使非谈不可，也不要带着指责的语气。

（摘自《"逆反"有理——怎样应付孩子的"反抗期"》，[日]品川孝子，当代中国出版社2007年版）

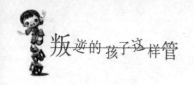

有一种爱叫做逃离愤怒

你是否觉得现在的孩子太难管教？是否每次对无辜的孩子发怒后总会后悔？是否知道你今天的愤怒对孩子会造成什么影响？愤怒是令人坐立不安的负面情绪，一旦我们的生活受它控制和影响，它不仅有害于我们的健康，破坏我们和亲人、朋友的关系，这种负面情绪更有可能变成一种负面遗产，在家族中代代相传以致造成恶性循环。

大部分父母每天在外面奔波劳碌，就在其拼命赚钱时，却无意间把易怒的坏脾气留给了子女。父母是孩子的镜子，孩子是父母的投影。要想解决家庭教育的难题，父母就要做好言传身教的典范，学会管理自己的愤怒，别把愤怒传给孩子。

家长：从爸爸的阴阳脸看家庭教育

孩子在父母心中的印象是聪明、乖巧、淘气、磨蹭、优秀、最棒、听话、不听话、贪玩等，谁曾想过父母在孩子心中会有什么样的印象呢？如果不了解孩子心目中所期望的爸爸妈妈的形象，我们又怎么能教育好自己的孩子呢？孩子眼中的爸爸妈妈正在一点点地影响着他成长。如果爸爸是个温文尔雅的人，那孩子长大了可能也是个温文尔雅的人。但如果爸爸是个脾气暴躁的人，那孩子长大了多半脾气不好。

爸爸的阴阳脸为何引发家长热议

我很自恋地拿出了儿子一年级时画的一幅名为"我的爸爸"的

三 当青春期遇上更年期

画,作为书的封面图画。在我看来,这幅图画既吻合书中的内容,又很贴近当前中国家庭教育的现实:一半脸黄一半脸红。第一次看到它时,我忍不住打了哆嗦,难道这就是儿子眼中的爸爸吗?天真是什么?天真应该就是真实地反映世界的本来面目。因为家中有一个暴躁的父亲,我年幼的儿子观察到的父亲就是这样一个阴阳两面的人,怎能不叫人不寒而栗?

家长为什么会愤怒呢?根源在于很多家长的一种根深蒂固的观念——"孩子是我的,我拥有绝对的所有权、支配权、管教权,我有责任和义务来教育好这个不懂事的孩子"。而这些权利一旦失控,事情的结果不能如我们所愿,我们就会愤怒。随着儿子一天天长大,我的"好玩的儿子"也一天天变得让我无法控制,一种"无法控制自己儿子"的情愫在我内心累积成愤怒,并经常爆发出来。尤其是他上了小学之后,如果他不能在我下班之前做完作业,我就会大发雷霆。如果他不收拾玩具或玩起来没完没了,我就会怒发冲冠。甚至如果他不能在5分钟内刷完牙,我也会火冒三丈。我想这种情形下并非只有我这样,这幅景象大约是拥有成长期中的孩子的家庭常见的风景。

▶ 亲身证明:愤怒的确会"遗传"

某个周末我下班回家,发现儿子光惦记着跟小朋友们玩,把作业忘得一干二净,我怒从心头起,霎时沉下脸来。儿子大概是见惯了我的这种面目,用祈求的眼神,满脸讨好向我央求:"爸爸,明天是星期六,我明天再做作业,可以吗?"我冷冷地说:"可以啊,后天不做也可以,永远不做都可以。"儿子听完后眼泪在眼眶里愤怒地打转,但莫名的屈辱令他下决心不让眼泪流出来。看着他愤懑的表情，我仿佛被电击了。我的语气、语调中这讽刺、挖苦的味道如此熟悉，这不正是我的父母亲当年对我说的话吗？今天的我怎么又把这些话劈头盖脸地扔给了我的儿子？片刻的灵魂出窍之后，我不禁打了个冷战，真是太可怕了。我开始意识到，我不仅遗传了来自父母的生物基因，还有生活习惯、人生经验，乃至说话的语气和遣词造句的方式等许多东西。我幼时的家庭并不安静，儿时的不快让我发誓要给自己孩子一个宁静的家庭。但此时，我意识到我未能如我所期望的那样成为一个好父亲。父母似乎把坏脾气也"遗传"给了我。我开始反省，坚决不能再把可怕的坏脾气"遗传"给我的儿子。于是，我自己摸索着开始了艰难的改进。

在遇到《不愤怒的世界》这本书时，我突然发现，这不正是作者超越时空对我的愤怒情绪进行的诊疗吗？作者对那些引起发怒的场景的描述不正是我的亲身经历吗？亚伦博士的愤怒管理方程式也为我提供了具体的实践方法。

» 是现在的孩子不好管了吗

我经常听到很多家长和老师抱怨现在的孩子不好管。其实，在我开始有意识地控制自己的愤怒情绪后，在我遇到《不愤怒的世界》这本书后，我越来越发现，并不是现在的孩子不好管，而是现在的家长越来越不像家长了。我们的家长在高兴时用金钱、麦当劳、名牌运动服来奖励孩子，不高兴或孩子不听话时就只会怒斥，这一情景几乎出现在所有孩子上小学后的家庭中。我们的家长把孩子的所有课外时间都统统地剥削了（让孩子上辅导班、兴趣班等），孩子没有自己的时间玩耍、游戏。家长又很少关心孩子的心灵成长。在升学压力、社会竞争和各种教育学说的影响下，家长对

三 当青春期遇上更年期

于家庭教育到底是什么已经失去了判断力。

大部分家长每天在外面劳碌奔波，为的是能给子女留下一份丰厚的"遗产"，殊不知，就在我们拼命赚钱的同时，却无意间把另外一份"遗产"——愤怒留给了子女。这种"遗产"对于他们来说，比不给他们留下任何财产更残酷。

曾几何时，中国的家庭教育刮起了一股"赏识孩子"和"孩子，你真棒"之风。然而，10年之后，回望家庭教育，似乎并没有发生根本改变。从"气得真想揍他一顿"到"孩子你真棒"之间的跨越似乎太大了，我们能够将怒火压制在心中就已经是孩子的万幸了，我们不恶语相加、冷嘲热讽就已经很符合家长的身份了，在怒火中烧之时仍然坚持赏识教育的原则似乎是一种奢谈。是赏识教育不对吗？显然不是。问题就在于我们的父母在该愤怒的时候还是会愤怒，在该大打出手的时候还是大打出手。能如是理解，我们就找到了"现在的孩子越来越难管了"的真正原因。现在该是家长改变的时候了。家长应从改变愤怒的习性开始，从管理愤怒开始，因为愤怒管理是连接"气得真想揍他一顿"和"孩子你真棒"之间的桥梁。

（孙宇靖）

教师：别把坏脾气传给后代

作为父母，你对孩子的某些行为感到愤怒吗？你对孩子发过脾气吗？如果你对孩子的某些行为感到愤怒，对你的孩子发过脾气，你知道你的坏脾气是有可能"遗传"给孩子的吗？

愤怒是人性中最黑暗的负面情绪，一旦我们的生活受到愤怒的控制和影响，它将会有害于我们的健康，破坏我们和亲人、邻居、朋友、同事的关系，甚至会把坏情绪传染给他们，让大家难以和谐

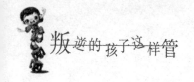

共处,难以得到幸福和健康的生活。

记得小学二年级的时候,有一次,我因为贪玩,匆匆做完家庭作业就到外面去玩了。母亲下班回来,看见涂鸦式的作业和玩得满头大汗的我那一身泥土时,一向不发脾气的母亲震怒了。让我永生难忘的是,当时母亲重重地拍了几下桌子,还吼了几句,吓得我浑身发抖,不知所措,脑子里一片空白。

岁月如梭。多少年后,我儿子小学二年级时,有一次,一向写字漂亮的儿子把作业上的字写得大小不一挤作一团,扔在桌上就和小朋友们玩球去了。很晚才回家的儿子,面对我那张极为难看的冷脸,一时有些不知所措。这时,儿子看见他那从不对他发脾气的父亲咆哮着拍了桌子,他吓呆了。那一刻,我突然想起了母亲对我拍桌子的情景,我从儿子脸上看见了当年的我,不禁暗自吃惊,难道愤怒真的会"遗传"吗?

美国的罗伯特·亚伦博士研究愤怒将近30年,他在医学临床中,见过患者愤怒的种种表现,也看到了人的愤怒怎么一步一步演化成负面情绪,甚至能从父亲传给儿子,从母亲传给女儿。我们中国人有个说法:"有气就撒出来,别憋着,否则会憋坏了身体。"这个似是而非的观点至今还"统治"着我们的日常生活,成为很多人为乱发脾气找的挡箭牌。

据美国心脏病专家,"A型人格"理论的创建人之一——弗里曼博士的研究,虽然人在愤怒时把怒气发泄出来可能会觉得精力充沛,但肾上腺素的激增也可能产生类似毒品的作用。当你觉得发了脾气很爽快的时候,重复发脾气却会对你的健康造成危害。

小学三年级的时候,我得了慢性肾炎,开始了漫长的治疗过程,先后吃了8年中药。母亲在为我的病治疗无效感到万般无奈的情况下，让我打过大半年鸡血，还喝过当时一家医院调制的干盐卤（当时因能治克山病而风靡一时的疗法），喝过海宝，还试过饮水疗法、甩手疗法等众多当时风靡全国的各种"包治百病"的方法。在我生病以后，母亲再也没有对我发过脾气，再也不对我的功课提出任何要求，甚至让我恢复了她之前认为玩物丧志的集邮活动。那时，最让母亲苦恼的是，上中学一直免休体育课的我，毕业后如何成为一个自食其力的人。

我儿子小时候的体质也非常差，在他小学几年中，我常常和他一起泡在医院的点滴室里，每次都坐得我腰酸腿痛。这一泡就是五六年，我早已被磨得没有了拍桌子的冲动，这倒成就了儿子快快乐乐的少年时代。

其实，生气的时候将愤怒表达出来绝对不是最好的方法。通过30年对"愤怒"的研究，罗伯特·亚伦认识到，学会用更有效的方法来控制愤怒可以带来极大的好处。他认为，所谓以更有效的方法来控制愤怒，多半时候并不是指在受到刺激时将愤怒表现出来，而是指等到自己冷静下来以后再加以处理。法国16世纪的散文家和哲学家蒙田也说过类似的话："对清晰的判断力影响最大的情绪，莫过于愤怒。冷静下来之后，对事情的看法确实会有所不同。"

我想，当我们愤怒的时候，可以想想那些泰国导游们常常说的一句话："你气我，我不气；我生气，中你计。"我们应该认真思考一下罗伯特·亚伦的建议。他在书中建议每一个爱发怒的人扪心自问：我生气的目的是什么？我要如何得到我想要的结果？我要的到底是什么？

（上官林白）

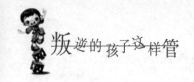

愤怒并非是天生的野兽

"你听起来好残忍。"在亚伦博士刚刚接手处理个案时,有一次督导在听完他为客户作咨询的录音带后送给了他这句评语。亚伦博士很难过,因为督导说得没错,自己的语气听起来的确有点刻薄。想当初之所以攻读心理学,部分原因跟自己饱受精神虐待的童年生活有关:

我的父亲性情暴躁,而且愤怒随时都可能毫无预警地爆发。记得在我10岁的时候,有一天,我的父亲不小心用榔头敲到了大拇指,痛得高声咒骂了几句,其愤怒的火力如此强大,让我几乎从地上弹了出去。多年后,我上了大学,也接受过数年的心理治疗,但说话的语气仍俨然是我父亲的翻版——虽然没那么可怕,但确实是残忍的。

当时的我,一个二十五六岁、前程似锦的心理学家,说话的口气怎么会如此严厉、如此苛刻呢?于是我继续接受治疗。但不知道为什么,我的女朋友一个接着一个离开了我,她们都说我是个刻薄的人,我当时实在无法相信她们的"指控",但是现在,我了解了。我们很容易为自己的愤怒找出合理的借口,再把问题怪罪到别人身上——"我会生气还不是因为你做了什么"。

由于我父亲的暴怒,让我意外跨入了心脏医学的领域。父亲心脏病第一次病发,是在他46岁那年。我不想步他的后尘,1981年,我前往旧金山拜访弗里曼博士,他是一位心脏科医师,也是"A型人格"理论的创建人之一。在弗里曼博士的机构中,我很快明白了A型人格有两大主要特征,其中之一便是暴躁易怒,对某些人而

三 当青春期遇上更年期

言,任何有压力的情境几乎都可以变成愤怒的导火线。

所谓压力,一般指的是发生在我们之外的状况。压力事件有大有小,大者如失业或失去所爱的人,小者如和子女发生口角。一个人如何面对压力事件,会成为他性格中很重要的一部分。像我,就习惯用发脾气的方式来处理外在的压力事件。我常常注意到,当外在的状况不尽如人意时,我的脑袋里就会开始进行愤怒的自我对话。

我在自己的生活中和在替人进行心理治疗的过程中发现,和我有相同问题的人还不少。很多人习惯在受挫时将情绪强烈地表达出来。事实上,心理学家和精神病学家长久以来也一直猜测,压抑情绪可能会导致生病。但弗里曼的研究发现却和长期以来的心理学理论背道而驰——根据他在研究上的创见,经常发泄怒气会在生理上对人造成影响,进而可能引发心脏病。虽然把怒气发泄出来可能会让你觉得精力充沛,但肾上腺素的激增也可能产生极类似毒品的作用:当下你觉得很爽快,重复使用却会对你的健康造成危害。

后来,我在纽约医院—康奈尔医学中心工作时,有机会接触到各年龄层的许多病人,协助他们找出更好的压力与愤怒管理技巧。几个月之后,我惊讶地发现,这些病人虽然背景各异,他们之间却存在着惊人的相似性。很多人的父母跟我父亲一样也患有心脏病,而且,他们的父母甚至祖父母也都有愤怒的问题,许多人会相当忧心。愤怒的情绪在他们的生活中几乎随处可见,它不仅影响到他们的健康状况,也影响了他们和上一代或下一代的关系。我经常被问到:"我的孩子会不会学习我的模式,用愤怒来处理压力?""他们年纪大了以后是不是也会得心脏病?"

过度的愤怒会导致什么伤害,是一件再清楚不过的事了。我在自己和许多病人的身上都看到,学会用更有效的方法来控制愤怒可以带来很大的裨益。所谓以更有效的方法来控制愤怒，多半时候并不是指在当下将愤怒表现出来，而是说等到自己冷静下来以后再加以处理。

要有效管理愤怒，并不需要对自己的过去进行精神分析。精神分析在这方面一点儿帮助都没有。此外，你也不能把自己看成是受害者。你会动怒，很多时候或许是有正当的理由，没错，但那些怒气完全是你自己的，而不是别人的。要管理好你的愤怒，你首先必须承认它。迁怒于他人或讲些尖酸刻薄的话，对管理愤怒而言，只有坏处，没有好处。用言语来奚落他人，短时间内你会有一股"胜利"的快感，但这往往会伤害到你和对方的关系，而这一点，愤怒的当事人往往也心知肚明。

让我回到我的治疗督导对我讲的那几个字："你听起来好残忍。"即使事隔30多年，如今谈起这件事，我仍旧感到难为情。然而，要感谢他让我开始反躬自省，因而踏上了这维持30多年的学习历程：研究愤怒，了解愤怒和管理愤怒。我当时为什么那么残忍？因为我觉得很受挫。当时和我谈话的病人是个边缘型人格患者，我每问一个问题，她就把谈话导向完全不同的方向，让我觉得很灰心。直到我的督导指出了这一点，我才恍然大悟。原来，身为治疗师的我，谈话的主导权竟然被病人抢去了，这让我觉得很不受尊重，所以才表现得那般残忍。而这一点，或许是我最重要的一项发现：觉得不受尊重时，我们会感到生气。但我们往往没有意识到这一点，反而努力地辩解说自己的意见跟对方有哪些细微的差异，以至于见树不见林，始终看不到问题的症结所在。

这么多年以来，在花了这么多心血彻底研究愤怒以及愤怒管理之后，我现在的表现如何？我12岁的女儿给我打了个"B"的成

三 当青春期遇上更年期

绩,妻子则没说什么。事实上,我仍然会产生许多愤怒的想法和情绪。公平和完美是我极为重视的两样东西,任何状况只要不够公平、不够完美,都可能令我发火或让我感到焦躁。还好,我多半能克制住自己想要给对方一点教训的冲动,因为我知道,这样做一点帮助都没有。绝大多数的时候,我不会把愤怒发泄出来,而会把怒气留给自己。

敏锐与圆通是我们在解决引发愤怒的各种情况时需要的两种特质,然而,就算具备这两种特质,我们在生气时往往也很难将它们施展出来。所以,我会等,引发愤怒的状况,很多最后似乎都会自行解决,或变得不那么严重。如果有什么问题真的需要讨论,我也会尽可能在最恰当的时机把它提出来。这一点我不见得每次都做得到,但是很明显,这是我用来解决冲突的最好方式。

非要把怒气发泄出来吗

愤怒,人性中最黑暗的、令人坐立不安的负面情绪。亚伦博士研究愤怒将近30年,他在临床经验中见识过愤怒的种种表现方式,也看到了愤怒如何成为一种负面"遗产",从父亲传给儿子,或者从母亲传给女儿。他研究并实践出一套对策与工具,协助那些经常动怒的人控制心中的熊熊怒火。

▶ 棍棒底下真能出孝子吗

要是没有把怒气宣泄出来,我们就一定会"爆炸"吗?其实这是一种误解，其谬误的程度一如"地球是平的"这个想法。希望自己的孩子长大后成为一个快乐、有安全感、能高度发挥潜能的成年人，可以说是每个父母的心愿。子女的利益与幸福，是大多数父母念念不忘的。然而，做父母的很快会认识到，要帮助自己的孩子培养健康有效的生活方式，他们必须给予指导或者管教。但一般人在使用"管教"这个词时往往将它与"严厉的处罚"画上等号，许多人也理所当然地以为，要做好养儿育女的工作，严厉的惩罚是必要且正当的。这一观点，从"棍棒底下出孝子"、"不打不成器"之类的说法中就可以清楚地看到。

经常受棍棒管教的孩子通常会觉得无能为力，敢怒不敢言。他不但学不到父母希望教给他的道理，反而可能感到一头雾水：我到底哪里做错了？除了深受挫折，有时候他还会产生一股巨大的愤怒：要是我块头跟你一样大，我一定会马上反击。在此刻，由于孩子年纪还小，几乎没有选择的余地，但他可以做一件事：将父母所传递的负面信息内化，开始相信自己真的是个坏人。而且，孩子也可能将父母所发泄出来的部分怒气转移到自己身上，变得郁郁寡欢。除此之外，这个孩子也从父母身上学到了如何迁怒于人，代代相传的恶性循环从此产生。

亚伦博士的愤怒管理方程式

步骤一：找出引发愤怒的诱饵。所谓诱饵，在此用来比喻那些容易勾起我们怒气的人、事、物。诱饵大多可分成两类：一类跟不公平的情境有关（如不公平、不道德或自私的行为），一类跟无能的情境有关（任何让我们觉得无能、懒惰或愚蠢的人、事、物）。

为提升你辨识诱饵的能力，请准备一本诱饵记录簿，每次一生

三 当青春期遇上更年期

气就打开这本簿子,把当时的状况记录下来,并分析该诱饵跟不公平的情境有关,还是跟无能的人、事、物有关。日后在检查这些记录时,问自己:这里面牵涉到什么人、事、物?我当时的感受是什么?我的反应是什么?我是否可以选择用其他的方式响应?

步骤二:认清需求。我们会生气通常是因为自己的某个需求没有得到满足,只要你愿意去探究你的愤怒诱饵,很可能会在诱饵底下发现某个没被满足的需求。

生理的需求包括:想填饱肚子、希望有地方遮风避雨、需要休息与睡眠、希望周围的温度是舒服的。隐藏在愤怒事件背后的心理需求通常有两种:一种是希望获得尊重,另一种是想维护自己的领土或界限。每一次生气时就要问自己:我的什么需求没有得到满足?是生理需求吗?比如肚子饿了、想要找个庇护所、想要休息或睡觉、觉得温度太冷或太热?还是我希望获得尊重?或想要维护自我的界限?

步骤三:满足需求。一看到诱饵出现,试着去认清诱饵背后的需求,并尝试用满足需求的态度而非发脾气的方式去作响应,看看可以用何种方式满足你在尊重或界限方面的需求。当你开始要去满足你的需求时,问问自己:我希望达成什么目标?我希望看到什么结果?

通过上述3个步骤,我们可以最终打破愤怒在家族间代代相传的恶性循环。

▷ 离婚后的愤怒管理

一段婚姻如果是因为其中的一方出轨而导致破裂,遭背叛的一方通常会觉得很不公平。夫妻双方要是在婚姻末期经常吵架和指责对方，他们的孩子一定会变得非常没有安全感。毕竟，看着自己所爱和依赖的两个人用如此火爆且难以捉摸的方式对待彼此，孩子心里可能会想：他们到底什么时候才能停战休兵，留一点时间来照顾我呢？如果父母要求子女选择某方，或在离婚后刻意拉拢孩子来打击对方，只会在所有相关当事人心中留下更多负面的感受。

很多配偶在离婚后仍然会继续怨恨对方，进而影响到两人的子女。这些苟延残喘、永无休止的渴望与愤怒，会给孩子带来莫大的痛苦。离婚后应该尽力克制甚至消除自己的愤怒，这既有道德上的理由也有心理上的理由——这样做可以保护他们自己，也可以保护他们的子女。离了婚的父母一旦能够把彼此的分歧摆到一旁，尽量不激怒对方，也尽量不被对方所激怒，其实就是在帮孩子一个大忙，只有这样，孩子才能够抱着信心继续在人生的道路上前进，迎向光明。

许多专家都相信，一个人处理愤怒的方式会对他的情绪健康造成莫大的影响。美国心理学会曾经发表一项声明："冲突如果长期没有得到解决，孩子在情感上通常有比较强烈的不安全感。相反，当父母能够解决彼此的冲突，愿意用协商、妥协等方式而非言语的攻击来处理问题时，孩子的恐惧、焦虑等症状就会降低。研究显示，无论孩子有没有直接看到这些解决导向的行为，这些行为对孩子都是有所帮助的。"尽管这项声明针对的是离婚夫妻的小孩，但也适用于其他孩子身上。

（摘自《不愤怒的世界》，［美］罗伯特·亚伦、多娜·布莱斯著，东方出版社2009年版）

三 当青春期遇上更年期

爱怎能成为隔阂的借口

上一次和儿子聊天到深夜，是什么时候？女儿塞上耳机，把自己彻底封闭起来，怎么让人觉得那么伤心？为什么和心爱的人沟通，有这么多的不可能？为什么那些最亲近我们的人通常是我们最摸不透的？

很多时候，父母与孩子之间，总会由于相互之间深深的爱而误解、冲突甚至矛盾激化，即使是最伟大的爱，也有可能成为亲子之间隔阂的缘由。两代人该怎样面对面地交流呢？5月的第二个星期天，在母亲节来临的时刻，亲爱的孩子们，请走近父母的内心，不妨带着成长的痕迹去敲敲爸爸妈妈的门。辛劳的父母们，请把孩子当作一个交流的对象，深入到新一辈人的人生困惑中去，积极地引导孩子思索生活和生命的意义。

父母是引导者和协商者

《亲爱的安德烈》一书之所以激起尧衣的浓厚兴趣，一是因为作者龙应台通过书信的方式，以极大的勇气和耐心，与儿子进行了坦诚的对话和交流，重建了母子关系。第二个原因是他作为一个父亲，曾经在与女儿的沟通问题上有过很大的挫折和失误，此书再次使他想起往事，因而进行了一番思考和反省：

女儿小时候特别可爱，既聪明又乖巧，我简直爱得不行。在我整天"宝贝、宝贝"地叫着的同时，她一天一天地长大了。然而，就在我根本没有丝毫觉察之时，女儿的青春期突然降临了。专家说那叫"激素风暴"。蓦地，她像变了个人似的，不再是我的乖宝贝了。她把自己关在房间里，门上贴了张纸条，写着"不敲门，不准进屋"。她宁愿把大量的时间耗费在看电视节目、玩电脑游戏上，也不愿意和我聊天。和她之间的谈话，往往会发展成一场谁也不能说服谁的争吵和对峙，她觉得父母不理解她，也不可能理解她……

现在回想起来，事情恐怕是这样的：在女儿由童年悄然向少年过渡的过程中，我仍然按照孩子的生长惯性，以为她还是那个需要我牵着她的手走路，那个需要我给予无微不至的温暖和呵护，需要我关心她的饱暖和饥寒的小家伙，而她的精神的、心理的、思想的成长几乎被忽略了。我甚至以为，除了按时完成作业，只要在课余时间，尽可能多地阅读古今中外优秀文学名著，孩子自然就会受到优雅的文化艺术乳汁的滋养，伴随着身体的发育成长，她的心灵和精神也会健康地成长。直到后来尝到了苦涩的果实，我才意识到自己是一个多么粗心、不合格且自以为是的父亲！

龙应台是因为离家赴任而错过了儿子的青春期，而我则是几乎天天和女儿在一起，却与她的青春期失之交臂，这个教训实在是创巨痛深。其实，任何一个时代，任何一个社会，都会有亲子冲突，甚至可以说，这是生命世界的一种常态。因为在生命的链条上，后起的生命总要继续发展、不断进化，所以不能没有改变和超越，因而也就会引起差异、矛盾与纠葛。在一个社会大转型的时代尤其如此。在当下的中国，这个问题显得特别突出。为什么这么说呢？这恐怕是传统与现实的双重因素造成的。

90年前，鲁迅曾指出，中国亲权重，父权更重，父对于子有绝对的权力和威严，孩子只是父母福气的材料，并非将来的"人"的

三 当青春期遇上更年期

萌芽。中国传统观念是讲孝道的,所谓"不孝有三,无后为大",养儿就是为了耀祖光宗、传宗接代,如今又加上望子成龙、望女成凤。中国目前实行的又是独生子女政策,这一政策所导致的子女的唯一性,必然在子女教育上给每一个家庭带来极高的风险,应试教育和就业困难又加剧了这一风险。这种状况无疑给亲子间的沟通和交流提出了更加严峻的挑战,时代对于既是养育者又是引导者的父母提出了更高的要求。

在这样的社会氛围和环境中,整个家庭的压力,尤其是独生子女的压力,不能不说是异常巨大的。背负着巨大压力的子女,其成长环境和氛围,很难说是健康而宽松的,如此对青少年身心的成长发育,尤其是对其心理和精神的成长极为不利。我女儿经常写作业写到十一二点,有两次甚至超过了一点。孩子非常疲惫,非常辛苦,我也和她一起焦虑,一起饱受折磨。再加上孩子青春期的因素、青少年的叛逆性,本来就非常复杂的亲子沟通问题,便显得更加脆弱,更加艰难了。

大多数像我一样的父母的思想观念和知识背景,恐怕难以胜任如此重要的家庭身份和社会角色。那该怎么办呢?除了对制度、政策应作出必要的调整外,父母们特别需要学习怎样做父母亲。其实,这个命题鲁迅在20世纪初的五四新文化运动中就已经提出了。那是一个大变革时期,中国社会爆发了异常激烈而深刻的思想文化冲突,父与子的矛盾也格外突出。鉴于此,鲁迅明确提出了"我们现在怎样做父亲"的问题。他指出,中国的父亲大都只是孩子之父,而不是"人"之父,因此,中国需要教育培养"人"之父的父范学堂。他指出,觉醒的人应该摈弃长者本位与利己的思想和权利意识,树立义务思想、责任心和以幼者为本位的道德观,各自解放自己的孩子。他还认为,西方人以为孩子是成人的准备,中国人以为孩子是缩小的成人,这些都是一种误解。子女其实是"即我非我"的人,父母须是指导者、协商者,不该是命令者,他们应以天然的、无我的爱,为后起新人牺牲,对孩子一要理解,二要指导,三要解放,使其既有独立的本领和精神,又有广博的兴趣和高尚的娱乐,从而成长为人类中的人、独立的人。

当年,直到意识到与女儿的沟通障碍的主要责任在我之后,我才把自己放到引导者和协商者的位置,像龙应台那样放空自己,以朋友般的坦率真诚的态度,和女儿对话,努力了解她,尽量理解她,才逐渐地取得了她的信任,使她终于敞开心扉,与我重建起正常的亲子关系。

对于子女来说,父母自然是养育者,尤其应该是引导者和协商者,而决不应该是命令者。我们不能以爱为借口来避开沟通,我从自己做父亲的经历中深深地领悟到了这一点。

像尊重成人一样尊重孩子

"读着《亲爱的安德烈》,作为一个父亲,我感同身受,这些年来与儿子之间交流的情节历历在目。作为一名教师,我也受到启迪,师生对话与父子交流这两者的道理其实息息相关。"下面郭老师将与大家分享自己的亲身感受:

我不在儿子身边的日子,我们父子之间的主要交流方式是书信与网络聊天。当儿子还不到两岁时,我就离家去外地读研究生了,一读就是6年。那时候,家乡的小镇上还没有电话,与家人联系的唯一方式就是写信。虽然儿子不识字,但每次我写信回家,都会单

三 当青春期遇上更年期

独给儿子写几句话,让妻子念给他听,而在收到的回信中,也一定会有妻子代笔、儿子说给我听的话。后来儿子在妈妈的帮助下开始独立给我写信,没学过的字就写拼音,我们之间真正意义上的通信交流就是在这个时候开始的。或许,这就是虽然6年不常在儿子身边,我和儿子之间的感情依然那么深厚的原因。这段经历令人怀念,也给了我启示:让孩子从小享受"大人"的待遇,不仅能够让父子之间固有的亲情得以深化,还能够为未来建立一种平等和谐的父子关系奠定良好的基础。

学业完成后,我们全家团聚了,直到因去北京培训外语,我才又一次较长时间地离开家。而这个时候儿子正好读高三,就在这个节骨眼上,由于期望太高、压力过大,儿子产生了厌学甚至逃避的心理,情绪很不稳定。我多次深夜打电话和他谈心,为他减压,也有几次因情况紧急中途飞回他的身边,但收效并不明显。我后悔不该在这个时候离开儿子,可现实情况又不允许我回去一直陪伴他,于是我通过电子邮件给他写了一封4000多字的长信,以亲人的身份、长辈的胸怀、朋友的口吻和诚恳的态度,既表达了我对他的深深歉意,又给予了他最充分的信任和理解,同时也坦率地分析了他的问题。写完这封信之后,像审读书稿和论文一样,我反复看了几遍,设想着如果我是儿子,信中是否有哪个词会让我反感,哪个观点明显是在倚老卖老、以势压人。的确,与晚辈交流,不仅要让他们感受到你的那份真切的关爱,更要让他们感受到你对他们那份应有的尊重,因为他们不是我们的私人财产或附属品,正如安德烈说的:"你的儿子不是你的儿子,他是一个完全独立于你的'别人'!"像尊重别人一样地尊重孩子,这或许就是我们消除代沟与隔阂的金科玉律。

儿子上了大学后，我也可以放心了。然而新的学习方式与环境、新的老师与同学和一无所知的全新专业，这一切都让儿子产生了诸多困惑。在他看来，音乐似乎是他的唯一所爱，现在的工科专业与他毫不相干。为此，他很彷徨，甚至偶尔还有放弃学业的念头。有一次，儿子给我写了封邮件，明确表明了自己决不放弃音乐的决心，并暗示我对他的期末考试成绩要有心理准备。读了这封信，我觉得在这个关键时刻，必须和他进行一次深谈。我先写了一封回信，第二天天刚亮，就在电话里和他交流了一个多小时。这次的对话是及时而关键的，我感觉到一种没有说教意味的朋友间的交流，再抵触的心也能够被一份真诚与温情融化。

那之后，我和儿子通过MSN又有过几次愉快的聊天，每次都持续两个多小时。其中一次是关于音乐的话题，我尊重和珍惜他的这份爱好，刚好我本来就对音乐教育有所研究，对音乐有一定的发言权，自然，我们有许多共同的语言，这是一次专业领域的探讨，彼此都从对方那里获得了许多新的信息。还有一次交流是关于人生价值的话题，令我倍感意外和欣慰的是，他不仅不反感我们就这种乏味的问题进行对话，而且还达成了很多共识。如今，我和儿子之间，不只是父子关系，还是朋友的关系，不管是快乐还是痛苦，我们都会通过电话或短信让彼此分享和分担。我慢慢明白了一个道理：我们对孩子的关心，应该是随着孩子年龄的增长而有所侧重的，传道、授业、解惑不只是教师的责任，同样应该是父母的职责。当孩子还未成年的时候，我们的重点可能在传道、授业的层面。一旦孩子长大成人，为他们解答人生之惑，就成为我们父辈们的主要责任。人生的困惑将伴随着孩子成长，即便到了四十不惑的年龄，他们也需要长辈的点拨和引航，对孩子们敞开胸怀，平等对

三　当青春期遇上更年期

话，显然是为他们一路解惑的最佳途径。

从学校的角度来说，构建平等和谐的师生关系，是教育界长期以来的共同信念，更是基础教育新课改的目标之一。而对话既是构建平等和谐师生关系的重要途径，也是这种新型师生关系的主要特征。我们在构建平等和谐的师生关系的过程中，到底有没有与学生进行过真正的对话？如果有，我们又是以何种身份和何种方式与学生进行对话的？

我相信没有一个教师不希望自己的学生成才和幸福，也相信绝大部分老师都有过苦口婆心与学生交流，学生却不领情的心理体验。然而，当我们心灰意冷的时候，是否反省过自己与学生对话时的失误：虽然师生能做到平等地相向而坐，但我们有没有真正地把部分话语权移交给学生，耐心地倾听学生的心声？虽然师生之间有形式上的对话，但我们是不是依然放不下老师或长者的架子，甚至以维护自己的权威让学生服从自己为最终目的？还有，我们的对话内容是不是直逼学生的错误，而看不到他们的成绩，或不屑与学生分享彼此的快乐？我们的对话方式是不是局限于四目对视、各自端坐、用严肃的语句交流着沉重的话题……一句话——我们所谓的师生对话，是不是真正意义上的对话？

构建平等和谐的师生关系，需要师生之间的良性对话。这样的一种对话机制，要求我们正确认识学生：我们的学生不只是我们的学生，也不只是我们的孩子，就像安德烈说的，他们还是一个个拥有平等社会地位、富有独立人格和个性的"别人"，一个个不仅被我们影响着，也影响着我们的重要的"他人"。

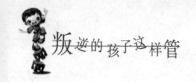

这些孩子都怎么了

小青毕业参加工作后第一次回家过年，只短暂停留了数日，她在日记中写道：

在那几天的时间里，我感觉到亲人们终于有意识地用平等的身份跟我交谈，不再像从前那样尽力把我束缚在充满保护的小圈子里。那时候父亲坐在床沿，对我点点头说，自己作决定，对自己负责吧。我以为我真的有资格，可以为自己承担了，事实却并非如此。后来父母频频用充斥着社会和人生的大道理的电话和邮件一再地指点我，隐隐有命令的口气，告诉我应该做什么、怎么做才是正确的。那些被无私的亲情和关心包裹着的言语，像一条条柔软的绳索，套住身在异乡的我，它们渐渐收紧，让我喘不过气。我不是不懂事的孩子，我不想让父母操心，也能理解他们的心情，他们为我考虑了很多，也付出过很多。可是我不只是一个孩子，我更是我自己。

普天之下所有的父母，都对子女怀着伟大的纯粹的爱。他们为我们遮风挡雨，给我们温暖和保护，然后在我们成长到某一个阶段时，突然感觉到我们对他们的"视若无睹"——我们不再依偎在他们身边，向他们倾诉，和他们沟通；我们遇事不再征询他们的意见，越来越习惯自己决定、自己承担。他们开始觉得不再能掌控我们，不再知道我们对事情的看法。他们开始害怕有一天会对我们一无所知，因为从某个时候开始，在他们的印象中我们开始重复着对他们说："嗯，工作很忙。天气还行。没有生病。没别的事了，不用担心。"我知道他们想问，这些孩子都怎么了？他们想知道，明明是至亲至爱的人，为什么我们的心灵却好像离他们越来越遥远？

三 当青春期遇上更年期

我们怎么了?或许我们在长大后更需要的那一种亲情,不是日常琐事上的细致入微的保护,而是一种放心,一种信任。那一种亲情,不是在饭桌上给我们夹菜,不是规定好晚上几点必须回家、是坐公车还是出租车,不是告诉我们应该穿什么样的衣服、应该培养什么样的爱好,而是相信我们有能力去选择自己的爱好、生活方式与前行的路,并由衷地祝福我们坚持所爱、一路走好。

我们怎么了?或许我们害怕失去自我。如果我们不能自主选择,就不存在所谓的正确与错误,就无法独立,也就看不清自己真正需要的究竟是什么。自由是一种权利,而不是一种授权或施予。然而那种以纯粹的无条件的亲子之爱为前提的授权或施予行为,并没有把我们当作独立个体看待,对我们没有足够的尊重。

我们怎么了?或许我们害怕他们失望。我们也许永远无法成为他们想象中那样伟大的人。我们之中更多的人最终只能沦为平庸之辈,但我们也懂得,比起物质上的飞黄腾达,心灵的安宁更为重要。可是我们要怎么用一个平庸的表象去说服他们,其实我们的心中充满了尊严和快乐,让他们知道,其实我们已经符合了他们对我们的想象?

我们比父母所能够想象的要深刻许多。也许正因为这种在上一代人眼里无法理解、无法接受甚至被看作是幼稚的复杂与深刻,使他们无法认识到,在我们成长的某一个阶段,他们必须学会放手。他们必须学会把我们当作别人,当作可以平等相待、互不干涉的其他人。拉开这一层心理上的距离,两代人才能够更好地沟通与相处。可是他们中的大多数人都放不开手。他们早已习惯为我们选择前行的道路,并坚持要我们开心地、认真地按照那种轨道走下去,不能偏离方向,这样我们才能算是真正活得好。

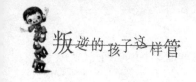

叛逆的孩子这样管

于是终于有一天，我们在心里像《亲爱的安德烈》里所写的那样朝他们喊道："你的儿子不是你的儿子，他是一个完全独立于你的'别人'！"我们被压抑得太久，所以疯狂地想成为自己的主人。我们故意不听他们的话，带着一点点反叛的意味，以标榜自己是独立的人。我们开始不愿意对他们敞开心扉，连告知关于自己的事也成了一种表示礼貌的例行公事。即使偶尔会有一些浅层的交流，在他们眼神中的疑问和嘴角微微显露的不屑中也显得那么荒唐可笑。他们觉得，不按他们所说的做，我们总是会错。而按照他们所说的，即使错了那也只是因为我们做得不够。

后来我在邮件里对父亲提到放手的问题，他的回复很简短："好，放手，你好自为之。"我不知道我看到的这一句话，表示的到底是支持与赞同，还是因为终究无法理解而负气地宣战。也许他终究还是无法用对待别人的方式对我，就像很多父母都一样，无法理解孩子的年轻与激进，认为那是一种张狂。可是，如果没有张狂过，我们怎么能尝尽生活百味，怎么能理解低调和淡定究竟是怎样一种人生真谛？

两代人可以这样面对面

儿子安德烈14岁的时候，龙应台离开欧洲，前往台北就职。等她卸任回到儿子身边，安德烈已是18岁的小伙子，坐在桌子另一边，有一点"冷"地看着妈妈。他们是两代人，年龄相差30年，中间横着东西方文化。母子俩用了3年多时间互通书信，龙应台终于

三 当青春期遇上更年期

认识了人生里第一个18岁的人,安德烈也第一次认识了自己的母亲。《亲爱的安德烈》收入的30多封书信,感动了无数被亲子之间隔阂与冲突深深困扰着的读者,为人们消除代沟、跨越文化阻隔、进行有效的代际沟通交流带来了全新的思维和方法。

❯❯ 游泳的热带鱼

亲爱的安德烈:

你在电话中说:"我真的不知道将来要做什么,MM(妈妈),你18岁的时候知道什么?"

安德烈,记得去年夏天我们在西安一家回民饭馆里见到的那个女孩吗?她从甘肃的山沟里来到西安打工,一天工作十几个小时,一个月赚200多元,寄回去养她的父母。那个女孩衣衫褴褛,神情疲惫,从她的眼睛,你就看得出她其实很小。16岁的她,知道些什么,不知道些什么?你能想象吗?

18岁的我知道些什么?不知道些什么?我的18岁,是1969年、1970年的台湾。你或许惊讶,说,MM,那一年,阿波罗都上了月球了,你怎么可能什么都不知道?

你们这一代简直就是大海里鲜艳多姿的热带鱼,但是我思索的是:在这样的环境中成长,你们这一代"定锚"的价值是什么?终极的关怀是什么?你和那个甘肃来的疲惫不堪的少女之间,有没有一种关联?我的安德烈,你认为美丽的热带鱼游泳也要在乎方向吗?或者,你要挑衅地说,这是一个无谓的问题,因为热带鱼只为自己而活。

妈妈

2004/5/12

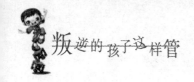

» 18岁的生活信条

妈妈：

信迟了，因为我和朋友们去旅行了3个礼拜。不要抱怨啦，儿子18岁了还愿意跟你写信你也应该够满足了。好，报告一下我的生活内容吧，免得你老说我们越来越疏离。可我马上陷入两难：我们去了地中海的马尔他岛和巴塞罗纳，但我真的能告诉你我们干了什么吗？你身为母亲，能不能理解、受不受得了欧洲18岁青年人的生活方式？能，我就老老实实地告诉你：没错，青春岁月，我们的生活信条就是俗语所说的，"性，药，摇滚乐"。只有伪君子假道学才会否定这个哲学。德语有个说法："如果你年轻却不激进，那么你就是个没心的人；如果你老了却不保守，那么你就是个没脑的人。"

你呢，MM？在匮乏的年代里成长，你到底有没有青少年期？你的父母怎么对你？你的时代怎么看你？18岁的你，是一个人缘很好的女生？还是一个永远第一名、让人讨厌的模范生？

安德烈
2004/10/25

» 独立宣言

安德烈：

你昨天的话是这么说的："MM，你跟我说话的语气和方式，还是把我当14岁的小孩看待，你完全无法理解我是个21岁的成人，这就是你的心态。也就是说，你到今天都没法明白：你的儿子不是你的儿子，他是一个完全独立于你的'别人'！"安德烈，那一刻，简直就像经典电影里的镜头，儿子向母亲作斩钉截铁的独立宣

三 当青春期遇上更年期

言,那些母亲会气得全身发抖,啪一个耳光打在儿子脸上,儿子露出愕然的表情,愤而夺门离去,要不然,母亲愕然,然后眼泪潸潸而下,本来威武庄严的母仪突然垮了,变成惨兮兮的哭泣。我也没办法应付这局面,安德烈。

你根本不知道大多数的亚洲母亲是怎么对待她们的儿女的。你记不记得你香港的数学家教?他是博士生,谈妥要来上班之前,还说要打电话回北京问他父母同不同意他做家教。你记不记得大三的小瑞?她到台北和朋友晚餐,结束之后还打电话问她妈准不准许她搭出租车回家。你记不记得大二的阿芬?拿着暑期创意营的选课单,说伤脑筋,不知道她妈会不会同意选她真正想要的课程。这些,都是典型的镜头,我不是这样的母亲。

但是同时,我也看见21岁的女儿跟母亲手挽着手亲密地逛街,看见18岁的儿子很乖地坐在母亲身边陪着母亲访友,跟母亲有说有笑。老实说,安德烈,我好羡慕。

妈妈
2007/8/24

(摘自《亲爱的安德烈》,龙应台著,人民文学出版社2008年出版)

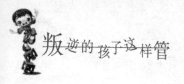

兴趣点给亲子沟通加一个注释

作为父母,你有没有过这样的忧虑:孩子今后跟你的联系,仅仅是因为血缘关系的维系,而不是因为你跟孩子谈得来、能够有心灵深处的契合?没有哪个父母愿意生来就在子女心中留下板着脸、冷冰冰、威严不可靠近的印象,大多数父母都想方设法与孩子接近、沟通,但并不是每个父母都能找到与孩子沟通的最佳途径。周围世界的事情和景象五彩缤纷,这些都可以是亲子交流的话题,但是,如何激发亲子之间谈论与思考的火花?尝试寻找孩子感兴趣的话题,针对他们的兴趣点去对话、沟通,相信你会有惊喜的发现。

用彼此喜欢的方式去爱

"上幼儿园时,在寒冷的冬天我会每天都吵着闹着要穿裙子出行,而夏天则坚决要穿棉衣。我觉得对于我这样一个孩子,父母能够把我带大是一件很神奇的事情。"江嫣从她个人的经历来看,与父母的沟通以及关系最终达到一定程度上的和谐,完全是自觉的过程:

尽管我从未怀疑过父母膨胀的爱心,并且也一直坚定地认为父母的所作所为都出自对我的生活和前途的关心,但是叛逆仍然不可避免地发生了,我经常将其称为"不可控行为"。少年时代的我,体格单薄而没有胆量出去惹是生非,心智晚熟而无暇顾及感情纠葛,于是,我与父母的矛盾焦点落在学业之上。任凭父母如何苦口

三 当青春期遇上更年期

婆心、软硬兼施,甚至恐吓我如果不好好读书将遭到如何凄惨的命运,我都丝毫不为所动,不关心名次,不关心前途,不关心未来,并且一心认为"天生我材必有用",将来总会有可以做的事情。这些态度常常让父母焦虑万分,最终失去耐心,开始严加监管。于是我和父母的矛盾从理念冲突升格为每天我都盘算着如何与父母斗智斗勇。在这种"斗争"中我的成绩每况愈下,以至于父母差点放弃对我的希望。

转折发生在我即将升入高中的那个暑假。我已经记不起究竟是什么让我突发奇想,痛下决心,树立了奋发拼搏、务必考上大学的宏大目标,这一转变直接导致我在高中时代的脱胎换骨:从上课四处"扰邻"变成聚精会神,从拖欠课业变成超额完成,从贪恋玩耍变成下了课还要认真地去向老师求教……父母见到我的这些改变感到意外的惊喜,他们多番鼓励,亲子关系就这样回到了良性轨道,这也帮助我最终顺利达到目标。

我至今也无法解释这一没有外力作用的意识转变是如何发生的。后来我想到,是父母在痛斥我不专心学业的时候,没有剥夺我看课外书的权利,所以在叛逆期,连他们也找不到合适的方法改变我时,不经意间却给了我通过阅读自我觉醒的机会。也正是通过阅读,我的个人发展和父母的殷切期望达到了完美的契合。

懂事后,学业问题的解决并未完全消除我与父母之间的冲突,我后来逐渐认识到这种冲突是不可改变的,它包含着不同时代的人对于生活、事物的理解以及性格上的差异。我也会常常感到父母的想法和习惯并不为自己所喜欢,甚至觉得格格不入。父母也难免持续性地为子女的各种问题操心:以他们认为好的方式指导你最好从事什么样的工作、过何种生活、组织一个怎样的美满家庭等。见解

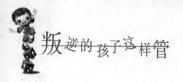

不同也会酝酿出诸多矛盾,而这常常会导致与父母沟通的不畅和关系的僵化。

在我开始理解父母,尝试站在他们的角度考虑问题之后,对与父母的沟通以及亲子关系的处理有了全新的认识:试图解决与父母在本质上的矛盾冲突,改变他们的世界观、人生观、价值观是不可能也完全没有必要的,正如孩子无法被父母"洗脑"一样。对一些你所否定的父母的想法,应该更多地去包容,容忍它的存在,让双方都有发出自己声音的机会,都有言说的空间,才会带来有效沟通的可能。

我们应该寻找与父母在生活方式、处事方法上的共同点,并且尽可能多地以他们希望的方式去爱他们。例如:多陪伴他们,告诉他们自己生活得健康、有序,会努力变得更好;尽力在物质上、精神上都表现一些孝心;同时以自己的方式过自己的生活,尤其是在独立生活之后。这种方式可以融洽地与父母保持温馨和谐的关系。

追寻有益的亲子对话

在成功的家庭教育中,专家们注意到,健康、民主、有趣、有益的亲子对话,往往是父母与孩子沟通的最佳途径。有益的亲子对话,是联络父母与孩子感情的纽带,使孩子感受到家庭氛围的民主和健康向上,有益于孩子的良好性格品质和精神状态的培养。

陈志武是美国耶鲁大学管理学院金融经济学的教授,也是世界金融学、经济学和资本市场研究领域最具有创造力和最活跃的学者之一。为什么陈志武在对女儿的教育中,选择了"财富课"这个话题呢?为什么他不像国内有的专家提倡的那样,给孩子读些"四书五经"呢?陈志武认为,"四书五经"没有几个孩子能读懂,况

三 当青春期遇上更年期

且,这些经典中包含的价值体系也不一定适合今天。他认为,要想让子女能够适应现代社会,特别是西方社会生活,应该做的恰恰是不让他们成为"儒家"式的人。

陈志武说:"我一直以为,如果女儿今后跟我联系,只是因为我是她们的父亲,而不是因为她们跟我谈话投机,那会是一种教育的失败。我只能根据女儿感兴趣的话题谈,而我的小女儿陈笛从懂事以后就对如何成为亿万富翁感兴趣。只要是针对女儿感兴趣的方面,都能传授做人的道理。"陈志武教授在书中通过一些深入浅出的故事,向女儿传授了一些非常有意思的经济学知识。比如,他通过讲解"边际成本为零",回答了女儿关于比尔·盖茨为什么会成为亿万富翁的问题。通过讲解"节约成本"、"降低边际成本",告诉女儿星巴克咖啡通过创新商业模式,没有花过一分钱做广告就使它的品牌成为全球咖啡行业最响的,并能够在全球盈利,以及通过20年的奋斗,星巴克创始人舒尔茨如何成为亿万富翁。当女儿问道:"为什么沃尔顿家族能有这么多财富?沃尔玛只是开平价超市连锁店,在这种传统行业里,怎么可能比微软更赚钱?"陈志武教授的答复很细致,他告诉女儿,沃尔玛的口号是"天天平价",以高质量、低价格的优势把别的商店挤掉。为了做到"天天平价",同时又要盈利,沃尔玛就必须在成本上下工夫,要最大限度地压低成本,这样才可以让消费者得到好处。可问题是如何压低成本?沃尔玛的最大特点是大批量采购货物,而且是直接从厂商采购,避开批发商。由于采购量巨大,它能把厂商的出货价格压到最低。沃尔玛是世界上最大的公司之一、最大的零售商,在全球有5000多家巨型超市,每周有1亿多顾客光顾其商店,沃尔玛还雇用了150万员工。这几千家超市的货物由总公司统一采购,正因为这样,沃尔玛

177

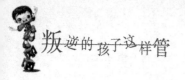

就有充分的砍价能力。以最便宜的价格直接从厂商进货，不仅给沃尔玛开辟了很大的赢利空间，而且也让它有能力以低价跟别人竞争。沃尔玛于1972年在纽约证券交易所上市，向大众投资者发行新股。从此以后，股票市场就成了沃尔玛发展的资金来源。

陈志武在和女儿的亲子对话中最大限度地利用了自己自身的知识优势。这让我不禁想起，中国的很多父母是改革开放成长起来的一代，他们大都受过良好的教育，有自身的知识优势。可是他们中的一些人，往往被当今的学校里和社会上的一些似是而非的教育观念所迷惑，如，不能输在起跑线上、上奥数班、苦难教育、打骂教育、特长教育、智商测试、读经教育等。本来应该是因人而异的教育模式，让一些人炒作成每个孩子必须接受的教育方式。父母们更是被那些云山雾罩的宣传搞得焦头烂额，不知所措。

这些"追风"的父母应当清醒了，不要再被那些"教育掮客"们的炒作忽悠了。孩子们的人生处处是起跑线，孩子们的人生应当是幸福快乐的。学一学陈志武教授，用自己的知识所长，开展健康、有趣、民主、有益的亲子对话，和孩子们一起拥抱面向21世纪的现代化教育。

沟通的深处是对兴趣的尊重

《老子》说："授人以鱼，不如授之以渔。""授人以鱼"只能救一时之急，"授人以渔"则可以解决一生之需。陈志武在对女儿教育上自有一番高论：

对待子女也一样，给子女最好的礼物不是金钱财富，而是创业致富之技能。那么，为什么跟女儿谈商业模式，而不谈伦理、道

三 当青春期遇上更年期

德、《论语》、《中庸》？这种教育是否太重利轻义？

简单的回答是，第一，我只能根据女儿感兴趣的话题谈，而小女儿陈笛从懂事以后就对如何成为亿万富翁感兴趣。第二，谈商业模式案例的同时，也不妨碍谈及伦理、道德，实际上，通过子女感兴趣的案例，除了传授创业致富之道，更可以传授做人之道。

教育子女当然是父母的重要责任，但是，教育的方式可以多种多样。按照现在时髦的话说，要与时俱进。这几年关于读经的话题炒得很热，许多人认为那才是最好的育才方式和内容。我不这么看，原因很多。其一是"四书五经"没有几个孩子能读懂，特别是对于像陈笛这样中文本来就不好的小朋友就更难。其二，这些经典所包含的价值体系不一定适合今天。如果你希望子女能够在现代社会、特别是西方社会生活，应该做的恰恰是不让他们成为"儒家"人。

这些年，我见过不少来自中国、韩国、日本受儒家文化影响的学生和同事，我们这些人普遍表现得"中庸"、太"儒"，所以，在美国和其他非"儒"社会里特别吃亏。儒家压抑个人表现，而个人表现、主动表现又偏偏是现代社会与市场营销所必需的个性和技能。我们常抱怨中国缺乏品牌，其中的原因，当然与知识产权得不到保护有关，但同样重要的原因，在于儒家文化崇尚的被动个性，在于压抑个人表现的儒家主张。你如果爱子女，就不要通过《论语》、《中庸》把他们的手脚束缚住。

其三，如果要教《论语》、《中庸》，到最后又变成做父母的高高在上教训子女，而不是平等地交流、对话。"三纲五常"主张的不是人格平等，而是以地位、辈分、性别规定的等级服从关系。

我跟许多朋友一样，小时候在农村长大。这种背景有些朋友会不愿意提起，但我从不遗憾，因为这就是我，是这种背景造就了我整个人，没有这些基础，我就是另一个人了。最让我遗憾的，是从小到大，跟父母、兄长没有过真正的对话交流，就是那种跟自己真正谈得来的朋友才有、能让你感到亲近的对话交流，到今天这种缺憾已无法弥补。也就是说，我对父母、兄长有独特的感情，只是那感情更多源自他们对我的养育之恩，源自他们是我的父母、兄长，而不是靠对话交流、心灵沟通形成的感情。这种以亲情为基础的感情更多是因回报义务、"孝敬"责任所致，是没有选择的义务，跟基于心灵沟通的感情不同，后者不是逼出来的，是因为谈得开心、默契自然建立的。

其所以给我留下这些遗憾，一方面是因为农村很穷，每天要面对生存的挑战，在亲人之间进行心灵沟通、感情交流，是很不现实的奢侈之举。另一方面，在"三纲五常"秩序下，也很难在代际之间、兄弟之间有平等的"心对心"的对话，父亲在子女面前、兄长在弟弟面前总要表现得威严，表现得不可接近，不能表现得平等，前者可以大声训话，而小辈只有听话的份。在这种文化背景下，子女跟父辈、弟弟跟兄长间怎么能有真正的心灵沟通？让做子女的除了知道要无条件地孝敬、听从长辈之外，还能有什么空间去与长辈"心对心"的对话、建立自愿的感情呢？由于年龄不同、生活阅历各异，这本来就使与父母、兄长的沟通很难，而"三纲五常"秩序更是雪上加霜。

正由于成长经历如此，在我做了父亲之后，就下决心不让两个女儿重复自己的经历，宁愿让女儿感到我是她们可以谈心、平等交流的朋友，也不要让她们感到我是威严不可近的父亲。我一直以为，如果女儿今后跟我联系，只是因为我是她们的父亲，而不是因为跟我谈话投机，那会是一种失败。在这种情况之下，大可不必对

三 当青春期遇上更年期

女儿动不动就行使做父亲的权威,对她们训话,而是想如何跟她们沟通、接近,爱她们还来不及呢!

所以,我一直试图找到女儿感兴趣的话题,针对她们的兴趣点去对话沟通。过去几年,陈笛恰恰又对两个话题最感兴趣:一是如何赚钱成为亿万富翁,另一个就是世界历史。这下好了,她算是天生幸运,我们就有许多共同语言了。

其实,不管是什么话题,商业也好,文学、哲学、历史也好,只要是女儿感兴趣的,都能展开传输做人的道德、伦理,而不是只能通过"四书五经"传授。我的两个女儿出生在美国威斯康星州,陈晓生于1993年,陈笛生于1994年,相差一岁半。虽然她们都是在我们身边一起长大,上的学校也基本一样,但是,正如在本书的对话中有时谈到的,她们两个在世界观和人生观上却差别很大,姐姐不在乎钱,谈到征税、政府作用时,她更会想到那些不幸的群体,所以,像美国民主党那样,相信政府的作用。而妹妹相反,她特别喜欢钱,也要努力赚大钱,她极力反对政府征税,尤其反对累计递增式税率制度(也就是收入越高,单位收入的税率越高),认为如果自己的父亲能够从湖南的穷乡村走出来,别的人没有理由不自己成功,所以,政府不应该提供福利救济。

通过与陈笛的交流对话,也让我学到,经济学真的贴近人的天然本性,只要你对人、对社会有足够的敏感度并细心观察,即使像陈笛还没有学过经济学和其他社会科学,她照样能想到如何管理公司、领悟到不同商业模式的诀窍。

有朋友问我:"你最崇拜、尊敬的偶像人物是谁?"我的回答是,任何自我成就的人!不管领域是什么,只要是他自己努力奋发而成,我就最尊敬他、崇拜他。正因为这一原因,我跟陈笛谈到的商业模式案例，从微软的盖茨、星巴克的舒尔茨、沃尔玛的沃尔顿、重庆力帆的尹明善、到ASIMCO的杰克等，几乎都是普通家庭出身但自我奋斗的个人创业故事，而他们每个人又有自己独特的经历、独特的商业模式，每个模式背后又蕴含着基本的经济学原理。

我最大的愿望，是通过这些对话和案例，给年轻的父母、年长的爷爷奶奶提供一种与子女、孙辈沟通的题材。周围世界的事情和现象五彩缤纷，这些都可以是交流的话题，但是，如何激发谈论、思考的火花？对于正在读高中、读大学，或者是已经大学毕业的年轻人来说，我希望通过这些对话，让你们看到，不管你的家庭出身、经济背景是什么，你也可以像尹明善、李彦宏、高纪凡、盖茨、沃尔顿那样创业，实际上，将来你们会发现，创业成功当然好，但即使不成功，创业的经历也会是一辈子的财富。

成功一定有原因

父母和子女的交谈是否愉快和有意义，取决于父母能不能从孩子的兴趣出发，从子女的角度看问题。《24堂财富课：陈志武与女儿谈商业模式》是一位世界知名学府的金融学教授为他12岁的小女儿量身订制并因材施教的"私塾"教案，一位满怀爱心的父亲与一个对未来充满雄心、好奇心的少女的平等对话与智慧交流，是一本值得父母与儿女一起阅读的开智启蒙的经济学读物。

三 当青春期遇上更年期

≫ 不做广告的星巴克

跟小女儿陈笛谈完盖茨的微软商业模式后，她问我："我以为必须得像微软、谷歌那样的高科技行业才能创造亿万财富，但餐馆、制造公司等运营成本、材料成本很高，像星巴克这样没有新科技的公司，怎么还有机会呢？"

我说："各个行业都可以有赚钱机会，关键还得看有没有办法降低成本，或者巧妙地创新商业模式。咖啡馆在美国已开了300多年，这么老的行业，美国人霍华德·舒尔茨（Howard Schultz）通过开咖啡馆成为13亿美元的富翁。他于1985年成立今天的星巴克公司的前身，到今天星巴克的市值是254亿美元，星巴克今天有差不多13000家分店，遍及全球。"

陈笛又问："为什么世界各地的人都愿意去星巴克，而且愿意为星巴克咖啡付很高的价格？他们是不是靠花很多钱做广告？"

"这点问得很好。的确，几乎所有公司品牌都要花大钱做广告，以此来在消费者群体中建立信任和形象。但是，到目前为止，星巴克没有花过一分钱做广告，可它的品牌却是全球咖啡行业最响的，这是星巴克最大的成功秘诀所在，正因为它不花钱做广告也能有最好的品牌，它每卖出一杯咖啡，赚钱的空间就大多了。"

女儿又问："为什么星巴克不用花钱做广告就能建立顶尖品牌呢？""三方面因素带给星巴克优势。第一，从一开始星巴克就只选择在最繁华的市区交叉路口开咖啡店，虽然这些地段租金很高，但非常醒目的位置给星巴克带来最自然的广告效果。第二，全球化和全球范围内的人口流动，为星巴克这样的品牌连锁店带来空前的机会。一旦纽黑文的星巴克把我变成了顾客，我就成了世界各地星

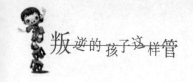

巴克的顾客。另外一个因素是星巴克在纳斯达克上市，1992年它的股票正式上市交易，在准备上市的过程中，美国大大小小的媒体都在报道星巴克这个公司、介绍它的咖啡是如何如何好，一下把星巴克咖啡变成了时尚品。股票上市之后，股价一天天上涨，这本身又使星巴克成为新闻的主角，使更多人对星巴克好奇。就这样，虽然星巴克没花钱做广告，其效果胜过广告。"

老沃尔顿的商业机会

过去近20年里，沃尔玛公司创始人——沃尔顿家族的财富一直排第一，远远超过盖茨和其他家族。跟陈笛刚说起这些，她的问题就来了："为什么沃尔顿家族能有这么多财富？"

"沃尔玛的口号是'天天平价'，以高质量、低价格把别的商店挤掉。大批量从厂商直接采购，避开批发商，是沃尔玛压低成本、提高利润的主要策略。"

陈笛接着问："我想起前一段在中国的一些争论，说沃尔玛在中国开了近70家分店，有意用特别低的平价在中国卖商品，好像要把中国的零售商挤垮，让他们做不下去，中国的这个行业怎么办呢？"

"沃尔玛带来的几乎是一场零售业革命，给消费者大众巨大好处，但也逼着许多人另谋职业，这就是奥地利经济学家熊彼特所讲的'创造性破坏'。沃尔玛破坏了原来以高价格、低效率著称的零售业秩序，但是由沃尔玛取代千千万万家杂货店之后，社会效率提高了，数亿家庭的生活费用被降低了，这难道不是对社会的创造性贡献吗？"陈笛意味深长地点了点头。这场讨论让她看到了中国零售业整合的商机，按她的说法，"中国有太多的小不点商店，都是

三 当青春期遇上更年期

可以整合的对象。"

》为什么不投资中国

一天早晨，我带陈笛去星巴克喝咖啡、吃早点。路上我跟她讲："昨天我了解到一个叫华视传媒的公司，前天该公司在纳斯达克上市，上市发行的原始股价格为8美元，当天最高涨到9.5美元，到昨天股价跌回8美元。你觉得该公司股票是否值得投资？"

陈笛说："华视传媒听起来也很有意思，但是我对中国这个投资概念不是很看好。不管具体的公司好不好，我总体上对投资中国不是太乐观。"我不解地问："为什么？"

陈笛说："我不喜欢中国社会结构的构成基础，中国人似乎只认血缘关系，除了亲缘之外就不太相信人。我说我不喜欢表妹，妈妈就会说，你怎么不喜欢表妹？她是你的亲人，你应该喜欢她。问题就出在这里，不管我跟她们够不够朋友，有没有交流时的兴趣火花，反正我必须喜欢她们，没有选择。这跟交朋友不一样，交朋友时，我有选择的权利，是完全自愿的。"

"你说的有道理，可是，时间久了之后你会发现，朋友间的关系往往难以长久，正因为双方都能自由选择交友，也当然能自由选择解散。久而久之，这可能造成某种对人际关系的不信任感。相比之下，血缘这种没有选择的关系可能反而使亲戚间的关系更可靠，所以中国强调以血缘为基础的家庭、家族结构，并以此来组织整个的社会结构。"

陈笛又问："可是，为什么在美国整个社会关系不一定由血缘决定呢？我认为血缘关系不该是唯一决定人际信用基础的东西。如果社会中只有亲情才能信任，那么，陌生人之间的交易就很难进行了。如果大家、整个社会的人只习惯相信自己的亲戚，他们怎么可能相互间合作得好、信任得好呢？在这样以血缘组建的社会结构里，很难发展出真正成功的规模性大公司。还有一点让我难以接受的是，中国什么都以年龄决定，干什么都得论资排辈。"

陈笛出生在美国，也一直在美国上学。我原本以为我们可以讲讲华视传媒的商业模式，但陈笛却谈出对中国社会的观察和看法，她的话也让我重新审视自己的思考。

（摘自《24堂财富课》，陈志武著，当代中国出版社2009年出版）

四 帮助孩子接纳自己

每个人都是不完美的。作为成年人，我们会懂得用理智的心态去平衡自己的优点和缺点。可是，当我们还年幼时，面对这一切又该怎么办？幼年的自卑和怨念会像那个装在瓶子里的妖怪一样，一旦释放便无法想象。

古希腊哲学家苏格拉底曾提出一个著名的命题——"认识你自己"。我们通过什么样的方式认识自己？对于6岁以下的孩子来讲，更多的是通过他们的父母。换句话说，他们透过父母的眼睛看自己——"我的父母认为我很好，我应该不错"；对于更大一点儿的孩子来讲，老师、同伴的看法则越来越重要——"我能做什么？""他们喜欢我吗？"

《火鞋与风鞋》中的迪姆就处于这个阶段。虽然他有一个非常温暖幸福的家庭和十分爱他的父母，但他对自己的认识还是受到了同伴的嘲讽的影响，他认为自己是一个又胖又矮的孩子，这让他感到非常沮丧。

在日常生活中我们可以遇到许多这样的孩子，他们或许与迪姆一样，对自己的外貌、家庭状况不满意，更多的是对自己的学习成绩不满意。学习成绩不理想成为孩子们产生自卑心理的重要因素。

不论是故事中的德国男孩迪姆，还是现实中的我国的中小学生，他们共同的苦恼是——对自己不满意，不接纳自己。许多孩子都有过这样的期望，他们想成为别人，他们羡慕别人的相貌、体型、才干、成绩……他们不接纳自己。而一个不能接纳自己的人也很难接纳别人，他的人际关系通常是破碎的。

让一个孩子感到被接纳，特别是来自父母和老师的无条件的接纳，会给他的一生带来巨大的影响。

四 帮助孩子接纳自己

有了自信,做名鞋匠又何妨

著名古典音乐家亨德尔去世后,与他同时代的作曲家巴赫悼念他时说:"他是唯一的一位我想成为的人——如果我不是巴赫的话。"

之所以想到了这样一句话,是因为读《火鞋与风鞋》时,书中一个叫迪姆的男孩也说过类似的一句话,当父亲问他过生日想要什么礼物时,他说什么也不想要,"只是不想再当迪姆了,我要做另外一个男孩。"

我要做另外一个男孩

无论是巴赫还是迪姆,都采取了一种假想的、极端的表达方式,只不过,前者表达了一个卓越的灵魂对另一个卓越的灵魂由衷的崇敬、爱戴和惺惺相惜,因为巴赫已经成为了巴赫,他丝毫没有必要去做亨德尔;而后者则是对自己的彻底否定,因为迪姆是全班最胖、全校最矮的男孩,他有一个当鞋匠的父亲和当家庭妇女的母亲,他们全家住在地下室里。因为这些,他受尽了同学的嘲笑。

《火鞋与风鞋》以此开头,讲述了一个很单纯的故事——父亲借助漫游的方式帮助自卑的儿子找回自信、认同自我。这其实是一本教育目的很明确的书,可读来没有丝毫的说教意味,它的谐趣、轻松、好读,源于作者运用了一个孩子最喜闻乐见的形式去成全他的主题,那就是讲故事——大故事套小故事。

7岁的迪姆穿着鞋匠父亲做的火红的鞋子,背着母亲缝制的背囊,和父亲一起走出都市,到乡村漫游去了。他们走在有着苹果树、野草莓和小溪流的乡间小路上，父亲走村串户地替人补鞋，迪姆就和当地小孩踢球，勇敢地帮一个女孩牵奶牛，还经历了一些不太危险的冒险……"星星兔"让迪姆发现了星空的美丽；"伤心的小黑羊"告诉孩子所有的生物都是独一无二的；"我要……我有……我能……"说明了要求太高、奢望太多的孩子是一个可怜的孩子；"猪尾巴上的蝴蝶结"讲述了平凡的可贵……这些故事依据情节发展和表现主题的需要，如珍珠一般连缀在"漫游"的主线上。

漫游是父母送给迪姆的生日礼物，迪姆能得到这样一份与众不同的礼物，是因为他有一对与众不同的父母，特别是他的鞋匠父亲——作者把这个用一份卑微的工作来养活全家的男人塑造成了一个不同凡响的、真正称职的父亲。且不说他带着7岁的儿子风餐露宿地漫游需要怎样的勇气和耐心，单是从他说的那些故事和与迪姆的交谈中，就足以表现他的智慧、洞察力、乐观和对儿子的怜爱。迪姆说他不愿做迪姆了，而父亲却说："我们从来不曾想过要另外一个迪姆，你是世界上所有孩子中最让我们称心如意的一个。"

有小孩嘲笑迪姆，迪姆很伤心，说："我为什么生得这么难看呢？""可是你压根儿就不难看！"他父亲大声说，"你看上去就像迪姆，这个世界上只有一个迪姆，迪姆就是这么胖，这一点你应该习惯。"这些对话表现了一个父亲的乐观与自信，这是一种非常阳光的生活态度。更重要的，他是那么善于表达，他的"善于"源于他的用心，他很用心地对待孩子的每一句话、每一个表情和每一次请求，并将自己对待生活的态度以言传身教的方式一点一滴地渗进迪姆小小的生命中。在这样的父亲身边长大，迪姆该有多么的幸运和快乐，他的心性又将会被滋养得多么纯净和优美——就算他一直这么胖，就算长大后也做一名鞋匠，又有什么关系呢？

四 帮助孩子接纳自己

✿ 谁都愿意做迪姆

漫游结束以后,迪姆疲惫而又幸福地躺在床上,打着哈欠对他的父母说:"从现在起,不该要的,我再也不去要了。我是你们的迪姆,我就心满意足了。"是啊,做这样的迪姆,有谁会不心满意足呢?

一个对自己外貌不满意的孩子,通常会努力地追求"表现",试图通过好的表现来赢得自尊。就像迪姆一样:"大清早,他时常到学校前面的市场上去帮助售货员卸货。他把甜橙垒成宝塔,把胡萝卜和白萝卜摆成图案,这些是他拿手的活儿。他时常得到一个苹果、一个香蕉或者一串挺不错的葡萄,有时摊主会给他一个10芬尼的硬币作为报酬……他把挣来的钱拿去买水果糖,分送给学校的那些孩子们。他盘算,这样一来他们就不会再嘲笑他了。"

在许多孩子,甚至成年人心中都有这样一个公式,即"我的价值=我的表现"。如果我再漂亮一点儿,如果我的成绩再好一点儿,如果我能拥有权力和金钱,我就可以让别人对我的看法有所改变,我就会更接纳我自己一些。他们认为必须向别人证明自身的价值,他们活在别人的评价里,活在不安的心情里,这也是我前面提到的那项调查问卷中"76%的学生因考试而心情不好"的原因。心理学的研究告诉我们,成就的动机过高的时候,会导致效率下降。这些孩子越想通过好成绩证明自己,他们的成绩就越不理想,因而形成恶性循环。

那么,如何帮助孩子接纳自己,轻松地展现自我,成为自信的人呢?《火鞋与风鞋》中的迪姆爸爸可以给我们一些启迪。

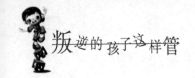

像迪姆爸爸那样爱孩子

迪姆爸爸对孩子是完全接纳的。当迪姆向他倾诉内心的痛苦——"想成为另外一个男孩子"时，他边笑边说道："我从来不曾想过要一个另外的迪姆，你是世界上所有的孩子中最让我们称心如意的一个。"被他人接纳的孩子才能接纳他自己，但特别要强调的是，这种接纳应该是无条件的接纳，这是基于孩子本身的——因为你是你，所以我爱你，接纳你；有条件的接纳则基于孩子的行为——如果你达到要求了，表现好了，我就爱你。很多孩子可能这样对父母说过："这次期末考试我给你考多少分你会高兴呀？"很多孩子都在经历着这种"因为所以"而非"无论如何"的接纳与爱。

迪姆爸爸对孩子非常了解。在孩子面临极大痛苦的时候，他送给孩子一份特别的礼物——暂时离开"伤心"之地，穿上新鞋，背上背囊，跟着父亲走进大山。在与儿子的漫游中，他给孩子足够的空间，让孩子用自己的能力战胜一个个困难，体验成就感。

迪姆爸爸善于用故事启迪孩子。他所讲的每一个故事都那么恰到好处，特别是当迪姆因为胖又一次被人嘲笑时，他给迪姆讲了"伤心的小黑羊"的故事，然后对迪姆说："你本来就该懂得，如果这个世界上的人都像一个模子刻出来的，那这个世界不是太单调太无聊了吗？"他帮助孩子认识到自己的独一无二，帮助他接纳自己，走出自卑。

无论是父母还是教师，都需要告诉我们的孩子：你的价值在于你本身。地球上有50亿人，没有一个人和你一模一样！努力活出你的价值。用一句中国的古话来说就是："天生我才必有用！"

四 帮助孩子接纳自己

"火鞋迪姆"的漫游之旅

小迪姆认为自己是个最不幸的孩子:全班数他最胖,全校数他最矮,爸爸又是鞋匠,家境窘迫。可就在他7岁的时候,他得到了一份特殊的生日礼物:穿上新鞋,背上背囊跟着父亲走进大山……这让他慢慢有了自信。

▶ 鞋匠之子

小小的迪姆平时并不怎么开心,说真的,在学校里他实在是愁死了。他长得又胖又矮,全班数他最胖,全校数他最矮。特无赖的家伙还编这样的顺口溜:"迪姆矮瓜,过桥玩耍,桥被压垮,摔个大马趴!"其实同学们并不是真的有恶意,但迪姆烦透了。

迪姆的爸爸是个手艺高超的鞋匠,还会讲特棒的故事。爸爸总想开导心烦意乱的迪姆,可是他什么也听不进去。有一天,他甚至大声叫着,不想做"地下室鞋匠的儿子"。于是在迪姆7岁生日那天,爸爸和妈妈送给他一份神秘的礼物:一对红色的童鞋,一对成人的大鞋,还有一大一小两个背囊。爸爸告诉迪姆,等学校放假了,就带他出门做一次伟大的旅行!——你曾经收到过这样激动人心的生日礼物吗?

爸爸送给迪姆一个新的名字——"火鞋",妈妈和迪姆一起为爸爸也想出个新名字——"风鞋"。生日过后一个星期就到了假期,火鞋与风鞋的流浪历险开始了。

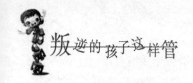

▶漫游之旅

他们从城市坐火车来到群山脚下,翻过高山,穿过森林,跨过河流,去访问散落其间的村镇。村里人如果有旧鞋、破鞋需要修补的,风鞋爸爸就摊开工具干活儿。淳朴的村民会给他们一些工钱,还时常热情地为父子俩提供食宿。如果村里没有修鞋的活儿干,他们就只好启程继续流浪。运气好的时候,他们可以舒舒服服地睡在农舍里、谷仓里;运气不好的时候,就只好在树林边、麦地旁露宿——火鞋迪姆并不认为露宿是"运气不好",睡在满天星斗之下他觉得十分惬意。

火鞋与风鞋是一对最佳搭档,他们在旅行中一点也不觉得闷,因为风鞋是顶棒的讲故事高手,而火鞋是个打着灯笼都难找的听故事好手。风鞋爸爸总是能信手拈来一些美妙的故事——"星星兔"、"猪尾巴上的蝴蝶结"等,它们总是能与环境和心情相吻合,逗火鞋大笑,引他幻想,也给他带来无穷的启发。

不知不觉中,迪姆变得越来越开朗随和。在与乡间孩子们的交往中,迪姆渐渐对"肥胖"之类的玩笑不以为然,他很投入地与他们玩在一起,甚至还互相打趣。在分手告别的时候,孩子们喊着,请他下次来时:"千万别瘦得像一头大象!"他回答说,好的,"一定要胖得像一条鸟腿!"

日子一天天过去,流浪的"英雄们"开始想家了。想家的滋味真是很难受,火鞋戴着妈妈织的小红帽,风鞋含着妈妈寄来的雪茄,在路上没魂地游走。火鞋迪姆忍不住浮想联翩:他想要回家,想要有辆汽车,想要坐上飞机……这些愿望给风鞋爸爸一个意想不到的刺激,于是他给火鞋讲了一个前所未有的、极棒的故事——"我要……我有……我能……"。故事大概是这样的:从前有一个

四 帮助孩子接纳自己

男孩,他的名字叫"我要……我有……我能……",他的愿望都能实现,可是反而觉得无聊。有一天他要长胡子,却变不回去了,原来他只能要,不能不要。慢慢地,这个小男孩变得特别小心翼翼,他总是在苦苦地想着,却想不出来自己还要什么。

» 最好的结尾

火鞋很喜欢这个故事,他很关心那个想着"要什么"而发愁的小男孩后来的故事,但风鞋告诉他这是个没有结尾的故事。

凡事都会有结尾的。有一天,两个流浪者决定回家了。最后一天总是来得特别快,火鞋与风鞋兴冲冲地赶回了家,等待他们的是妈妈热烈的欢迎。

家中的一切对迪姆来说既新奇又美好,他和爸爸妈妈在一起热烈地交谈。上床睡觉时,迪姆突然找到了那个故事的结尾。他告诉爸爸,那个名叫"我要……我有……我能……"的小男孩,在被许多愿望折磨得又累又傻的时候,只要说一句话,再简单不过,就可以结尾了。

他打了个呵欠说:"从现在起,不该要的,我再也不去要了。我是你们的迪姆,我就心满意足了。""亲爱的孩子!"妈妈说道,还在他的脸上亲吻了一下。她又在擦眼睛了,因为她再次感受到了幸福。

爸爸也说道:"这是这个故事最好的结尾!我从未听到过的、最理想的结尾!火鞋迪姆,我的漫游伙伴!""是的,"迪姆低语道,"谢谢你,风鞋。谢谢你们为我做的一切。"然后,他就进入了梦乡。

(摘自《火鞋与风鞋》,[德]乌尔苏娜·韦尔芙尔著,二十一世纪出版社2002年8月出版)

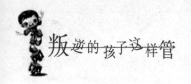

体验式教育：打开生活的全新视角

一个是城市的网瘾少年，一个是青海的穷苦村娃——《变形计》一书的两个主人公，经过7天的互换生活，城市网瘾少年能否戒除网瘾？青海村娃还愿意回到贫穷的老家吗？一连串的疑问，引发了人们的深入思考。互换生活是一种体验式教育，古人有云："易子而教。"其实每个人都需要换位的体验方式，没有丰富的阅历，就没有丰富的精神生活。即使是痛苦的，对这些孩子来说，又何尝不是人生历程中的一个转机和一笔财富呢？

易子而教让孩子终身受益

高占喜一家的生活水平与魏程一家有天壤之别，而正是这种差异震撼了魏程的心灵。孩子是在体验中长大的，因此体验教育是适合青少年成长需求的一种教育。

在人的成长过程中，什么是最重要的影响因素？人们往往容易注意到物质投入的多少与教育水平的高低，比如，是否舍得为孩子花钱，送孩子去什么样的学校读书等。实际上，对人影响最深的是每天的日常生活，正如著名教育家陶行知所说："过好的生活，便是受好的教育；过坏的生活，便是受坏的教育。"

让我们来看看一个"易子而教"的案例：15岁的湖南长沙网瘾少年魏程，与青海农村勤劳俭朴的少年高占喜互换生活。仅7天的时间，由于环境变了，两人都发生了令人吃惊的变化。

"易子而教"的故事出自《孟子·离娄上》。公孙丑曰："君

四 帮助孩子接纳自己

子之不教子,何也?"孟子曰:"势不行也。教者必以正;以正不行,继之以怒。继之以怒,则反夷矣。'夫子教我以正,夫子未出于正也。'则是父子相夷也。"用现代的话解释,孟子的学生公孙丑问孟子:"君子不亲自教育自己的孩子,这是为什么?"孟子答道:"因为情理上行不通。父亲教育孩子必然要用正确的道理,而用正确的道理行不通,父亲就要动怒。一动怒,就反而伤了感情了。有的孩子会说:'你用正确的道理教育我,而你自己的做法却不正确。'这样,父子之间就伤了感情。"为防止这种情况的发生,古人想出了这样的办法:互相交换孩子进行教育。

两千多年后的今天,"易子而教"让两个孩子乃至两个家庭发生巨变。在长沙,娇生惯养的生活让魏程变得任性,沉溺网络而难以自拔。为了改变魏程的生活,爸妈决定带他去海南玩玩,谁知魏程不领情,求了他半天,他都无动于衷。最后,魏爸爸使出"杀手锏",答应给魏程一大笔零花钱,作为"出场费",魏程才勉强出门。而在青海乡村,当魏程表示想去附近的九曲黄河第一曲看看时,双目失明的高爸爸却在为3元钱的车费发愁。

见魏程有些失望,高爸爸转身对高妈说:"你把冬天穿的那个鞋拿来。"高妈很快拿来了一双布鞋。高爸爸小心地从鞋里摸索出一个布包,包里一层层地裹着几张皱巴巴的零散钞票,高爸爸紧紧捏住那一小叠钞票,要塞给魏程。魏程不肯收下,"这些钱存的时间相当长啊,是我的一个心意"。高爸爸劝魏程收下。"这7天你就是我的儿子。"高爸爸硬将钱塞给了魏程。这时,魏程眼里早已盈满了泪水。

第二天,魏程来到一个修建校舍的工地当临时工。收工时,魏程攥着20元血汗钱,心里激动万分,因为他用自己的辛苦劳动把这钱挣了回来,他要回报高爸爸一家对他的爱。

一个冷漠的孩子为什么变得如此有情有义呢？这就是新环境、新生活、新感情的威力所在。体验教育所指的体验首先是行为体验，这是一种亲身经历的实践行为，是学生发展中不可或缺的重要途径。在行为体验的基础上升华，则达到体验教育的第二个层次——内心体验。魏程的善良天性恰恰在行为体验和内心体验的交织中被唤醒了。

　　当魏程来到高占喜的学校，坐在高占喜的座位上时，巧遇一节电脑课。老师知道魏程是计算机高手，就主动让贤。"你们会不会使用Word？""魏老师"很快进入角色。"不会。"同学们纷纷摇头。"大家都退出游戏，进入Word，我们学习怎样在Word里面写文章。""魏老师"一脸为人师表状。自从离开长沙，魏程已经几天没上网了，这在以前，简直就是不可思议。可现在，电脑就摆在魏程面前，他不仅没有扑上去玩游戏，还率先垂范，力劝同学不要玩游戏，又主动教同学如何使用Word。同学们夸"魏老师"课上得好，可以打满分。

　　应当说，"易子而教"的结果让两个孩子乃至两个家庭都有意想不到的收获，但是，高占喜似乎没有魏程的收获大，其原因在于乡村生活比城市生活更适合孩子的成长。

　　第一次看到来接他的那辆宝马车，高占喜眼睛都看直了。坐在车里，一滴滴眼泪从高占喜眼睛里涌了出来。实际上，这并非幸福的感受，而是承受不了城乡生活巨大反差的强烈刺激的反应。

　　据大家观察，7天的时间里，高占喜一天天地适应城市，开始变得圆滑；学会了和小贩讨价还价；学会了耍点小聪明；迷恋上了电脑游戏……他似乎逐渐迷恋上了城市。一直到互换生活的第六天，当他无意中听说失明的爸爸摔伤了，在那一刻，他似乎瞬间

四 帮助孩子接纳自己

恢复了对家乡生活的亲切记忆。他吵着要提前回家,什么都不管不顾,开始埋头收拾东西。他翻出来时穿的布鞋,因为长沙太潮湿了才7天布鞋上就长了霉。他心疼地拍了拍鞋,自言自语地说:"还是布鞋好穿啊。"

这种互换生活的尝试告诉人们,既然孩子能在体验中长大,"易子而教"就是值得让孩子体验的一种生活。或许,让孩子在成长过程中有几次在别人家生活的经历,会使他们终生难忘和终身受益。对任何人来说,丰富多彩的经历是最重要的学习资源。

梦一般的"变形"生活

经历了7天"变形"生活的山区孩子高占喜,又是怎样来描绘他这次梦一般的经历呢?以下是他的内心独白:

一学期的紧张生活快结束时,湖南卫视的记者来到了我们这个偏远的山区,在满坪中心学校找到了我,起初要干什么我一点也不知道,直到放暑假后的第三个晚上,叔叔家来电话说找我。于是,我匆匆忙忙地去接电话。这时,才知道我要和城市里的一个孩子互换7天的生活。

那天,我从家出发,到西宁坐飞机去长沙,一下飞机我就被那繁华的景象迷住了。一会儿,我看见有两人向我招手,走过去才知道他们便是我长沙的爸爸妈妈,他们开车接我来了。坐在这个自己从未坐过的小轿车上,我忽然想起了家乡的爸爸妈妈,我啥时候也能让他们坐上这样的车呢?我问自己。不知不觉中,不争气的眼泪掉了下来……

那天,我躺在床上,眼睛注视着天花板,突然想到我那个不成

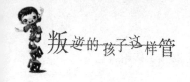

样子的家,我伤心极了,但是男儿有泪不轻弹,我要珍惜这次机会,好好读书,长大后成为有用之材,让辛苦了一辈子的爸爸妈妈过上幸福的生活。

这7天,就在迷迷糊糊中结束了。回到家乡,坐在板凳上,我又慢慢地回忆起这次"变形"生活的经历。时间一去不复返,这7天就像梦一般在脑海中闪过,我有了许多意外的收获,也失去了自己不该失去的东西。

可以继续读书,这是我最高兴的一件事,也是我最大的收获。同时,我失去了不该失去的东西,犯了一些错。但错了就改还是个好孩子,现在,我正在努力地改正。总之,我觉得那7天,我还是得大于失。

精彩的自我再造之旅

从城市来到乡村的胡耿,在到陕北的头几天中依旧我行我素,完全不考虑新家庭的需要。他想,"我来是为了过没有父母管束的自在生活",便无心与周遭的家人产生任何有意义的互动。

但是,接下来,陪姑姑到城里去卖枣,让他首次尝到为身边的人付出的滋味,也学会对别人的辛苦和痛苦产生"同情"。后来,他带着新弟弟到城里寻找终年在外打工的石妈妈,意外地发现石妈妈做的是十分辛苦的体力活。弟弟知道妈妈赚钱辛苦,因此点餐时坚持说"不饿"。这份懂事与体贴,让他懂得了父母赚钱养育孩子的这份情意竟是如此伟大;他也从年幼的弟弟身上,看到了孩子对父母的体贴,因而有所醒悟。而当石妈妈坚持把身上仅有的14元钱给他的那一刹那,胡耿真正感受到了母爱的动人力量,忍不住流下了泪水。

四 帮助孩子接纳自己

胡耿开始理解他人的辛苦,也产生了负责的意识。"变形"的最后一天,他很早便起身,做了所有该做的事……这个转变了的他和之前的他截然不同。

后来爸爸赶来陕北看他,并为自己之前的一些不当做法向儿子道歉,这时胡耿却在父亲面前背过身去,低头落泪。之前看到石家母子的深厚感情,已让他对父亲的感觉发生了微妙变化,而现在父亲的这一举动,更加深了他心中的理解和体谅。因此,他也就放下了原本的张狂个性,而流露出内心的脆弱,让原本僵化紧绷的父子关系,从此有了好的开始。

而故事的另一个主人公石宏强到了大城市后,感受到了新爸爸、新妈妈对他的呵护和关怀。长久以来第一次,他可以安心自在地做一个孩子,不必再担起一个大人的责任,这让他内心深处那个一直渴望被呵护的小男孩得到了满足。

大都市中的那些新奇景象,让他感到眼花缭乱。然而内心深处,石宏强仍念念不忘远方有病的爷爷。他在城市里打工,目的是攒钱帮爷爷买胃药,这份单纯和善良也感染了周遭的同学。而面对城里孩子喜爱的网络游戏,石宏强也表现出了高度的自制力。

7天的互换生活后,石宏强并没有迷失在大都市的诱惑中,单纯善良的个性和时刻挂念家人的心境一如既往。

伴随着故事主人公走完"变形"的轨迹,我们见证了一次精彩的心灵成长之旅,同时也不知不觉地完成一次自我心灵的提升与"变形"。许多人可能会问,7天的互换生活,真的能触发永久的改变吗?任何人的重大改变都需要有一些先决条件。而互换生活这种亲身体验式的学习方式,如果运用得当,就极有可能造就永久的改变。回顾完"变形"的旅程,现在我们来探究一下其

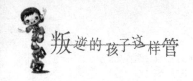

中的原因。

首先，我们每个人的行为模式都具有某种定势，即在自己熟悉的生活环境中，往往会不假思索地使用习惯了的生活态度和语言。互换生活将主角抽离原有的生活环境，提供新鲜的刺激，由此激活了被桎梏的反应；同时，在新的环境中，主角摆脱了旧有的角色和原有的生活压力，因而有机会塑造一个崭新的自我形象，重新定位自己，这些因素皆创造了许多改变的空间。

其次，在适应新环境的过程中，主角往往被激发出以往未曾表现出来的潜能（如照顾他人、承担责任等），因而会欣喜地改变对自我的印象，自信心大大增强。而这份对自己的肯定，也就是日后强化为永久改变的动力。此外，体验他人如何生活，会让主角重新审视自己原先的生活状态，从而产生感激与知足的心理能量。

因此，互换式的亲身体验往往比被动学习更具震撼力，因为它产生的不仅是认知上的调整，更有情绪上的触动，强烈的情绪有助于加深记忆和强化行为，因此这种改变更具力量。所以，只要合理运用，辅以周遭人际互动系统的同步改变，这种互换体验学习极可能是生命产生重大改变的契机。

体验并快乐着

体验式教育不仅让身处其中的孩子获得了全新的体验，同时也对一些参与其中的教师产生了深刻的影响。下面是一篇参与了体验式教育的北京府学胡同小学教师苏磊的日记，她从山里孩子的身上也学到很多珍贵的东西：

金色的秋天，我将来到大山中的补丁村，开始7天的互换生活。

四 帮助孩子接纳自己

听说那里的景色很美，但我却一点都不感兴趣，满脑子想的都是那里的孩子长什么样？学些什么知识？我能教好他们吗？一切还是未知数，但无论如何我都要尽力去做，要对得起"老师"这个称谓，还要将北京的气息带给孩子，让他们了解外面的世界。

10月29日，我从北京出发，经过两天的日夜兼程才来到补丁村。从那时起，我的互换生活正式开始。

7天中，我感动于孩子们的勤奋好学。这次我特意带了一台笔记本电脑，在北京，很多学校从小学一年级开始就开设电脑课，学生人手一台电脑学习打字、学习其他知识，而这里的孩子却不知道电脑为何物。我把电脑简单地介绍了一番后，便赶紧将它打开。孩子们的眼睛一下子亮起来，有人还情不自禁地站起来看。看着那一双双求知若渴的眼睛，我真恨不得把自己所有的知识都教给他们。

我让他们一个个来到电脑前，教他们用鼠标双击图标将文件打开，接着我又教他们打字。看到他们因学到知识而兴奋不已的小脸，我高兴极了，产生了一种意料之外的成就感。北京的孩子们说英语、玩轮滑、学舞蹈……接触了多种多样的知识，眼界非常开阔，但对知识的渴求度却有所减弱了。而在补丁村，大山虽然阻隔了交通，却阻隔不了孩子们对知识的追求！那一双双求知的眼睛，让我感到了教师的责任之重，在教师的身上维系着孩子的未来呀！

这里的孩子是好学的，更是坚强的。村里孩子中留守的儿童占了大多数，吴丽枝便是一例。她年仅11岁，家里只有她、5岁的妹妹和一个更小一点的弟弟，吴丽枝自然也就承担起了家长的角色。我去家访时她正在做饭，看见她那小小的身躯在灶台前忙来忙去，瘦瘦的身体扛起一捆比她还大一些的柴火就往屋里搬，这场景带给我心灵的震撼。孩子啊，扛在你那瘦弱的肩上的又何止是一捆重重

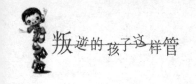
叛逆的孩子这样管

的柴火呢？那是一个家的重担啊！她告诉我，每天都要花很多时间做家务、照顾弟弟和妹妹，所以只有等到夜深人静时才能学习。

相比之下，北京的孩子都是家长眼中的心肝宝贝，衣食住行家长都为其准备好了，学习成了他们唯一的任务。山村孩子那种面对艰辛的生活，仍然坚持不懈的生活态度，让我动容，这不正是城里的孩子所要学习的吗！也许山村的孩子没有城里的孩子知识丰富，但他们性格更坚韧，可以克服困难，勇往直前，相信今天的困苦并不能决定未来的不幸，他们的坚强与善良一定会为人生开辟出一片广阔的天空。

然而，我又感到很心酸。在村子里，像吴丽枝这样的情况很多。在互换生活的第六天，班里一个叫龙玉富的孩子请假了。晚上，我去他家帮他补习时，了解到他不上课的原因是父亲决定带他外出打工。因为孩子的母亲5年前去世了，家里只有父亲一个劳动力，而且还欠着别人2000多元钱，父亲实在无力偿还。

这件事让我感到很震惊，没想到现在居然还会有学生失学，而且就发生在我身边。在与他父亲的交谈时我流下了眼泪，2000元钱虽对于城里人来说并不多，但对一位只靠种地为生的山里人而言简直就是个天文数字！我理解他所作的决定，可老师的责任感使我觉得必须得帮帮这家人……

原本，我一心要给山里的孩子带去点什么，却未想到从他们身上学到了很多。他们教会我在逆境中生活的态度，告诉我教书不只是工作，而是一份需要终身为之付出努力的事业！要全身心地热爱每个孩子，把他们记在心中。回北京后，我要更全心全意地投入到工作中，将我的感受告诉学生，建立起两地孩子的书信往来，让城里的孩子感受山里孩子的生活，培养他们克服困难的勇气、坚韧的

四 帮助孩子接纳自己

性格；也让山里的孩子感受外面的世界，对未来充满信心与希望。

在"变形"中悄然成长

▶ 迥异的世界

铺天盖地的黄土，漫山遍野的沟。山沟沟里回荡着信天游的苍凉与悠长。石磨旁，一老一少正在忙乎，折腾了半天，石宏强和爷爷才修好磨。一老一少，一前一后，重新开始拉起磨来。别人家都有牲口拉磨，石宏强家只能由这位14岁的少年亲自拉磨了。7年前，石宏强的父母双双外出打工，只有过年才能回来。长兄如父，下有一弟一妹正念小学，上有83岁的爷爷两耳失聪，需要照料，这个天，石宏强不能不撑。

窗外，光怪陆离。室内，硝烟弥漫。"反正不和你合！我和你合不来！"这位犹如火山爆发的少年名叫胡耿，是这个故事的另一名主角。胡爸为了教育儿子，可谓殚精竭虑，无奈方法不当，儿子仿佛离他越来越远。胡耿不仅恨爸爸，对学校也没有一点好感，几乎每年都会在学校玩一次失踪，胡耿只想逃出这个家。

▶ "变形"之初

黄土高坡像一个高明的魔术师，不断变着花样，让少年胡耿尖叫连连："啊！真的有兔子！"一只兔子从胡耿眼皮子底下一溜而过，他兴奋得高声大叫起来。这边，早上10点，石宏强被胡爸叫

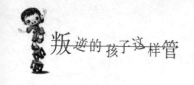

醒。今天，是石宏强的15岁生日，他将享受到一个城里孩子典型的生日模式。

第二天，胡耿大清早就起了床，他向弟弟打听哪里有小卖部。那些个玉米糊糊，那些个酸白菜，胡耿已经没有一点兴趣，他准备动用那30元钱。他已经忘了那是全家人一个星期的伙食费，更忘了自己当初的信誓旦旦。而石宏强来到新学校的第一件事就是自我介绍："我来自陕北，我出生于1941年……"石宏强一紧张就说错了，同学们发出善意的笑声。石宏强表现出了意料之外的积极和主动。这位陕北少年，或许是想要通过自己的努力，告诉这些远离乡村的城里人，并非所有的乡下孩子都是被动的。

» 感动在萌芽

胡耿站在石爸爸坟前听着姑姑哭诉，听着听着，他竟然泪流满面了。或许，是弟弟和姑姑的泪水触动了他内心最柔软的部分，从而彻底瓦解了他的心理防线。胡耿独坐在桥上，姑姑劝了半天，他仍不肯走，或许一上午没有卖出一斤枣的失败经历让他思绪颇多吧！也许这时他才能体会到父母养育之恩的不易吧！他后来对记者说，那天看着身边的姑姑，他想起了远在长沙的亲人。

石妈妈因为要养家而在外打工，做着繁重的工地小工搬砖的活儿。她瞒着自己孩子，却被赶来探望的他们撞见，母子三人心里都不是滋味。"在我们家受得了吗？"石妈妈问胡耿。"受得了。""你不要抱这么多砖啊。"胡耿有些担心。"没事的，阿姨能抱动。"石妈妈安慰胡耿。"小心点！"胡耿叮嘱石妈妈。胡耿站在一旁，鼻子直发酸。临别时，当石妈妈将身上仅有的14元钱硬塞给他时，胡耿再也控制不住，泪如雨下。

四　帮助孩子接纳自己

▶ 在"变形"中成长

　　石宏强捏着那辛苦打小工挣的钱，重新走进那家药店，给爷爷买回了那盒胃药。睡觉时，石宏强全身仿佛散了架，他摊开手脚，倒在床上，犹如一个既有呼吸又有温度的"大"字。

　　胡耿一大早就起了床，生着火，为弟弟妹妹做早饭，送弟弟妹妹上学，一担接一担地挑水，直到把水缸挑满，把庭院打扫干净……总之，石宏强从早到晚该做的事情，在这"变形"的最后一天，胡耿都做到了。晚上，在读完父亲真诚而饱含歉意的信后，看到千里迢迢、风尘仆仆赶来接自己的父亲，胡耿背对着他，默默擦泪……

　　虽然，成长的过程充满疼痛，但痛苦过后的幸福，更值得珍惜。

　　（摘自《变形计》，湖南卫视、湖南科学技术出版社编著，湖南科学技术出版社2007年6月出版）

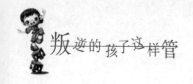

让世界加速孩子的成长

当传统的观点认为高考是一个人成长中别无选择的必由之路时，一些专家却建议条件成熟的高中毕业生出国读本科。他们认为，此年龄段的学生可塑性强，学习能力强，尽早开阔一下视野，对自身发展和成长为新一代国际型人才都有好处。

请看一些孩子在国外求学的家长和一些学生、教师以及专家的建议。

家长：不要为了留学而留学

如今，父母在一起谈论常常围绕着怎样培养孩子、如何安排他们上学、有什么办法可以上好的小学、再通过什么途径上重点中学、如何考上名牌大学、是在国内上还是去国外上等中心话题。

为了实现这些目标，许多父母带着孩子利用所有的节假日奔波于各种补习班之间，而孩子们则忙于参加各种考试。每当我看到路上忙碌的家长和孩子们时，心里总是默默地说：应该给孩子一个轻松快乐的生活氛围。

现在我的儿子已经在美国弗吉尼亚大学商学院学习3年了，在与他共同生活的十多年间，我有许多的感受愿意与大家分享。

》培养孩子的自主和计划能力

在我看来，一个人做事的自主能力和计划能力，将影响他一生的学习、工作和生活，家长在孩子还比较小时就应有意识地培养他

四 帮助孩子接纳自己

们在这些方面的能力。

我的儿子在上小学时正是奥校盛行的时候。刚开始儿子也上奥校，但我总感觉孩子比较疲劳，心情不愉悦，导致成绩也不够理想。我征求孩子的意见，停止了周末的所有课程。每个周末有一天是属于他的，一切由他来决定，家长只是配合，提供一切可能的支持。另外一天，他必须有计划地安排自己的课业。虽然我的孩子没有参加文化课的补习班，但由于他是在宽松的环境和愉悦的心情下主动学习的，对自己的要求也比较高，一直以来学习成绩都令人十分满意。

在每个寒暑假里，我都只提要求，具体的实施安排由孩子来决定。每个假期有两个要求，一是学会一个本领，例如：打羽毛球、游泳、网球等。二是要求除了完成学校老师的作业外，要对下学期的功课进行两个单元的预习，要背完所有的英文单词和课文，并安排一次外出，其余时间自行安排。

在不断修正的过程中，孩子的计划越来越合理可行，并开始能独立地处理自己的一切事情。所以孩子在美国学习的三年来，我从没有任何的担心，包括对他的学习、生活、工作和假期的旅游等，而且他每次回国时礼物的购买和分配、节日对亲戚朋友的问候，从不用我们提醒，他都处理得非常得当。

▶ 爱好是人际交往的重要手段

也许有人认为爱好与今后的学习和工作没有太大的关系，但我不这样认为。要想使生活丰富多彩，一定要用多种方式来调节生活的节奏和氛围，这就需要有爱好，也就是我们俗称的"会玩"。例如，孩子假期所学的本领在平时就可以作为休闲的运动项目，这是

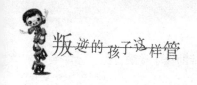

一举多得的事情,既得到了积极休息,又提高了他们个人的修养,也为今后在社会中顺利进行人际交往打下了一个基础。

我们所做的一切,在儿子去美国后都发挥了巨大的作用。一般来说,绝大多数的孩子,尤其是出去读本科的学生,在国外都会有一段适应期,包括对生活环境和学习环境的适应。但对我的孩子来说,这些基本可以忽略不计,因为他很会玩,不论是体育、音乐还是游戏机,都可以在极短的时间里和他的美国同学找到共同点,便于他们之间的交流,使他非常快地融入美国的学习和生活。

儿子的英文很好,听、说、读、写能力都比较强。学习英语不仅靠课本知识,他还特别注意平时的训练,比如:在看国外进口大片时,通常是先看一遍中文版的,再看一遍原版的,这样就可以在比较宽松愉快的环境中练习英文;欣赏原版的英文唱片,包括流行和古典,像卡拉扬、肖邦的作品;玩电子游戏基本上是英文版的,而且原版的游戏很多是和美国同步的,孩子通过游戏不但可以学习英文,还可以了解美国同龄人的情况,减小他们之间的差距。

儿子的美国同学都说他不像是在中国大陆长大的孩子,因为以前在美国人的眼里,中国学生只会学习,对于如何玩、如何宣泄、如何享受生活都一概不知,可是他们在与我儿子的接触中却有了一种全新的认识。其实,一路走来,我们对孩子的种种教育和培养并不是刻意为出国留学做的准备,而是在我看来不论是在哪里生活和学习都必备的条件和能力。

» 不要为了留学而留学

我的儿子2004年高中毕业时,考取的是一所国内著名的大学。但是当他上学后,发现大学的学习生活和他想象的不一样,主要是

四 帮助孩子接纳自己

节奏比较慢。他很担心4年下来,适应了这种慢节奏,会减少现有的斗志,所以在开学后的一个月,他提出留学。我们当家长的态度就是:你的事情由你作主,但是你要负责任。一旦你作出决定,我们将尽最大努力来提供一切支持。

三年走下来,可以说当时孩子的决定是非常正确的,我们也十分庆幸自己当时的决定。这三年里,孩子有了长足的进步和成长,也使我们对美国的教育有了更深入的了解。

首先,美国十分重视本科的教育。在本科从事教育教学工作的不乏著名的教授和经济学家,而且有相当一部分是著名的从业人士。这些教授不但具有极强的理论知识和极丰富的从业经验,而且和学生非常亲近,在节假日会请学生去家里作客,与学生谈论当前的发展趋势,对学生将来的发展进行分析和提出建议。特别是进入商学院后,不但有一对一的辅导,还经常有国际知名企业来学校介绍企业,告知如何应聘、如何写简历等,可以全面提高学生的能力,而如果在国内读本科是很难有这样多的机会的。

二是美国的学生。在我们眼里,全世界学习最刻苦的应该是中国学生。其实不然,我们每次和孩子通电话都是美国的深夜2点至3点,每次问他在做什么、为什么还没有休息时,他都说是在图书馆或刚刚从图书馆回来,他说此时在图书馆里还有很多美国同学在学习,美国学生的刻苦与中国学生相比有过之而无不及,而且他们的成绩也十分优异。

三是孩子综合能力的提高。因为美国孩子在生活、学习、工作以及经济上都有较强的独立意识,在他们潜移默化的影响下,孩子的自立能力不断提高。每次回国他与原来的同学在一起,我们都能感觉到他比较成熟,对前途不迷茫,有近期和远期的奋斗目标,也有为实现该目标应作出努力的计划。最让我们感到欣慰的、也是与在国内有最大不同的是，他从内心里对父母的感激之情——在他的计划里包括了我们的晚年生活，可以说他非常明白自己的责任所在。

我认为，不要为了留学而留学。在美国上大学一定要上比较好的大学，才物有所值，要清醒地认识到在美国上本科比国内的要求高，孩子会更辛苦。所以，首先是适合自己的孩子，其次是可以受到比国内更好的教育，才可以考虑决定。而在作出决定之前，一定要与孩子进行良好的沟通，充分尊重他们的决定。只有是他们自己决定的，他们才会更负责任地去完成，并会有更好的发挥，这样我们当家长的才能避免费力不讨好的局面。

（李应霞）

学生：学会享受孤独

记得16世纪英国诗人兼神学家约翰·唐恩（John Donne）有一句名言："No man is an island"（没有人是一座孤岛）。自古以来，人类就是群居动物。18岁以前的我，奢侈地享受着来自父母的溺爱、同学的友爱和老师的关爱，不曾体会过"孤独"为何物。

2002年8月30日，18岁的我带着对未来的好奇和憧憬，只身来到那个以枫叶著称的美丽国家——加拿大。初到异国他乡，一切是那么新奇。还没等我回过神儿来欣赏那异国的风光，转眼间便开学了。巨大的课业压力以及繁多的生活琐事扑面而来，瞬间把我拉回到现实得不能再现实的生活当中。在接下来的4年里，我学会了很多，例如洗衣、做饭、付账单、找房子等。感谢父母从小对我的"挫折教育"，生活中的繁琐小事都一一被我解决掉。由于中西文化的差异，初来乍到的我突然第一次感到了孤单。对我而言，课业

四 帮助孩子接纳自己

的困难可以通过认真不懈地学习来解决，生活上的困难可以通过学习和掌握技能来攻破，唯有孤独让我无所适从。

以前的我，认为世界上有两件事情不能一个人做：一个人在食堂吃饭和一个人逛街。从高中开始起，寄宿生活让我变成了一个彻头彻尾的群居动物。每天24小时和同学老师在一起，一起起床、洗漱、做早操、吃早饭、一起上课、嬉戏、洗澡、进入梦乡……当我第一次独自一个人在偌大的食堂吃饭的时候，我显得很慌张，努力掩饰着自己的不安。同时，碍于面子，还竭尽所能装作很沉着。

在我来到多伦多的第一个周末，本来约好一起去逛街的同学临时有事爽约了，但我还是决定今天无论如何也要出行。拿着地图，我从容地蹦上了地铁，迅速找了个位置坐下。不知是不是因为自己太敏感，总觉得大家都在看我。虽然在北京经常坐地铁，但是来加拿大还是第一次。在略微拥挤的车厢里，突然间意识到在这些金发碧眼的人眼里，自己也成了不折不扣的"老外"。听着地铁广播，我下了车，依照指示牌，进入多伦多的第一大Mall-Eaton Center。在川流不息的人流中，眼泪在我眼里打转，觉得自己很可怜，怎么能"沦落"到一个人逛街的地步？在加拿大的日子似乎过得很快，不知不觉中，我已经悄然学会了自己一个人吃饭、一个人上下课、一个人去图书馆学习、一个人逛街……

出乎意料的是，我已经开始享受这种孤独的感觉，觉得"一个人"的感觉也不是那么糟。每当心情烦躁或者特别开心的时候，我都会徒步走到公寓旁边的一个小公园（但是名字却很"大"——华盛顿公园）。坐在公园破旧的秋千上，在一旁静静地看小朋友玩耍，什么也不想，只是静静地看着，感受着那一刻的宁静。看着看着，觉得似乎一切都变慢了，虽然可以看到孩子们尽情地打闹着，却听不到任何声音，只是觉得周围一切都很静很慢。奇怪的是，烦恼或者狂喜突然变得不再重要，以至于在回国一年后的今天，我还常常想起那个陪伴了我4年的小公园，回味着那份孤独带来的宁静。

2006年6月13日，在熟悉的同学、朋友和老师的见证下，我以优异的成绩拿到了加拿大多伦多大学的商学学士学位，同时也取得了多伦多大学的最高荣誉——最佳奖。毕业之后，我毫不犹豫地选择了回国。很多人不解，为我没有留在加拿大，放弃了这么好的机会而可惜，我的回答很简单：不是因为加拿大不好，是因为家在中国，我需要这份久违了的归属感。

我很庆幸自己选择到加拿大读本科，一方面我学到了很多最新的知识，懂得了许多先进的学习方法，掌握了很多生活以及社会技能，更重要的是我在不到22岁的时候就已经体会到了心灵强大的重要性。我想如果一个人连孤独都不畏惧，那么未来的任何挑战一定都能迎刃而解。所以每当别人问我在加拿大这本科4年中学到了什么的时候？我的答案是：这4年"近似苦行僧"般的"修行"，使我的心灵变得更加强大。每当困难袭来的时候，我不会怨天尤人，唉声叹气，或是因害怕而拒绝面对。我会不停地告诉自己：你连孤独都不怕，这点困难算得了什么！所以我十分赞同出国读本科，因为能够尽早地经历一些看似残酷却又能受益匪浅的事情，会使一个人加速成长。在此，我想对那些正在面对是否出国读本科或读研的问题犹豫不决的同学和家长们说一句，如果你们准备好了，Why wait？！因为每个人都需要一个契机，去感受和享受孤独！

（王艳）

四 帮助孩子接纳自己

🐝 教师：艰苦磨砺翱翔天空

作为一名长期从事教育工作的家长，同时身为一名校长，我一直认为，孩子的成长需要的不是优厚的条件、舒适的环境，而是艰难困苦的锻炼。雄鹰翱翔天空的翅膀，只有在风雨中才能练就。

我的儿子在读高二的时候，曾经到美国明尼苏达州留学一年，那时他才16岁。我只有这一个独子，这么小的年纪，送到万里之外、人地生疏的大洋彼岸去读高中，万一出点什么事儿怎么办？面对众多善意的劝告，我做了深入冷静的思考。

第一，孩子确实年龄小、能力低，但是能力低的原因是什么？没有经受锻炼！家庭环境的优越制约了孩子的成长，这种环境与他将来所要面对的复杂与艰难的社会生活形成了巨大的反差，如果这个问题不解决，他将来的生活便会有很大的危险。

第二，我长期从事学校教育工作，比别人更了解中学教育的弊端：追求升学几乎成了我们工作的唯一目标。我们往往只关心孩子的学业成绩，而很少关心孩子的心智，这在某种程度上也制约了孩子的正常发展。

第三，未来社会中西文化的不断融合已是大势所趋。在孩子的成长阶段，与其单纯地接受一种文化的熏陶，然后再去适应社会的新潮流，倒不如现在就迎上去，主动接受多元文化的教育。教育，是为未来做打算的，必须有前瞻性。

后来的事实证明了我判断的正确。在美国，儿子生活在一个农村家庭，家里有父母、一个弟弟和一个妹妹，还收养了一个残疾儿童，我的儿子成了家里的老大。他不仅要自己上学读书，还要照顾弟弟妹妹。到农忙时，因为家里有2000亩地、600头牛，他还要帮

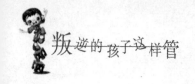

助"父母"到田里收割庄稼、喂牛、清理牛粪……不管多么苦,他都要忍受,因为他是家里的"长子"。

我经常和他在网络上联系,彼此沟通对一些问题的看法,这在某种程度上避免了一旦出去就无法控制、放任自流的局面,孩子的成长丝毫没有因为环境的改变而受到影响。

留学即将结束时,我的孩子不幸患了肺病,需要住院手术。听到这个消息,我也曾暗自垂泪。但还是鼓励孩子战胜困难、相信自己、相信医生、好好配合……最后,孩子靠着自己顽强的毅力,和医生很好地配合,终于康复了。

回国后,儿子恢复了正常的学习,而且变得成熟和自立了。生活安排得有条不紊,对很多事情有自己的思考,对未来也有所打算。经过两年的努力,他的托福考试取得了630多分的好成绩,并顺利地拿到美国多所大学的录取通知书,他最终选择了密西根大学。

作为一名管理者,我认为学校是人才的摇篮,其任务是以培养人才为主,但是人才的培养周期很长,学校在进行人才培养的时候,必须考虑社会的发展,这就要有超前性。

我们学校地处农村,受家庭、社会环境的影响和制约,学生的思想、视野本来就比较狭窄、封闭,只有到风浪中搏击,才能练就一双坚硬的翅膀。因此,我们应积极创造机会和条件,鼓励学生了解世界、开阔视野,并与国外学校进行零距离接触,感受不同的文化,从而建立起新的国际型的价值观。几年来,学校有很多学生去香港、美国、英国读本科,无不得益于我们学校的这种前期引导。

确实,高中毕业之后,由于尚未真正进入社会,思考问题往往肤浅。本科毕业后,学生基本成熟,从父母角度看,可以更加放心。但是,在我这个搞教育的人看来,生米一旦煮成熟饭,也就难

四 帮助孩子接纳自己

以进行二次加工了。我们都有一个共同的感觉：学生高中毕业后进入大学，大学的学习很容易变成自身的素养。而一旦进入社会后，人要面对更多的需求，再进修时，大多功利性很强，即使可以学到手，可要变成自己的素养就相当困难了。我们把孩子送出去，不是要他们去镀金，而是要使他们的心智发生改变，真正吸收一些在现代化进程中我们所急需的素养，而高中阶段正是最佳时机。

（北京市顺义牛栏山第一中学　刘垠锴）

专家：警惕孩子变成留学垃圾

几乎全世界的人都公认，中国的父母，尤其是独生子女的父母对孩子是最有爱心的，中国的基础教育也是对学生最有责任感的。这样的评价自然是有充分根据的。可是，我却对这两个评价越来越充满怀疑，我甚至觉得中国的许多教育不仅在误导孩子，简直就是将他们引向危险的境地。

比如，因享受着中国改革开放的丰硕成果，一大批富裕起来的家庭纷纷送孩子出国留学，留学生的数量迅速增长成为令人瞩目的现象。应当说，大多数留学生的父母是承受着不同程度的经济压力的，但是，望子成龙的强烈愿望让他们倾其所有顽强坚持。问题在于，当这些孩子一手举着考试分数一手举着金钱来到异国他乡，他们能否适应完全陌生的文化和难以想象的挑战呢？事实证明，这是一个巨大的未知数，也可以说是一次命运之赌。旅德15年的著名女作家程玮的长篇小说《少女的红围巾》，为我们形象地解读了这个高风险难题。

书中的第一主角是高中未毕业就被父母送来德国的雨儿，这是一个家教严格、学业优良而又健康漂亮的女孩子，并且有与父亲

叛逆的孩子这样管

最亲密的留德学生于阡给予帮助。可是，为了学会生存，雨儿与两个男生（其中一个在追求她）租房合住，还经常在夜晚去红灯区的咖啡厅弹钢琴挣钱。单凭这两件事，就能让中国的父母心惊肉跳。雨儿还算是优秀和幸运的，与她同住的外号叫"土豆"的男生，几乎不会讲德语，一年多里就躲在屋里打游戏机，还稀里糊涂进了警察局，成了留学垃圾。知道了这些真实的状况父母一定是难以接受的，可远隔万里又怎么管呢？况且，留学生的很多秘密是不会告诉父母的，一切只能由他们自己面对。如雨儿所说："离开了父母才知道，原来自己离开了一座遮挡风雨的大山。以前发生天大地大的事情，往父母身后一躲就是天下太平。而现在自己必须一个人面对世界，连一点退路都没有。在想求人帮助的时候才知道自己可以信任的朋友是那么少，脑子是那么笨，面对这个世界是那么无能为力。"从这样的角度细想一下，我们能不对许多教育的空白感到失职和恐慌吗？

或许有人不接受中国教育存在许多空白的说法，但这些留学生们的经历充分证明了的事实。如雨儿第一次去见德国大学的教授，开始她穿了一件印着凯蒂猫图案的T恤，套上一条膝盖磨得快出窟窿的牛仔。富有经验的于阡告诉她："你这样的T恤在德国连中学生都不会穿，她们觉得太孩子气。""你的这身衣服只会给你帮倒忙。"在于阡的指导下，雨儿换了一条普通的牛仔裤，一件式样简单、质地柔软的白衬衣。于阡还特别提醒她，见了教授一定要大大方方先跟教授握个手，然后看着教授的眼睛说话，不要躲躲闪闪。要有和教授平起平坐的感觉，要平视，不能仰视。雨儿按于阡之法见教授，果然大获成功，当即免除了半年的语言班学习，直接进入大学的预科。雨儿的成功还有一个插曲，她发现教授养的植物严重

四　帮助孩子接纳自己

缺水，就与教授自然地谈起自己在家负责浇花的经历。教授愉快地说："一个能注意到身边植物的学生，一定会把语言学得很好。"由此可见，现代观念和生活能力在国际交流中是多么重要。奇迹般过关的雨儿感慨道："为什么从来没有人教我这些呢？学校不教，家里也不教。这么重要的功课，居然没人想得到。"

　　说到去德国留学，读者自然想知道中德的文化与教育的差异。显然，仅仅靠掌握现代的礼仪是远远不够的。18岁的德国女孩约翰娜的家族财富名列德国富豪榜的前10位，约翰娜是父母最宠爱的女儿。然而，一过18岁，约翰娜居然变得无家可归。原来，他们的家族规定：每个孩子年满18岁以后，都要过三年自食其力的日子，然后才被允许得到父母的钱。这样的规定在德国非常普遍，已经成为一种社会习俗。又如，所有年满18岁的孩子都要独自出门旅行一次，并且，父母提供的钱尽量的少，走的路尽量的远，在外面的时间尽量的长。

　　其实，以中国人的智慧怎么能不知道自强自立的重要呢？社会各界纷纷组织各种18岁成人仪式，不就是渴望孩子真正长大成人吗？可与德国动真格的做法相比，中国的18岁成人教育只是一个仪式。试想，中国孩子年满18岁以后，有多少人出过门作艰苦旅行？又有多少父母忍心给孩子尽量少的钱，让他们走尽量远的路，在外面呆尽量长的时间。更不要说让孩子过3年自食其力的日子，我们太多的父母虽然并不富裕，可早就做好了包养孩子一辈子的计划。否则，为什么中国会有那么多的"啃老族"呢？

　　当然，尽管人都有惰性，但生长在改革开放时代的青少年并非喜欢被包养一辈子，因为笼中鸟不会有真正的快乐，快乐一定是自由的，而自由一定是自主的。全世界青少年的共同主题是发展，而发展的主旋律必然是自主、自由和成长。严重而紧迫的问题在于改造成人世界的教育,特别是改变溺爱的教育。

在一个信息化的社会里,任何学生都需要学习丰富的知识和掌握高强的能力,但是必须牢牢记住,学生最首要的任务就是学会生存。毫无疑问,无论是家庭教育还是学校教育,第一位的使命也是教给孩子生存的本领。

(孙云晓)

一流大学成就一流的学子

在今天这样一个教育国际化愈来愈发达的社会现实下,去美国优秀的大学读本科已不再是什么可望而不可即的遥远神话了,但是还远远没有到任何人都可以去的地步,尤其是去一流的名牌大学,拿到部分或全额的奖学金还是有一定难度的,这里面大有学问值得研究。

» 让耶鲁后悔去吧

2005年7月盛夏的一个下午,我刚送走了一位咨询留学美国的学生及其家长,打算休息片刻。这时助手推门进来:"陈老师,您3点预约的客人到了。"我纳闷起来,3点钟我没有约人啊!正在怀疑自己是否忘记了预约的时候,一对陌生母女走进了我的办公室。母亲首先开口说话:"对不起!陈老师,我们一定要见你,所以就冒充预约了,这是我女儿的主意。"我立刻开始从心里佩服这个女儿,怎么小小年纪就这么老练呢?

四 帮助孩子接纳自己

母亲是个话匣子，一直说个不停，连我都插不上嘴。半个小时后，我开始明白母亲的意思了：我女儿很优秀，希望申请耶鲁大学的全额奖学金，没有奖学金是不去的，也没钱去。原来，又是一个常春藤情结患者。

从健谈的母亲的话语中，我努力捕捉有用的信息。女孩名叫杨瑰，是S市第一中学的学生，成绩很好。难以想象的是，杨瑰获得的荣誉多得惊人（称号类5项、竞赛类4项、科技创新奖6项、体育类7项、2项国家发明专利、2篇发表在国家级期刊上的研究论文等）。看到这些，我不禁质疑起来，一个高中生怎么可能取得这么多的成就？于是，我开始更深一步地盘问。渐渐地，我开始暗暗赞叹，这个女孩的确有成为杰出科学家的潜质：善于观察、思考，而且还能想出解决问题的办法。然而，杨瑰由于一直忙于学习、科研、"心心社"等活动，几乎没有时间准备托福考试，而且由于作出出国留学的决定较晚，因此差点错过托福考试。最后，她的托福得了600分——一个不错的成绩，但对于耶鲁大学来说还是显得低了些。耶鲁没有录取杨瑰，但是，是金子总会发光的，杨瑰获得了另外两所美国顶尖大学的全额奖学金，她最终选择了芝加哥大学，她的奖学金也远远超过了耶鲁、哈佛等大学的全额奖学金。

》留学美国，为何读本科最佳

目前国内出国留学大致分为三个年龄段，一是出国读研（包括硕士和博士），二是出国读大学，三是出国读中学。我本人的观点是：出国读研好，出国读本科更好，出国读中学只适合极少数家庭。

出国读本科比读研更好，这是我当前极力鼓励条件成熟的学生所做的事情。出国读研，一般来讲生活相对比较单调，学习的课程

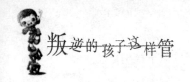

也基本是与专业相关的，一般来讲并没有太多机会接触美国社会、了解美国文化。出国读中学又受到资金、学生的自理能力和心理素质不强等因素的影响。因而，去美国读本科不失为最佳的选择。

当中国学生高中毕业后，其人生观和价值观已经基本形成，中华文化的很多价值观和理念已经扎根在他们脑海中，因此父母不必过分担心他们会受到西方过于"开化"的文化的影响。而此年龄段的学生，可塑性强、学习能力也特别强，因此他们在美国大学本科的博雅教育、素质培养的大环境下，将会成长为融会中西的新一代国际型人才。由于美国大学教育不论你选择什么专业，都要系统地学习人文和科学类的课程，因此，不管中国的留学生将来学习文科、理科还是工科，都会学习西方的文化艺术、美国的历史、英文写作能力的培养；而且由于很多课程都是小班讨论课，经过此种洗礼的中国学生在本科毕业后一定会在英语的听说读写各方面全部优秀。

» Offer是怎样炼成的

Offer指的是你心仪的学校给予你的录取或奖学金。如何获得美国大学的Offer？科学家曾经为了检测猩猩的智商，把一串香蕉悬挂于屋顶，然后看猩猩是否能够利用身边的工具（箱子）吃到香蕉。单靠猩猩的身高或者蹦跳是碰不到香蕉的，但猩猩却可以靠垒箱子的方法吃到香蕉。获得Offer的道理与猩猩想方设法吃到悬挂于屋顶的香蕉是一样的，我们需要做的就是准备足够多的"箱子"，并且使得每一个"箱子"的高度尽可能大一些，以使得自己的综合实力尽可能强。

教育背景：主要是指学生就读的学校和该学生在校期间的排

四 帮助孩子接纳自己

名,以及获得的荣誉和奖励。如果学生就读的是名校且在年级的排名很高,那么在申请过程中会占据一定的优势。

课外活动:课外活动以及取得的成绩是录取委员会考察的另外一项重要参数,其重要性甚至可以超过学习成绩、TOEFL或SAT成绩,因此这是所有申请美国大学入学的国内学生都要认真对待的问题。

工作经历:包括拿薪水的工作、有特殊意义的义工和全职工作,这些工作经历是申请美国大学时衡量学生自身能力的重要方面。

研究能力:确实有一些学生因为自己的天赋,或者因为适当的机缘而获得了较为深入的科研经历,有时候甚至一些小型的调查研究也能做得很好,这都是提升个人竞争力的重要因素。

TOEFL和SAT成绩:美国几乎所有的大学都要求非英语国家的申请者,无论学习什么专业都必须参加TOEFL考试,只有极少数个别情况例外。TOEFL成绩的高低对于能否进入以及进入什么样的大学至关重要。SAT考试成绩也是世界各国高中生申请进入美国名校学习能否被录取以及能否获得奖学金或助学金的重要参考因素。

申请文书(Essay)的写作:申请文书是展示个人综合实力的一个关键环节,写得好可以让你的综合实力极大地提高而升入"天堂",而申请文书写砸了就可以抵消你很多努力让你坠入"地狱"。关于Essay的写作,我总结了两条建议,就是"素材优先论"和"两长一短论"。"素材优先论"就是指在众多素材中选择最特别、最能反映申请者优势的来写;"两长一短论"是指Essay一般可以写"两篇长的"(250~500个单词)和"一篇短的"(150个单词)。

选校策略:基于时间、申请费用等因素的考虑,选择什么样的大学也是有一定策略的:一般我建议的申请学校数量是8至12所,至于怎么选择，则完全根据个人综合实力的高低不同而个别处理，但可归纳为"三段式原则"：高端冲刺、中端适合、低端保底。当然了，不同人的"高端"是不一样的，有些综合实力强的申请人其高端冲刺学校可能是常春藤的盟校，而有些综合实力较弱的申请人其高端冲刺学校可能是排名四五十名的美国大学。

总之一句话，Offer是怎样炼成的，无非是尽力提高自己的综合实力。

（摘自《留学去美国——美国大学本科申请策略与案例》，陈起永著，光明日报出版社2007年12月出版）

四 帮助孩子接纳自己

逆行少年写给青春岁月的挑战书

在人们的眼中,青春期逆反似乎是所谓的坏孩子的专利,与好孩子无关。而《逆行》这本"好学生的逃学日记"用事实告诉我们,青春期的好孩子也一样叛逆,只是他们的问题常因其优秀、听话而被人忽视。对于好孩子的叛逆,我们应该怎么看?它是毁灭一个好孩子的洪水猛兽,还是一次加速成长的契机?我们的态度,或许在一定程度上正左右着孩子前行的方向。

逆行,一场日有所思的灰色梦

《逆行》是一本由17岁高中生写的书,确切地说,这是一个品学兼优的高中生张子昂突然选择休学后的心路历程:

在仍然"水深火热",抑或已经渐渐发白的学生时代中,我们也许都曾有过一种想法:如果我们终于可以不再上学,那该多好啊!但这种想法对于大多数人而言,都只是一个停留在大脑里的蠢蠢欲动的灵感,而我斗胆花费了将近一个月的时间书写了这个美丽的灵感。不过,这本书讲述的并不是一个完全幸福的故事。很多想法,对于大多数人,只能是一个说来容易的欲望,当我们真的着手开始时,才发现原来有太多东西没有考虑。

我们想到了亲人,却没能料到家庭在危机下如履薄冰。真实地再现了个性与韧性十足的我和我开明的爸爸妈妈之间的一幅用爱与担忧画成的泼墨山水,一场逆行与回归的心理博弈。

我们想到了朋友,却不知道友谊该如何继续。固执与懦弱让我不敢接触那些一直朝夕相处的朋友们,我只能一次次跑到回忆里去和他们生活在一起。

我们想到了兴趣与职业,却难以揣度未来的举步维艰。诚然,作为"家里蹲"大学的优秀新生,我深造了编程,选修了法语,研习了烹饪,还试图在写作和翻译的路上走得更远,但该大学的绝大多数课程都很不幸地不被各教育机构和人才市场认可。莫说鹰击长空,连像鸵鸟一样飞跑也成了泡影,我活脱脱地变成一只没有前途的"走鸡"。

当然,本书到结尾时终是柳暗花明。逆行是一场日有所思的灰色的梦,睁开眼睛,发现自己原来已如此幸福。

第15日 被动逃避

我本以为这是一个高明并且善意的谎言,但后来才发现,我这回确实由主动创造生活,变成了被动逃避。

对失去朋友、一事无成,以及整个逼真世界的恐惧,像有毒的诡异气体,在我四周聚集,在它们自己也被挤得窒息之后,终于化作一柄匕首,刺向了毫无防备的我。

第17日 鬼魅

在空空的房内来回游荡,最后还是找了个角落缩了起来,开始思考我究竟干了什么:我找了一个愚蠢的理由,彻底躲开了关心我的朋友们;我用我愚蠢的决定,刺痛了对我满怀希望、满怀爱的爸爸妈妈;我发现我不愿意再和任何一个有血缘关系或者没有的人交谈,甚至是见面;更重要的是,与此同时,我也失掉了我"学生"这一在社会上唯一的身份,什么都不剩下……

我思考不出我与这个社会还有什么联系,在激烈的人潮汹涌、

四 帮助孩子接纳自己

世事变迁中,我竟然没有一个定位,让我站在那里,不被它们吹走。我不得不承认,我已经不再属于这个以极强社会性为标志的动物群体,我"死"了。

第20日 死亦为鬼雄

游走在死亡所带给我的巨大恐惧里,我完完全全地不知所措。作为一个苟安的失掉了人类实体的游魂,我甚至发现就连椅子和床,我都坐不下去。我艰难地踮着脚飘着,我怕当我泄了一口气之后,便会在地上化成一摊水,万劫不复地失掉自己的灵魂。

我必须强迫自己做些什么,不仅要排遣这非人的痛苦,而且我要证明给自己看:我不是那个辍学的、没有朋友的、完全自闭的、让人鄙视的,或者与死了无异的怪诞的小鬼。即使一定要做游魂,我也要做一个伟大的游魂!

第22日 我快被孤独折磨死了

还是躺在床上,把全身都躺在床上,把脑袋埋在软软的枕头和被子里,把自己都不忍入目的伤痛摊在床上,晒。

我已经变成了一个不可救药的游魂。漫长的光从太阳一直伸到窗户底下,用它的绒毛刺激身体能被照到的地方,这让我想到那条叫做历史的长河,之后的长得不能再长的日子,难道我就这样过下去了吗?

第33日 第一束光芒从手机里射出来,黑夜开始融化

游戏里屏幕切换的时候,看美剧《绯闻女孩》被"雷"得按暂停的时候,一个人把屋子走好几遍的时候,搂着大狗看天花板的时候,吃着自己做的饭咂摸味道的时候,弹着吉他闭上眼的时候,甚至是深夜里失眠的时候,我都会想起那个离我又远又近的校园。

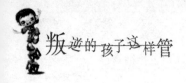

遇见

走在教学楼的走道里,就好像一个恐高症患者在爬一个没有扶手、四面镂空的楼梯一样,每拾一级,来自心底的颤抖便愈加明显地在腿上表现出来。我的心一直忐忑不安地跳个不停,好像要把我披着的外衣也震得上下翻飞。

终于,四楼阳台耀眼的日光如同一只挥着翅膀的大天使,噌地一下飞到了我面前。然后,我身不由己地被迅速拉入一场惊讶而且充满欢愉的喜剧里。我听着大家用各自习惯的方式表达"想死你了"。其实,真正"想死你们"的是我啊!我是真的想得快要死了。只要你们在,我将不停地歌唱。

人生没有逆行道

同样是高中二年级,同样是那么优秀,面对学习的压力,凯南又是怎么看待张子昂同学的"逆行"呢?

逆行,即背离规定的原初方向,反其道而行之。逆行的动机有二:其一,投机取巧,想走捷径;其二,试图与现行规则对抗。逆行的结果也有二:其一,侥幸走了捷径,投机成功并沾沾自喜;其二,被撞得头破血流,甚至丢掉性命。从现实来看,逆行成功的机会越来越小,而风险越来越大。

从张子昂同学的经历来看,他既不是为了走学习的捷径,也没有被撞得头破血流,何谈"逆行"?实际上,他从头到尾都是一个好孩子、好学生。偶然的一次逃学,或者美其名曰休学,顶多不过是正常学校生活的一次"出轨"而已,怎么就被打造成了一个逆行者的形象呢?即使是他最崇拜的韩寒,也未必称得上是一个逆行

四 帮助孩子接纳自己

者,因为韩寒实际上走的是另外一条道。所以,"逆行"之说,如果不是张子昂同学本人在哗众取宠,那也许就是书商在故意炒作。

不过,对于张子昂同学的这种所谓"逆行"之举,我颇不以为然。尽管它暴露了目前高中生困惑与无奈的一面,但逃学之举过于盲目和极端。在我看来,这不过是一场自导自演、自娱自乐的小小闹剧,"90后"的任性而已,既不可取,也不可效法。

我承认,现在中国教育的确存在许多问题,高中生因学习压力过大而精神崩溃的事件也不是个别现象。但是,就算压力再大,逃避困难是一种办法吗?实际上,无论你怎么躲避,到头来还是要面对现实。张子昂同学在自己身上做了一次小小的试验,这使他的人生经历比同龄人丰富了不少——生活本身就是一个悖论!当你转了一圈以后,突然发现自己又回到了原点,你会哑然失笑,也会恍然大悟。好在张子昂同学并不固执,短短的一个月后,就赶快悬崖勒马了。他很明白,只有在学校这个环境中,才更容易找到青春存在的价值——不但是学习上的,而且是生活上的。

说实话,我也曾有过逃学的想法,而且不止一次。我相信大部分生活在"水深火热"中的高中生都有这样的想法,但这仅仅是想法而已,充其量也不过是一次精神上的"出轨",并没有影响前进的方向。

我始终坚信,人生没有逆行道!在人生的道路上,你走得慢不是问题,慢了可以通过训练来提速。然而走错了方向,甚至反其道而行之,无论怎样调整速度,你都不会回到正确的位置,只会越偏越远。这样的盲目逆行,不但不能使你走得更远,而且还有可能使你成为无谓的牺牲者——这是最可悲的事情!

然而,我并非一味反对逆行。相反,我认为,那些真正的逆行者充满英雄主义和牺牲精神，他们敢于同旧规则、旧制度抗争，明知不可为而为之，他们活着是勇士，死了是烈士。对于这样的逆行者，我内心充满敬佩！但，韩寒不是，郭敬明不是，张子昂更不是！

帮助孩子找到前行的方向

青春，一段太值得记忆的时光。提到它，我们往往想到明媚、朝气、阳光以及一切的美好。但是，青春也有着懵懂的迷茫，青涩的忧伤，甚至还有"逆行"的决绝与痛苦。我们这些走过青春或者站在青春尾巴上的人，看到那些徘徊在"逆行"路上孤独的孩子们，作为家长应该做些什么帮助他们找到自己前行的方向，守住他们青春中应有的那片葱茏？下面是4位家长的观点：

▷ 与孩子共同成长

我们对儿子的一贯教养方式是散养，用学术话语来说，即是放任型：把尊重孩子的个人意愿放在首位，给予孩子最大的行动自由，甚至采取听之任之的态度。一直以来，在我们营造的这种宽松、自由的家庭氛围下，儿子也算是得到了全面发展。所以，我们自己，还有周围的朋友、同事都比较认可我们的这种教育方式。但是，当听到儿子不再上学的决定时，我们感觉被"雷"到了，完全出乎意外。不过，我们并没有觉得这严重到了一种骇人听闻的程度。首先，我们对青春期的逆反有一定的心理准备；其次，对他，我们一直都很信任；对自己，我们也相当有信心；再次，我们觉得，对他而言，这是一个进行挫折教育的好机会，我俩始终觉得他的发展太顺了，这对他的成长不利，他需要挫折，不经历风雨怎么

四 帮助孩子接纳自己

见彩虹?

对于这次突发事件,我们采取了外松内紧的处理方式。外松,是说回到家里我们尽量摆出一副轻松的表情,尽可能地营造宽松、和谐的家庭氛围。内紧,是说我们的内心其实蛮紧张,紧锣密鼓地和我们认识的学者、老师、专业人士沟通、讨教,还上网学习,看别人是如何处理类似危机的。

我们渐渐意识到,相对于放任型的教育方式,权威型的教育方式也许更科学:在给孩子发展自理自立能力机会的同时,也为孩子的成长提供所需的标准、必要的限制和指导性原则——在约束性和自主性之间求得平衡。不过,我更愿意用"船长"来为权威型教育命名,即你可以听取船员的意见,但最终决定航向的还是你。

明白了努力的方向,接下来的发展就顺理成章、水到渠成了:我们通过发短信、在QQ上留言的方式来和儿子对话、疏导、引领。因为,他这个时期心理非常脆弱,容易激动,很难心平气和地与我们面对面交流。说是对话,其实更多的是我们在说,但我们知道,他在听,在思考,在决定……

最后,我想说,不要因孩子的优秀而疏于对他的关注,孩子的优秀往往会掩盖其存在的问题。同时,让我们都以平常心对待孩子的逆反行为,鼓励、尊重和帮助(引导)孩子在逆反期作出正确的选择,让孩子走出阴霾,去迎接更美好的未来。

(张子昂的爸爸)

» 叛逆和成长原本就并肩而来

社会学家说,青少年从走向成熟而渴求投身社会却被社会排斥在外的14岁左右开始,大约有10年的时间,与社会处于一种"蓄

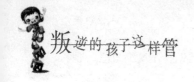

意"对立的境地,所以,叛逆和成长原本就是并肩而来。如果向左是叛逆,向右就是成长。或许"逆行"就是年轻的一种标志,成长的一个阶段。由这一个不顾后果的萌动,换来永远无法抹去的青春痕迹,逆行,然后回归,心才真正长大了。

并非大多数的孩子会像子昂那样与教育体制发生冲突,而跳到体制之外。他的"逆行"也只是因为他和家长、老师具备了某种与现有教育体制不同的观念,于是,回避了教育体制的一些弊病。不过,也是他的思考与成熟让他始终保持了自己的学习兴趣,在应试的教育氛围下突围而行,通过一次叛逆的逃亡,收获了一份意外的成长。当然,在子昂的成长中,有一份力量不能忽视,那是来自他的父母的。从书中我们看到善于沟通、懂得沟通的父母始终平等地对待他,尊重他的独立人格,尊重他的选择和爱好,尊重他的思想和见解。对于成长,这很重要。

掩卷返思,我脑海中挥之不去的是子昂孩提时的身影,仿佛以数倍于光速的速度行走之后,男孩竟一下子长大了,这或者正是"逆行"激发了生命潜在的力量。

(轶冰)

» 宁愿自己的孩子平庸

我和子昂的父母相识多年,子昂也从我印象中初识的那个3岁稚童渐渐成长为一个掩不住耀眼光芒的优秀少年,他取得的成绩可能让很多孩子和家长羡慕。不过,我看到的更多是子昂的荣耀背后,他这个年纪不该承受的成功之重,他每天都忙得昏天暗地,就像一只停不下来的陀螺,一直旋转、旋转……

我也是一个母亲,也曾经教导自己的孩子把子昂哥哥当成榜

四 帮助孩子接纳自己

样,但是现在,我感到了纠结、惶惑和一些犹豫。我也愿我的儿子能够考上名校,能够有着美好的前程。可是如果这要用牺牲睡眠、透支体力去换取,那么我宁愿自己的孩子平庸,虽然这个说法显得有点不负责任。

天下的父母都希望孩子好学上进,父母在对孩子的教育之中包含的对自己人生的期许难以计量。当孩子还在腹中孕育时,当时父母的全部盼望不过是孩子健康就好,然而,当孩子一天天地长大,父母期许的分量便随之一天天重起来,最初那简单的愿望大概早就被丢到爪哇国去了。在潜移默化中,父母把自己对人生的看法和对成功的理解传递给孩子,因为我们的成功教育都是要求孩子好学奋进,课业成绩要好,参加活动要多,性格要开朗,交友要广泛……恨不得他们能锻造成金刚不败之身。

但是,人生说长不长,说短也不短,它不是50米、100米赛跑,也不是一场马拉松,它就是一段旅程。在这段旅程中,干好一件事都不容易,更遑论事事周全。年轻的时候体力好,可以健步如飞,也不耽误赏花看鸟,可是,体力再好也会累,累的时候就要歇息。一路上看到的好花很多,每一朵都想摘,只怕捡了这朵丢了那朵。所以,人生的旅途其实就是欣赏和取舍的过程,有的花可以摘下来别在胸襟,有的花看看就罢了。到了夜晚就要停下脚步歇一歇,看看星星,望望月亮,然后香甜一梦,这样,明天才能走更艰苦的路。

我想,对于子昂而言,《逆行》只是对以往十几年岁月的一个回顾和总结,他的人生路才刚刚开始,在以后的人生旅程中,还有更美的风景在等待他去欣赏,还有更多的果实等待他去采撷。无论怎样,我都希望他能轻装前进,这样才能够走得更远、飞得更高。

(田昕)

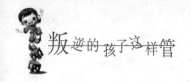

》自古英雄出少年

说实话,我从来都非常重视年轻人写的书。因为,今天的年轻人代表着中国的未来,读懂了他们,就可以在某种意义上预见中国的未来,毕竟中国的前途和未来归根到底是属于年轻人的。在读《逆行》这本书时,我没有不以为然,没有轻视,没有以过来人自居,我在用心读,尽量深地体味今天的年轻人的心。

我特意翻看了40年前17岁的我写的全部日记,虽然年代不同,但年轻人处于逆反时期的思想状态还是有着惊人的相似。我隐约感觉到,只有用我17岁时的眼光,才能读懂今天17岁的年轻人。

张子昂的书是对自己3年青春期思想变化的回忆,其中集中回忆的是他休学后的感受。他从自己14岁时的一个决定写起,在一次酒后,他告诉惊愕的父母自己决定休学,从此再也不上学了。他不是一个学习困难的孩子,恰恰相反,他是计算机、写作、英语、吉他、足球、唱歌和厨艺等样样出色的孩子。高一时的张子昂有时每天只睡两个小时,他不仅忙于学业,还对学习委员的公职非常用心。由于有电脑特长,班上老师的所有课件也都交给子昂完成。学习、工作、工作、学习……终于,学习成绩出色、工作井井有条的张子昂不想上学了。

读这本书,最让我感动的是他父母的民主和宽容,甚至宽容到同意他休学,而张子昂真的就从此休学了。

现代心理学告诉我们,年轻人在14岁到18岁的时候,在情绪激荡的青春期,常常喜欢作出让人意外的异想天开的惊人决定。

休学后的张子昂早睡早起;三餐定时,作息规律;自学厨艺;锻炼身体;自学学校里的课程;练习吉他,陶冶情操;猛背单词,

四 帮助孩子接纳自己

自学法语；最重要的是——他想做一个年轻有为的写手。而在他休学期间，他焦急的父母遍访教育家和心理工作者，寻找应对的办法。

当然，张子昂的休学生活也遇到了巨大的挑战，那就是孤独。远离熟悉的校园和同学，张子昂变得形单影只。白天他不敢出门，怕遭遇邻居异样的眼光，假日不敢串亲戚，怕长辈们的过问和指责。当理想和现实碰撞之后，在家休学一个月的张子昂开始思索：我是不是应该回去上学了？

张子昂的休学生活只维持了一个月，当他再次投入到火热的学校生活时，他对其有了新的认识。《逆行》给人最大的感受是，应当尊重孩子的选择，让他们在人生的关键时刻，自己去挑战生活。

我在16岁的时候，面临初中毕业，当时我身患肾炎，乖乖地吃了8年中药，长期免修体育课，被北京肾病专家判定为终生不能工作。马上要去干校劳动的母亲为我毕业的事非常着急，甚至有些不知所措。万般无奈之下，母亲和我商量，如果我实在想工作，可以到机关居委会同那些家庭妇女们一起糊火柴盒。那一刻，我作了自己一生中最大的反抗和选择：我不去糊火柴盒，我要参加学校分配，我要工作。母亲惊呆了，然后默默地同意了。

母亲到干校半年以后，得知儿子分配在北京的一家五金厂工作。一年后，母亲得知儿子的肾炎化验指标一切合格。两年以后，母亲在这家工厂先进生产者的光荣榜上，看见了儿子的大照片。据老师傅们讲，母亲在那个光荣榜前徘徊了很久。

在那家工厂，我干着非常繁重的体力劳动，先后当过6个车间的车间主任，当过厂团支部书记、民兵营长、文艺宣传队队长，而我工厂的年轻同事们中的许多人至今都不知道我当时身体的真实状况。

写这些是要说明，父母要学会尊重孩子的选择，哪怕这个选择是异想天开的。因为，孩子自己的选择往往会成为他们生活中的巨大动力。可惜，如今多数父母喜欢把自己的意志强加给孩子，喜欢用自己的选择代替孩子的选择。学会尊重孩子的选择，需要极大勇气！而这勇气来自于对孩子的充分信任。父母的信任是扛起孩子人生的巨大肩膀，在失败和成功的两难选择面前，父母要敢于让孩子放手一搏。人生能有几回搏？要相信，自古英雄出少年！

（顾雪林）

职业规划很关键

无论是作为学校心理辅导教师，还是全球500强企业心理顾问和职业规划师，张丽珊老师都为张子昂"逆行"之后的回归而由衷高兴，因为没有科学职业生涯规划的退学无疑是盲目的。她是这样分析的：

学习成绩好、全面发展、被老师赏识的学生为什么会退学？子昂的选择可能挑战了许多读者的想象极限，一个成长中的孩子误将压力解读为学校教育的缺陷，认为离开了学校就可以快速走上更好的人生之路，而现实生活给了他不同的答案。一般说来，离开了学校的孩子需要面对更多更复杂的困难，他们成长的难度系数大大增加。

子昂的经历让我想到山东高三女生胡悦。她上高中以来，一直是年级前十名，去年3月，她第一次综合月考成绩不太好，才467分，老师的一句话——"未来高考成绩将和第一次月考的成绩一样"彻底击垮了她，她从此不再上学。

四 帮助孩子接纳自己

我见到胡悦时,她已经将近两个月没有到校,她看过心理医生,吃着抗抑郁的药,接受过心理学教授的心理辅导,知道自己的"自我劣能感"太强,需要坦然接纳自己……但这些都不是回学校的理由。她看到我的《与厌学孩子的心灵对话》后告诉父母,她一定要到天津和我聊聊。

我们的话题由职业生涯展开,胡悦非常健谈,她说未来要当生化专业的科学家,为人类造福。同时,她告诉我,她最喜欢英语,最大的嗜好是看英文原版电影,还喜欢闲适的生活,希望自己未来能够走遍全世界……"你觉得生化专业能够给你带来这样的生活吗?"我问道,她顿时说不出话来。

我告诉她英语专业可以帮助她实现这样生活状态。本科学英语"进可攻,退可守",如果在大学期间发现自己有更喜欢的专业,可以跨专业考研究生,英语免试无疑降低了太多的难度;如果想出国深造,没有了语言障碍;如果想工作,英语专业八级则是非常有力的职业通行证……

胡悦跃跃欲试了,但随即她又担心了:"丽珊老师,我的成绩考不上名牌大学,这个理想可以实现吗?"

"这正是英语专业的美妙所在,无论你是哪个大学毕业的,只要过了专业八级,就'英雄不问出处'。当然了,专业八级并不好过,升入大学之后,你必须保持积极的学习态度……将高考的压力分解到几个阶段,你觉得如何?"

胡悦脸上的笑容越来越灿烂,我们的交谈由远及近,由宏观到微观,我们共同细化学科分数,讨论了考试技巧……2009年高考,胡悦没有任何精神负担地步入考场,如愿考入北京外国语大学,在职业生涯道路上迈出了坚实的第一步。

心航路中国大教育网多年来接待了大量来自全国的成绩优秀却决意要离开学校或放弃高考的学生，对他们心理成因的统计显示：前途迷茫的占46.1%、人际交往不善的占39.9%、成绩下滑产生无力感的占72.5%、陷入深度恋情的占32.5%（许多学生是多成因）。由此可见，老师和家长也应该关注成绩优秀的学生的心理健康。

这些成绩优秀学生的心理特点是认知水平高、敏感、自我期待高、成就动机强等，但同时他们也不可避免地有缺点，比如追求完美、抗挫折能力差、自我中心、比较固执等。

今年，我已经接待了很多自发"组团"、接受团体职业生涯规划的高三学生，他们说："我们学习了12年，如果草率地填报大学志愿是对自己最大的不负责任。"有的学生发现职业测评软件给出的报告个性化不足，于是，几个彼此熟悉的好朋友一起与职业生涯规划师进行交流，自我介绍，朋友互相补充，让职业生涯规划师全面把握，从未来从事的职业入手，倒推出大学和大学专业的选择以及所需要的分数，再具体到提高成绩的方案制订。学生们充满自信地说："我们现在可以胸有成竹地复习，目标明确地冲刺了，终有一天，我们会笑对高考，收获丰硕的果实。"

四 帮助孩子接纳自己

杰出青少年的七个习惯

20年前,在全球的商界人士中流传着一本被誉为圣经宝典的书——《高效能人士的七个习惯》。该书一直稳居《纽约时报》、《华尔街日报》、亚马逊书店、中国各大书店销售排行榜前列,其作者史蒂芬·柯维博士曾是入选影响美国历史进程的25位人物之一,被美国《时代周刊》誉为"思想巨匠"、"人类潜能的导师"。

20年后,肖恩·柯维延续了其父史蒂芬·柯维的惊世智慧,写出了给青少年的成长哲理书《杰出青少年的七个习惯》。这本书不但被认为是美国青少年的必读书,而且风靡120个国家,全球销售超过300万册。透过记者对肖恩·柯维的采访,我们可以领悟到培养起孩子的好习惯,对于孩子一生的成长是多么的重要。

我是"七个习惯"的最好见证

记者: 您十分强调习惯的重要性。您在书中说,"习惯,不是成就你,就是毁了你",习惯真的有那么大的影响力吗?习惯在我们的人生中占据怎样的位置?

柯维: 事实上,习惯不是我们感性认为的行为方式和惯性,习惯是原则,而原则决定行为的结果。不是好习惯,那就是坏习惯,两者背道而驰。当然,习惯有很多种,我们特别强调的七个习惯确实会或好或坏地改变一个人。青少年如果在今天认真践行七种习惯,那么最终将会成就优秀的品格。

习惯在我们生活中扮演着重要的角色,由于我们不断重复着这

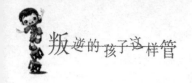

些习惯，我坚信他们足以造就或者毁灭一个人。习惯对于我们的工作、人际交往甚至日常生活都意义重大。养成良好的习惯是美好生活的关键。

记者：您在成长的过程中遇到最大的困难是什么？最大的遗憾又是什么？

柯维：我想，在成长的路上，初中阶段（12岁到14岁）是我面对的最为艰难的时期。那个时候我不知道自己能够做什么。我觉得自己脑子太笨，过于肥胖，根本没什么朋友……这些都让我极度自卑。那时我一直在努力寻找自己的位置，挖掘真正的自我，发掘什么是我擅长的。我花了整整一年的时间来弄明白这些事。在经历了痛苦的七年级之后，我度过了一个非常快乐、富有成效的八年级。但是这对我来说，实在是一个艰难的过渡期。

谈到遗憾，那就是没能在中学做更多的事情。我希望在中学时能参与更多的体育运动，有更加丰富多彩的课外活动。大部分时间我只和一两个人来往。真希望那时候的我能扩大自己的生活圈而非局限于自我。

记者：您有这样一个了不起的父亲，会不会有压力？您有很优越的先天优势和条件，您认为您的成功会比其他人来得更容易吗？

柯维：我从未因父亲而感受到压力，他对自己所追求的生活有明确的认识，他的言传身教深深影响了我。

我们见过很多出身显赫的人，决定是否成功的关键在个人。我坚信，成功生活的关键在于选择，我做出让我成功的选择永远不会那么简单，而且它也从未简单过。

记者：您父亲是否是按照他提出的七个习惯来培养您？在成长过程中，您是否对父亲的教育产生过逆反心理？您认为最难养成的

四　帮助孩子接纳自己

是哪个习惯?

柯维: 在我们的成长时期,父亲用他的七个习惯来教导我们。我并非每时每刻都严格遵守那些规则,但我一直尽最大的努力去实践它们。在教育方面,父亲并不会苛责我们。父亲向来做事目的明确,他一直是按照"七个习惯"来教育我们的,但绝不会苛求。

在所有的习惯中,我最难养成的习惯是第三个——首先从最重要的事情着手。我很苦恼,如何在日常生活中找出最重要的事情来优先排序。人们常常问我,是否觉得自己像是父亲实验室中的小白鼠,事实上我从来没这么想过,我们兄弟姐妹中的任何人都不会有这种想法。

由于拥有一个宽松的家庭氛围,我们总是开心说笑,就像从未出现过叛逆。我们是一个充满欢乐的家庭,大家共同度过了许多难忘的美好时光。妈妈和爸爸总是言传身教,给儿女们树立良好榜样。我们都曾经犯过错误,但总的来说,一家人关系融洽、和睦安康。每当回想起童年时代的幸福时光,我总是心怀感激。

记者: 您的女儿是否也是"七个习惯"的实践者?

柯维: 我有两个女儿,一个17岁,一个14岁,她们都很棒。我已经按照"七个习惯"来教育他们。和父亲一样,我会使用比较温和的方式。她们都阅读过这本书,我们会谈论书中的部分内容,也不会太多。主要是让她们树立积极的生活态度:"你要管理好自己的情绪,设定目标,学会与人相处的方式以及处理问题的方法,等等"。她们已经积累了很多经验,而我也不会过多谈论这个话题,更多的时候,我是以行动来进行教育的。

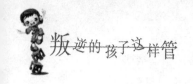

» 最重要的是找到自己的声音

记者： 您说，"当今世界，做一个十几岁的孩子比以前要难得多"、"青少年的生活不再优哉游哉了，生活就像野蛮丛林"，那么，现在的青少年面临着怎样的困境？"七个习惯"还能够适应这种变化吗？是不是会出现"八个习惯""十八个习惯"的可能？现在的青少年最害怕什么？青少年应该做的最重要的事情是什么？

柯维： 在我写我最新的一本书——《青少年最重要的6个决定》之前，我从全世界的角度审视了青少年，我询问他们面对的最大挑战是什么。我惊讶地发现，对于青少年来说，最大挑战竟是学校。在学校，青少年的紧张感来自分数的压力、激烈的竞争、对于未来的不确定性等多个方面。

在北京访问期间，我曾问过一位校长："在当今的中国，什么是青少年面临的最沉重的压力和最大的挑战？"他说："学校！学校的压力对于青少年未来的安定和幸福是有好处的。"

一个十几岁的青少年应该做的最重要的事情是找到自己的声音，表达自己的真实感情，而且写一份人生规划书。应该先弄清楚你的特长，你想要去的地方，将来你想要成为谁，这是做所有决定的基础。

"七个习惯"是原则，它们是全世界的、永恒的、客观存在的。"七个习惯"过去适用、现在适用也将永远适用。你可能会增加你自己的习惯，但是这"七个习惯"是创造效率生活的基石。

记者： 青少年大都有成长的叛逆期，这个时期的人表现得都比较自我、固执。在这个时期做出的任何事情，在他本人看来都是正确的。作为青少年的教师和父母，该怎么做才能让孩子心悦诚服而

四 帮助孩子接纳自己

不至于走向歧途?

柯维: 我相信,如果孩子相信并尊重你,那么他就会听从你的意见。你可以通过与之沟通和信守承诺来获取信任和尊重。

记者: 现在的年轻人对于成功的艺术很好奇,所有的学生都想成功。在您的心目中,什么才是成功?

柯维: 有时,我们在成功的阶梯上攀爬,我们想,这就是成功,这就是我在生活中所要追求的成功。你不停地往上爬,爬到了梯子的顶端,却发现梯子放错了位置,那堵墙不是你要爬的。生活就是要处理好各种关系,要让自己坚强。没有哪个临终的人希望自己的大部分时间是在办公室里度过的。他们总是想要花多一点时间和他们所爱的人在一起。所以,当你在成功的阶梯上攀爬时,一定不要忽视那些对你来说很重要的人,比如你的家人,你的朋友,和其他对你来说很重要的人。

所以在我的心目中,你所拥有的或不曾拥有的最大的成功来自你的家庭。我想,生活中没有哪一种成功能弥补你家庭生活的失败。所以,我认为,扮演好儿子或女儿,父亲或母亲这些角色,是你生活中最重要的活动;其次,成功是要倾听你自己的心声,知道你真正擅长的事情,你的激情所在和你喜欢做的事情,然后去做这些事。所以,成功首先来自家庭,然后是要找到你自己想做的事情。成功与钱无关,与声望无关。其实,这也是所有走过来的人最终体会到的真实。

▶ 双赢的想法是一种思维习惯

记者: 您在书中将成功分成了两类,个人的成功和公共领域的成功。您认为哪一个更困难?为什么?

柯维：我认为两者都相当困难，只是先后顺序不同。通常，人们在处理好自己的问题之前，就试图解决人际关系问题。事实上，只有获得了个人的成功，才有可能达到公共领域的成功。一个人不需要尽善尽美，但要首先实现自我的成功，然后才能拥有良好的社会关系，体现自己的社会价值。因此，这个顺序很重要。

关系问题就像一棵大树，当一棵树生了病，人们会修理枝叶，却忘记了加固树根。树根其实代表着个人的成功。每个人都要确定目标，明确人生的方向，首先从最重要的事情着手，努力去拼搏和践行。尽管非常困难，但要学会耐心倾听，学会与他人合作，以诚信为本，运用双赢理念，从而达到个人的成功，实现自己的价值。

记者：在中国，青少年面临着巨大的升学压力，他们不得不为能够考取一所理想的大学而拼命学习。在书中您说："生活不是在竞争，生活是一项团体运动……我们应该想的是双赢。"我们如何能让孩子们在残酷的竞争中明白这一点？因为现实往往会给他们树立相反的例子。

柯维：其实竞争不见得就是一件坏事情，它就像一把双刃剑，当竞争使得我们向更好的方向努力的时候，它就是一件好事。北京能够举行奥运会，这就是良性竞争的结果。竞争带来了许多好处：贸易往来增多，经济更加繁荣。因此竞争在商业中是必不可少的。但是，当我们采用诽谤等不正当的方式来打败其他公司，以抬升自己公司的价值的时候，竞争就变味了。

当你试图通过贬低他人来体现自己的价值，或者认为自己比别人差的时候，竞争就是糟糕的。在一个团队里，没有谁比谁更重要。首先我们要认识到，大家是平等的，每个人都拥有独特的价值和无限的潜力。当然，我们不是提倡完全放弃竞争，而是强调不应

四 帮助孩子接纳自己

该以恶性的方式来竞争,不应该对自己的朋友说"我比你优秀或者我比你差劲"这一类的话。

记者: 您在书中列举了实现双赢过程中的两个恶魔:竞争和攀比。您同时承认同自己竞争的必要性,以及将竞争与获胜联系在一起时候的危险。这种想法是否过于理想,因为现实中很难进行操作。

柯维: 我再一次强调,竞争并非一定是恶性的。当你希望通过努力获得更高的分数或更强的运动能力时,超越过去,这时候竞争就是必备良药。你可以设定目标,超越他人,但是你不能耍阴谋诡计或者希望他们生病。

你不会为了获得老师更多的注意而跟朋友竞争,也不会和朋友攀比谁走在潮流的前沿,但是你必然会为了一个好的分数、一所顶尖大学而竞争。

无论何时,把双方的利益放在首位才是最好的解决方法。事实证明,不管是在商务贸易中还是在学校里,如果坚持双赢理念,你都会找到更加有效的应对策略。如果坚持双赢理念,你最终将获得更大的成功,拥有更为健康的人际关系。

记者: 您将双赢的理念比喻成"生活就像一顿各取所需的自助餐",这是一个美好的比喻。但在中国,生活往往是这样的,自助餐的数量有限,先到先得,恶性竞争似乎不可避免。

柯维: 那些急他人之所急、想他人之所想的人,最终的收获会更为丰厚。那些关心他人的成功多过自己的人,会拥有更多朋友、财富和幸福,达到更高的成就。

只考虑自己的人可能会在生活的某一些领域小有成绩,他们可能成为富有的人,可能会得到某种荣誉,但是最终他们也将失去朋友和快乐,走向失败。同样地,如果一个人只会一味牺牲、屈从他

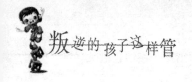

人、缺乏自信、不会展示自己，那么也将遭受悲惨的结局。

» 改善与至亲的关系

记者：您认为"我们单方面强调了父母对孩子的主动性理解，忽视了未成年人对父母、对周遭世界的反向反应和理解"。您能否介绍一下在美国父母与子女的关系如何？稳固父母与子女间关系的最有效的方法是什么？

柯维：父母和孩子之间会存在沟通危机（代沟）。他们交流得太少，我认为这足以毁灭父母和孩子的关系。倾听是改善你和孩子之间关系最有效的方法，它是双方面的：当孩子真正用心去倾听父母的话语，而父母真正耐心倾听孩子们的心声时，相互的理解和尊重将会融入良好的家庭关系。

记者：在您的成长过程中，您和父亲的关系都很好吗？

柯维：父亲在我的一生中对我影响很大。他是个很繁忙的管理人员，经常不停地奔走在世界各地。但是他总是会挤出时间去现场看我的橄榄球比赛。每当我有比赛的时候，他都会围绕这个比赛进行自己的日程安排。这是在告诉我：我对他来说很重要。

读高中的时候，我有时会很反抗，有时会令他觉得很奇怪，有时觉得他令我感到难堪，但是我一直很尊重他，我们的关系很好。当我决定踢球的时候，他很支持我。所以，对于父母，我想说，看看你的孩子喜欢做什么，支持他们，不管你喜欢与否，当你的孩子对某件事情表现出激情时，你要全力支持他。父母要与孩子维持好亲密的关系，孩子也要与父母保持亲密，因为这是你一生中拥有的最美好的事物。

与父母保持亲密的关系，要与父母商量，你才会作出正确的决

四 帮助孩子接纳自己

定。我年轻的时候,一位智者曾这样告诉我:肖恩,如果每当你要作出重要的人生决定时,都征求你父母的意见,这个决定可能是关于你要成为一个什么样的人、你的职业、你的婚姻,你就不会作出错误的决定了。我心里想,这是个很好的建议,我也一直遵循着这个建议。这个建议让我受益一生。

记者:您书中的很多例子都带有明显的"美国特色"。您觉得成长环境和价值观的差异会不会成为中国青少年应用这本书的障碍?中国的青少年大多数是独生子女,您对中国的青少年阅读这本书有什么建议吗?

柯维:我这本书包含许多事例,它们大多数来自美国,但也有许多来自其他国家和民族。以我的经验,全世界的青少年具有很多相似之处。当然会有不同,但我注意到,他们的相同点比我们想象的要多。书中谈到的是全世界的青少年,全世界的青少年都会有相同的话题:和朋友的话题,和父母的话题;关于约会、性和药物,等等。他们生活的环境会有差异,但是面临的竞争是相同的。我认为,这本书谈到的青少年所面临的挑战和解决问题的原则是具有世界性、普遍性的。这本书将会在中国得到广泛认可。我想对于中国青少年,它非常实用,而且他们将会发现它的价值所在。

[相关链接] 杰出青少年的七个习惯

习惯一:积极处世,对自己的生活负责。

习惯二:先定目标后有行动,确认你的使命和生活目标。

习惯三:重要的事情要先做,排出优先顺序,首先做最重要的事情。

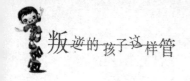

习惯四：双赢的想法，抱着人人都能成功的态度。

习惯五：先理解别人，再争取让别人理解自己。真心诚意地倾听。

习惯六：协作增效，协同工作，成就更好的业绩。

习惯七：磨刀不误砍柴工，定期让自己得到休整和充电。

习惯一、二、三是自我完善，可称之为"个人的成功"。习惯四、五、六涉及感情关系和团队工作，可称之为"公众领域中的成功"。在成为称职的团队一分子之前，你必须首先完善自己的个人行为。而习惯七则是让自己得到休整恢复的习惯，它支持着其他六个习惯。

五 把幸福密码还给孩子

长大并不是一件残酷的事情，这个过程需要的不是成年人粗暴的干涉，而是爱护、同情和体谅，需要一点设身处地的思考，并引领孩子在青春的岁月中获得幸福和快乐。毕竟，在最好的年纪、最好的岁月，应该去做最有意义的事。

　　教育，必须保护孩子们心灵中巨大的、无可比拟的精神财富——欢乐和幸福。一旦孩子遭遇挫折，我们就应当记住：在我们面前的人是孩子，首先应让他平静、安宁，帮他解除痛苦、不安和忧虑，然后给孩子带来生活的欢乐。这就是说，孩子没有生活的负担。假如我们的孩子都能以乐观的情绪去看世界，假如他周围生活中的每一种现象都能向他展现出美丽、精细、柔弱、温和的色彩的话，他就会易于接受教育，就会贪婪地聆听你的每一句话。"为了幸福"的教育就是将学生导入"幸福之道"，进而让他们自由地走出自己的"幸福之路"。

五 把幸福密码还给孩子

幸福观教育缺失带来的后果

案例一：他两岁学会了1000多个字，4岁掌握了初中文化，小学只上了二年级和六年级，8岁就跳到县属重点中学，也跳过了他的童年，13岁以高分考进湖南湘潭大学物理系。4年后，他又以总分第二的成绩考入中科院高能物理所，开始硕博连读。但是由于离开了母亲的照顾，他无法安排自己的学习和生活，2003年他从中科院肄业回到了老家。如今，21岁的魏永康已经回家一年了，仍无所事事。永康妈妈知道是自己的教育导致了这样的结果。永康和妈妈之间矛盾不断，他甚至说他恨妈妈。

案例二：2004年10月21日，《辽沈晚报》第十版报道：一个14岁男孩突然从自家6楼跳下，摔成截瘫。

案例三：她，鞍山市某中学初三的学生，每天早晨六点起床，6点半到学校上课学习，晚上9点半放学，10点钟洗漱完毕后，开始做各科老师留下的作业。学生自己说每天迷迷糊糊地上学，迷迷糊糊地回家，不知道一天都干了些啥，只是一天又一天机械地生活。

想一想，每个孩子在上学前都梦想背着书包上学堂的自由和幸福，然而步入学校几个月或几年后，一个个童真、顽皮、快乐的孩子就变得木讷、偏激、麻木了。生命为什么存在？生命怎样存在？说到底，所谓活着的无穷的乐趣，即，追求幸福的快乐与逃离痛苦的快乐的双重内趋力，是所有生命得以延续的重要理由和不竭源泉。然而，当今青少年学生自杀、杀人的行为频发，见诸报端，许多成绩优秀的孩子生活不能自理，恰恰是我们的教育脱离现实的生活,使孩子在成长中、在学习中没有建立起正确的幸福观导致的必然结果,一个个原本鲜活的生命,远离亲人;一个个辛苦养大的孩子,逃避社会责任,不敢面对真实的生活,这都是教育的功能偏离教育的航向的必然结果。

繁重的作业,尖刻的语言,家长老师的高期望值,压得孩子喘不过气来,每天在学校动辄被打、被骂……自尊心无数次的挫伤乃至毁灭使孩子找不到生命的乐趣;每周仅有的两天假期也被老师和父母所期望的补习班安排得满满的,艺术课、舞蹈课、数学课、语文课的补习都残害着孩子的自尊和自信;自孩子懂事开始,幼小的心灵中涤荡着的声音就只是:学习、成绩、名次、补课、过级……

这些让他们充实脑袋却又令他们讨厌的东西都是老师和家长的心理期望,而不是孩子自己的选择。孩子需要追求,需要学习,但更需要自己的选择,更需要自由和宽松的环境,更需要得到学习和生活的乐趣,然而今天的孩子幸福感的缺失,就很可能造成他们活着不如死了好的念头。

回忆起自己的学生时代:"总是伴随着初升的太阳去上学,那冉冉升起的红日曾给我无限遐想;也曾记得踏着夕阳回家的感觉,晚霞的余晖映衬大地的壮观。那个时代,老师是宽容的,虽然他们大多不是师范毕业的;那个时代的孩子是幸福的,因为他们不会面对层出不穷并漏洞百出的练习册;那个时代的物质是匮乏的,一件新衣服、一个文具盒,可以让人企盼几个月,这种来之不易又弥足珍贵的幸福感也会保留很长时间,弥漫到今天的生活中,仍感觉幸福无时不在。儿时的淘气,同学之间的玩耍,现在回想起来都是令人惬意的。"

而今天的孩子们,太阳还没有出来就已经来到了学校,太阳下

五 把幸福密码还给孩子

山后,还不知何时能回家;白天被关在学校里背书做题,下课后走廊里又不许出声;操场乃弹丸之地,几千孩子在一起嬉戏转身都费劲,更无从说疯跑;放学时,父母接送;回家后,被锁定在写字台前,不准乱动;老师的作业、父母的作业、做不完的作业,完不成的理想,头悬梁锥刺骨的教诲,都使学习变得痛苦而无聊。如同监狱般的生活,使孩子们没有幸福感,也就没有活着的勇气和希望,甚至会变得冷漠麻木,再加上老师的体罚家长的打骂,他们幼小的身体和弱小的心灵都不堪学习之重和期望之重,因而会渐渐走向毁灭、自闭、自杀甚至杀人的道路。

是谁摧残了一个个花季少年?其实每个孩子都不想死,都不想犯罪,都想让父母自豪,然而,由于我们的教育脱离了生活,远离了幸福。偏执、功利和虚荣,所有这些恶性事件的背后,都是家长和老师没有给孩子宽容的环境,没有让孩子建立起正确的幸福观。当孩子的磨难——心灵和身体的痛苦超过了孩子承载能力时,孩子就会走向反面。因此关照青少年心灵的成长,建立科学的真实的幸福观,让各年龄段该有的乐与痛回归到各个孩子的每一天,才是今天家庭、学校和社会的教育应该努力实现的。让孩子健康快乐地成长,既不是主张享乐主义,也不是只顾大人的感受,而是重视孩子的想法、选择、爱好和追求,即应该让每个孩子拥有生活的情趣,享受到成功的喜悦,体验到突破困境的快乐,在能承载的挫折限度内,每天去感受生活的新奇与喜悦,让孩子爱自己、爱生活、爱他所爱的人和被他人所爱,让幸福感在生命中涤荡,让正确的幸福观成为他人生支持的一种力量,这样,真善美的教育才会实现。

(辽宁省青少年研究会 孙浩哲)

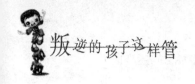

你具备感知幸福的能力吗?

无论富有或是贫穷,身体健全或是残疾,我们每个人都可以拥有幸福,关键是你具备感知幸福的能力吗?在这物质生活得到极大提高的时代里,许多人追求幸福的那份心渐渐地迷失了。正像日本一位贫穷却积极乐观的农村老妪所说:"其实幸福不过取决于你对待生活的心态而已。"

让指针向幸福这一侧倾斜

安徒生有篇童话,讲一个老头子在集市上怎么用一匹很好的马和别人做交易:先是用马换来一头牛,接着用牛换来一只羊,后来又用羊换来鹅……换来换去,最后换来一袋烂苹果!可是不管他换什么,老头子总觉得他换的东西对他家有用,可以给老婆子带来快乐。在旁人看来,这无疑是件蠢事,所以两个有钱的英国人愿意和他打赌——看看老头子回家后他的妻子反应如何。结果令两个英国人大跌眼镜的是——老婆子竟然给老头子一个吻,以示对他的"聪明举动"大加赞赏!两个英国人虽然输了一桶金币,但他们认为值得:"老是走下坡路,却老是快乐。这件事本身就值钱。"

当一个故事已经被讲了千百遍的时候,它一定具有某些值得讲的东西。我觉得故事中的老头子比我们一般人都懂得幸福,因为他懂得衡量快乐用的不是称斤论两,而是内心的感受和体验,不管怎样,只要快乐,你就拥有着最珍贵的财富。他懂得不同的东西有不同的意义和不同的价值,他提醒我们失去大的东西时不要念念不

五 把幸福密码还给孩子

忘,重要的是要能看得见眼前小的东西的价值,因为如果不这样,你就会郁闷,接着就会苦恼,进而感到绝望,结果连最基本的幸福也得不到。老婆子和老头子一样懂得幸福,她用相守一生的爱情过滤老头子的言行举止,兴致勃勃地接纳他纯真质朴的错误。老两口之间彼此的关怀、信任、欣赏、接纳和宽容,不仅为他们赢得了一桶满满的金币,更重要的是让他们整个身心都溢满了幸福。

像老头子和老婆子这样深谙幸福真谛的智慧老人,不仅在童话中有,现实生活中也比比皆是,《佐贺的超级阿嬷》一书中的阿嬷(外婆)便是其中的一位。

在日本战败后那段物质极度匮乏的日子里,这位超级阿嬷以信念和智慧精心料理生活,虽身处困境却依然能够满怀生命的热情去承受、去创造、去真心展露笑容。她用种种神奇的办法收集着快乐,不仅让简单的生活充满温暖和光亮,还教会外孙懂得了快乐人生的真正含义和计算幸福的窍门。长大后的外孙成了日本的喜剧泰斗和作家,他时常听到生活在物质丰富时代的人们牢骚满腹,怨天尤人,甚至无病呻吟,他想到了在艰难的年月里却生活得很灿烂的阿嬷,并强烈地想让大家知道阿嬷的事迹,希望大家多多汲取她的精神和智慧,以拥有幸福快乐的人生。

博尔赫斯说:"我们并不相信幸福,这是我们时代最大的悲哀。"相信幸福,是因为对生活、对世界、对未来充满期待和梦想;相信幸福,也是相信自己,相信别人,相信爱和正义……正如有些人说的那样,生活就像一面镜子,你从中看到的东西常常是你心态的映照:假如你的心态是暗淡的,那生活在你眼里就会是灰蒙蒙的;假如你的心态是晴朗的,那生活在你眼里就充满阳光。日常生活中处处都隐匿着快乐和幸福,而缺少的是发现它们的眼睛。

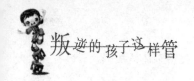
叛逆的孩子这样管

人生有幸福也有苦难,从某种角度说,是我们太注重去警觉苦难,而往往忽视提醒幸福。毕淑敏说:"如果把人生的苦难和幸福分置于天平两端,苦难体积庞大,幸福可能只是一块小小的矿石。但指针一定要向幸福这一侧倾斜,因为它有生命的黄金。"

当今是个科技、媒体、信息发达的时代,时尚热点和流行信息日新月异,技术更新的周期愈来愈短,生存竞争愈来愈激烈。面对这样一个喧嚣嘈杂、瞬息万变的社会,许多父母和老师常常把焦虑和压力投射到孩子身上,鞭策他们学习各种知识和技能,以便比同龄人更优秀,从而取得更具有优势的地位,或者说更具竞争力。但是,什么是竞争力呢?是赢得我们从小就习惯的那种"我比你强"、"我是第一"等单项能力的角力战吗?殊不知在这样的竞争中,有时我们太在意赢,以至于忘了思考我们要付出的是什么代价,往往赢到的是可有可无的,却赔了无价的财富。在这样的过程中,孩子失去了与世界交流幸福的机会,最后变得对人不感激,对物不珍惜,对己不尽心,对事不尽责,根本不知道什么会让自己幸福。

"帮助学生塑造性格是教育者最伟大的任务。"德国教育家马丁·布伯这样提醒教育者。面对竞争激烈和变化不定的社会环境,孩子尤其需要那些看似老生常谈却是生命中恒久不变的人格特质来塑造自己,如信念、勇气、爱心、努力、责任等,使他们即便是面对充满诱惑和未知的现实生活,也能够从容应对,踏稳成长的每一个脚步。

给孩子感知幸福的教育

9年前,昕刚大学毕业当老师的时候,还是个学生样,衣着朴素,口袋里的钱零零散散加起来不超过100元,不挑剔,不张扬,

五 把幸福密码还给孩子

有着简单的快乐。

因为教语文，昕每周都要看学生们写的随笔。日记里记下了孩子们生活的点点滴滴：有的学生在假期里跟家长到国外旅游；有的去体育馆看了某某明星的演唱会；有的过生日收到了令人羡慕的礼物等。每每看到这些，昕都不禁感叹，现在的生活水平真是提高了，学生们的见识甚至比我这个老师多得多，这是多么令人羡慕啊！可是，学生们的笔下并没有洋溢着喜悦，相反，他们常常跟昕说："老师，真没意思。"为什么？他们还有什么不满足？还有什么不幸福？

在《佐贺的超级阿嬷》书中讲到，二战结束后，年仅8岁的昭广被母亲寄养在佐贺乡下的阿嬷（外婆）家，贫穷成了他们面临的最大问题。昭广很喜欢运动，但阿嬷没有能力购买运动用品，因此建议昭广练习不花钱的跑步。此后，昭广竟然每年都成为运动会上的赛跑明星。然而，昭广虽然在运动方面很有天赋，但是学习成绩不太好。阿嬷便对昭广说："虽然每门功课都只是1分、2分，加起来就变成5分了……人生就是总和力。"

为了维持生活，阿嬷会在河中放一根木头，拦截上游流下来的食物，并把它称作"超级市场"，昭广和阿嬷每次都会因为这些意外的收获而欢呼雀跃。

作者在前言中说道："在和阿嬷相依为命的日子里，懂得了幸福的真正含义。"这也正是许多人看完这本书后最想说的话。阿嬷说："幸福不是金钱左右的，而是取决于你的心态。"是的，心态是最重要的。现在的孩子如果要运动，那必有耐克、阿迪达斯等名牌装备；如果说想吃什么，父母会马上想尽办法满足。家里的一切都围绕着孩子转，孩子是"皇帝"，父母是忠心耿耿的"臣仆"。

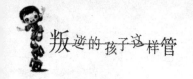

然而,孩子们却说自己并不幸福。

我们的父辈,甚至我们自己都常常用小时候的生活去教育现在的孩子,说你们现在的条件有多好多好,还不努力上进,实在过分啊。但是,仔细想想我们的童年,物质条件是很贫乏,但感觉到痛苦吗?不!现在的孩子享受着我们过去不曾享受过的丰富物质,但是我们过去曾拥有的那些单纯美好的小幸福他们肯定不曾有过:可以自己制作玩具,可以在空地上疯跑,可以有很多的业余时间,做什么都凭自己的兴趣,精神上无拘无束。

可是,现在的我们也已经在忙忙碌碌的生活中渐渐迷失了自己,甚至很少有时间去感知幸福了。我的学生家长们很多都是事业强人,还有很多为了孩子的前途专门把他们送到北京读书,与孩子分隔两地。他们与孩子之间的沟通很少,更多的关心放在吃穿上,孩子要什么给什么,其次就是看重学习成绩,并认为既然什么条件都满足了,考不好可不行。

看着向自己抱怨诉苦的家长,老师能说什么呢?你曾经淘气过,现在却不能容忍孩子的淘气;你五音不全,孩子却必须钢琴过级;你以前老是跟小伙伴打架,现在却不愿意看到自己的孩子受一点点伤;你总说想当年,但孩子却希望你体谅他的现在。

成人,在追求幸福的路上,你已经走入了歧途!当你呈现在孩子眼中的形象是色厉内荏又缺少宽容时,你又怎能让孩子感到幸福?

昭广想学剑道和柔道,却因为没有钱学不起;昭广学习成绩不好;昭广家里穷,总是吃不饱……可是昭广有乐观、聪明的阿嬷,不管困难有多大,都能微笑面对;不管发生什么,总能"异想天开",创造奇迹;最重要的是,阿嬷明白幸福的秘诀就是人的心态,所以昭广的童年虽然在贫穷中度过,却充满着幸福的光彩。

五 把幸福密码还给孩子

每个人的童年都应该有这样一位守护者。孩子是否能幸福快乐地成长，关系到他以后人格是否健全，能否对自己的人生、对社会负责。焦虑、不安、暴躁、没有追求、自甘堕落，让孩子甩掉这些负面的形容，只能靠我们成人了。要做他们幸福的榜样，教给他们平和、宽容、感恩的心态，首先我们自己就要改变。

很小的那朵花儿

花店里的花儿有人浇水、施肥，在精心的照顾下当然会长得很好，开得很大。有些花儿虽然很小，但是是靠自己的力量开出来的，这才是真正的美丽。佐贺的阿嬷就像是一朵很小的花，在贫瘠的土地上，在风吹雨打中绽放了91年，用朴实无华的生命，并为周围的花蕾带来了沁人心脾的香气。

作为一名高中生，嘉这样理解自己幸福的感受：

《佐贺的超级阿嬷》的画面感很强，出现的场景破烂不堪，但是整幅作品的基调却是温馨可人的。或许是因为生活在和平年代，生活在条件宽裕的家庭，我无法对作者描绘出的贫困有切身的体会。相反地，我觉得他们的生活充满了乐趣与挑战，幸福与感动。可后来一想，朝不保夕对我来说是一件多么可怕的事情！作为旁观者，我可以冠冕堂皇地说它是一种挑战。那么作为经历者呢？我想很多人都会把它当作痛苦与折磨。但对于佐贺的超级阿嬷来说，贫穷只是一种生活方式，甚至可以说，是贫穷使她生命的色彩愈发饱满。

作为这个时代的高中生，我们的生活条件不知比阿嬷一家好上多少倍。在昭广没有饭吃时，我们正在为到底是去上岛还是去星巴克喝咖啡而苦恼；在昭广因为贫穷而无法学剑道和柔道，最终只得

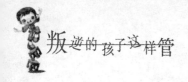

练习跑步时,我们正在犹豫彪马和匡威中哪个名牌的鞋更能保护我们娇嫩的脚;冬天昭广又饿又冷,无法入睡,必须做俯卧撑来使身体发热时,我们却在抱怨为什么房间里安装的不是冷暖空调……尽管如此,我们对于物质的要求还是有说不完的不满足。

"爱是很难得到了,那就多赚几个路易·威登的名牌皮包吧。"正如这句话所说的,用物质来满足精神的空虚是当今社会再正常不过的事了,甚至在高中亦是如此。到底是该感叹值得我们欣喜的经济发展的迅速,还是该担忧已经深入人心的拜金主义的流毒?或许谁都知道正确的答案,只是很少有人愿意去当那个对天下兴亡负责的匹夫。的确,现在和书中的时代是完全不同的,提高生活水平的愿望无可厚非,但当我们看到越来越多的人为了金钱疲于奔命,失去了快乐的权利,失去了爱的能力时,谁敢说这不比贫穷更可怕?对待金钱的态度似乎是一个已被谈烂了的话题,因此当我刚看到这本书时,一点都提不起兴趣,甚至在说上述这番话时也觉得有气无力。我没有能力去论证正确的价值观是什么,但阿嬷有——

在阿嬷看来,只有可以捡来的东西,没有应该扔掉的东西。所以,她从未丢弃选择好好地快乐地生活的权利,并将其牢牢握住。

在阿嬷看来,真正的体贴是让人察觉不到的。所以,她从未在昭广想家的时候给予安慰;从未在揭不开锅的时候对昭广的无助表示体谅。

在阿嬷看来,仅仅用言语告诉孩子,你还有我,在广岛的妈妈一定不希望你不开心,或者贫穷也是可以很快乐的,这并不是真正的体贴。她一直让昭广认识到他们家就是很穷的事实,认识到这样的生活再正常不过了,因此去面对的时候,也要用再正常不过的方法。

在外婆看来,人生就是总和力。所以她从不去计较昭广的成

五 把幸福密码还给孩子

绩。"1分、2分，全部加起来，就可以得到5分。"用心面对生活，用心感悟生活，用心参透生活，用心享受生活——阿嬷用这4个力的合力克服了贫穷带来的阻力，以很大的加速度向她所追求的幸福高峰攀登。阻力或许会不断变大，可这4个力也会随之增大。因此，在阿嬷的人生中，加速度始终向上。

　　让我触动的不只是阿嬷，还有佐贺的人与人之间那种毫无顾虑的真诚与透明，这是我们从书中每一个片断都可以感受到的。是因为那里是乡下吗？是因为那里的人都不是十分富有，所以要相互支撑吗？是因为那里曾遭受过战争，所以大家变得团结吗？是因为那是很久很久以前吗？"乡下"、"贫穷"、"久远"，这些在我们看来似乎已经蒙上灰尘的词语却拥有着人性最纯净的美丽。物以稀为贵，书中浸透的真诚、透明与纯净之所以让我触动，是因为它的可贵。当我们为全世界快速发展欢欣鼓舞的同时，也在城市中，在繁华中，忽略了现代社会无形中覆盖在人心灵上的阴影。正是这样的阴影，让我觉得人性的透明才是世界上最剔透的水晶。而佐贺，则是藏有那块水晶的宝地。在佐贺，可能永远都不会有路易·威登的名牌皮包，但那里有谁都买不起的爱。

　　作为一个饱经沧桑的智者，阿嬷似乎很坚强，什么也打不倒。我有时甚至觉得她的心肠少了阿嬷该有的柔软与感性，然而——"我笑着再次用力向外婆挥挥手后，转身迈步。大概走了二三十步吧，背后传来外婆的声音：'不要走……'"就像书的开头一样，平淡而真实的表述让我的目光定格在"不要走"这3个字上，半天都无法移开。淡淡的开场，安静的谢幕，就像透过滤光镜一样。在温暖的灯光下，我看到了阿嬷的脸，看到了宁静的佐贺，看到了阿嬷周围最小的那朵花，和绽放的花瓣上一滴小小的露水。

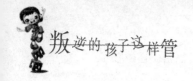

 再艰苦,也要让老天笑出声来

《佐贺的超级阿嬷》是一本十分轰动的畅销书,讲述了作者——日本喜剧泰斗、作家岛田洋七(本名德永昭广)童年时被寄养在佐贺乡下的阿嬷(外婆)家里,在与外婆相处的8年中发生的朴素而真挚的感人故事。在开朗、乐观的外婆面前,艰苦和挫折就是人生生动的一课,微笑着面对困境,生活中就没有跨不过去的门槛。

▶ 一次"合谋"

二战,广岛,原子弹爆炸。

战事激烈时,父母从广岛疏散到母亲的娘家——佐贺。原子弹爆炸的消息传到了佐贺,父亲担心家里的情形,决定回家察看情况,谁知竟死于广岛上空残留的大量核辐射尘!母亲在广岛开了家小酒馆,抚养我和哥哥,她以家为店,我和哥哥留在附近租住的另一间小屋里看家,可我年龄太小,非常依恋母亲,常常因为想念母亲而忍不住哭起来,这让母亲十分担心。

于是,有一天,母亲和姨妈喜佐子"合谋"了一个计划,把懵懵懂懂的我"骗"到佐贺的外婆家里由她照应,我的童年也因此将和远方的这个外婆一起度过……

▶ 和外婆在一起的幸福时光

唉,姨妈偏偏在那间茅屋前停下了脚步。我的脑中一片空白,

五 把幸福密码还给孩子

光是想象住在这间破屋里的外婆的模样,我就觉得害怕。因为,这简直就是山姥姥或其他怪物住的房子。姨妈用力拉开大门,出人意料,里面走出一位个子很高、皮肤白皙、气质高雅的老太太。刚见面,外婆没有嘘寒问暖,而是立刻教我怎样生火做饭,面对熊熊燃起的火焰,年幼的我心里有些明白:我必须在这里生活了。

第二天早上,外婆4点就出去工作了,她在佐贺大学和附属学校当清洁工。我用昨天她教的方法给自己做了一顿略微夹生的早饭,还按照她的嘱咐把煮好的白饭供到佛像前。外婆回来时,腰间好像系着一根绳子,拖着地上的什么东西一路走来,每走一步,就发出"嘎啦嘎啦"的声音。原来,绳子一端绑着一块磁铁,上面沾着许多钉子和废铁。"光是走路什么事也不做,多可惜,绑着磁铁走,你看,可以赚到一点外快的。"外婆说道。"这些废铁拿去卖,可以卖不少钱呢!不捡起掉在路上的东西,要遭老天惩罚的。"外婆说着,取下磁铁上的钉子和铁屑,丢进桶里,里面已经有了不少"战利品"。每次出门,她好像总会在腰间绑着绳子。外婆真是能干,尽管从外表一点也看不出来。

然而,这还不是最让我惊讶的事。外婆竟然在门前的河面架起一根木棒,这是她用来拦截漂流物的法宝!外婆豪爽地说,河上游漂下来的树枝晒干后可以当柴烧,而且还可以保持河水的干净,一举两得。上游还是我们家的"超级市场",尾部开衩的萝卜、畸形的小黄瓜等卖不出去的蔬菜被丢进河里,也都被木棒拦住了。外婆看着奇形怪状的蔬菜说:"开衩的萝卜切成小块煮出来味道一样,弯曲的小黄瓜切丝用盐腌一腌,味道也一样。"偶尔,木棒什么也没拦到,她就遗憾地说:"今天超市休息吗?"真是无比开朗的外婆啊!

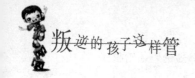

外婆是个十分节俭，甚至近乎有点"抠门"的人，为了使我不会过早感觉到饿，晚饭后她不让我出去玩而是让我早早地睡觉；为了不花钱又能锻炼身体，她让我练习跑步……然而，有一次外婆却让我着实惊讶和喜悦了一番：我酷爱棒球，在得知我当上队长后，外婆打开那只贵重的箱子，拿出一万日元连夜赶到商店，对着老板说："给我最贵的钉鞋！"

▷ 再见，佐贺

我要回广岛上高中了。离开的时候，外婆并没有送我，她还是像平日的早上一样到河边洗锅。"阿嬷，我走了。""好，去吧。""8年了，谢谢您。""好，去吧。"我从她背后探头窥望，外婆在偷偷地哭。她粗暴地搅着锅里的水，水溅到她脸上。

这一天，春日的河边一派宁静，两只小白蝶追逐嬉戏，飞舞在草丛间。走到大街转角处，我回过头："阿嬷，保重。"我用力挥着手，外婆也用力挥着手："好，去吧。"我转身迈开步伐，大概走了二三十步吧，背后传来外婆的声音："不要走……"

（《佐贺的超级阿嬷》，[日]岛田洋七著，南海出版公司2007年3月出版）

五 把幸福密码还给孩子

变偶像崇拜为青春动力

"今天见到我崇拜的偶像了，我好幸福啊……"崇拜偶像是青少年个体成长过程中的一个阶段性行为，他们需要情感的依托、成长的认同、烦恼的宣泄和亲友的支持。可是，当许多青少年把偶像当成激励自己前进的动力时，一些青少年却在崇拜的狂潮中迷失了自我。我们应该反思，在多年的榜样教育中，我们是否真正倾听了孩子的心声？青少年其实更需要社会的理解：面对偶像也许会显示出疯狂而痴迷的一面，但他们只是想在广阔的天空中找寻属于自己的一隅。

在这个价值多元的时代，我们不必视偶像崇拜为恶的渊薮，而是应当主动采取一种"大禹治水"的疏导方式，引导青少年的偶像崇拜向积极的方向发展，让他们去挥洒青春的激情，追逐自己的梦想。毕竟偶像崇拜只是青春期特定年龄阶段心理发展的"附属品"，青少年最终会走出偶像崇拜，去塑造自我的形象。

成长中的偶像痕迹

"偶像的出现跟电视剧的繁荣有莫大的关系，我最初对明星的记忆便是从港台电视剧开始的。"刚刚毕业的大学生嫣回忆起自己的偶像情结：

少年时期，现在琳琅满目的CD和影碟，五花八门的电视节目和电影都十分罕见，于是，有线电视台成了我的最爱。大量的港台剧

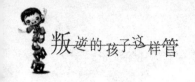

在有线台播出,《射雕英雄传》、《鹿鼎记》、《侠客行》……小学时代的我就"饱览"了不少经典港台剧。不过可能是自身有点晚熟的缘故,那时对偶像崇拜的意识比较淡薄,没有特别关注某位明星,还常常将电视角色和现实明星混淆,只是会喜爱电视剧里的一些人物。然后在学校门口的小摊上买上几角钱一张的不干胶明星贴纸贴满书包,梁朝伟、翁美玲、苗乔伟、黎美娴……曾经都是我娱乐生活中熟悉的名字。

如果说成为"××迷"或是"粉丝雏形"的话,要从高中时代算起。时至高中,影视、音乐、娱乐媒体等资源都已经比较丰富,并急速促进偶像崇拜的繁衍。记得我在一本娱乐杂志上看到一组明星照片,相片上的女孩清新自然,笑容甜美,让我甚为喜欢,我一下子便记住了她的名字——梁咏琪,并开始频繁地关注她。有她新闻的杂志必买,电视台播她的MTV必看。没有CD机就买磁带,听她的歌,学她的歌,偶尔也会模仿她的装扮。

不可否认,那时的喜爱完全限于对外表的痴迷。少女时代对容貌气质的疯狂追求着实让人陷入对青春偶像非理性的崇拜,这也印证了少男少女是粉丝群体主力的事实说法。所幸,我既不是个偏执的人,也不是一名"死忠"的"粉丝"。到了高三,心智逐渐成熟,面临升学的压力,自我实现的动力自然战胜了对青春偶像的迷恋,现实带来的压力也压倒了对青春偶像的幻想。

大学以后,还是会喜欢她——"香港玉女"梁咏琪,还是会听听她的音乐,看看她的电影,欣赏她在电视上美丽的身影,只是一切不再刻意。

其间看新闻报道,知道她经历了香港娱乐圈著名的"夺面双琪"事件,形象受损,之后又有唱片、影视作品面世,同时开始自

五 把幸福密码还给孩子

己创作音乐，事业一步步上升。再后来，听说她获得"香港十大杰出青年"，出任联合国儿童基金会大使、世界宣明会大使，积极投身公益慈善活动。看到她的努力和取得的成绩，我在欣喜中又萌发了一丝钦佩，曾经喜爱的明星朝着健康正面的形象继续发展令人高兴，而她遭遇挫折时坚强面对、努力奋进的行动更让我觉得是一股力量——激励人积极上进的力量。

30岁的她出现在电视上时，感情失败，青春不再，却依旧美丽动人，笑容灿烂，依旧拍电影，唱歌，做公益，和10年前我在杂志上看到的那个荡着秋千的短发女孩相比，多了一份成长历练出的独特气质与魅力，而此时的我已在北京攻读研究生。

"伪粉丝"的故事高潮注定要落于俗套，正如故事平淡的过程一般。2007年与2008年交替之际，我终于在初次看到照片的10年之后，于现实中见到了一直存在于想象空间的明星——高挑、清纯的模样与想象中相差无几。在北京望京星美国际影城《棒子老虎鸡》的首映式现场，身着咖啡色毛衣的梁咏琪微笑着向观众问好，认真地参与主办方安排的游戏环节，接受媒体访问，合影拍照。这个时候我突然觉得，她其实就是一个在努力工作的都市女性而已，跟所有在为事业打拼的女性一样，只不过她从事的是更受人关注的演艺行业。

一切臆想归于本质，每个人都要继续在各自的岗位上扮演好自己的社会角色，然而关于偶像崇拜的经历和感受，未尝不是成长中的一种美好记忆，其带来的积极意义也远远大于简单说教，此次汶川大地震就有在地震中失去双亲的孤儿因为偶像的鼓励而变得坚强的实例。只要不是走向过度迷恋的极端，年少时那份对美好事物纯真的爱慕，和偶像一起成长的喜悦，的确是一件让人快乐的事情。

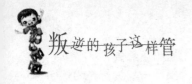
叛逆的孩子这样管

近些年，围绕偶像发生的自杀、骚扰事件令人痛心。当然个体差异导致的极端性格和心理问题难以避免，但自我意识的培养和建立却切实可行，这一过程要始于孩童、贯穿于成人世界。

汶川大地震之后，各路明星都以不同方式援助灾区。淡出娱乐圈4年的王菲为赈灾晚会重拾话筒，并去医院探访受灾儿童，与他们共度端午节。刚做完截肢手术的小学生张佳志听到偶像刘翔在电话里说"你要吃饭才能长高"后，马上说："我一定听话。"偶像的光环，使他们的一言一行都成为对抗伤痛的良药，为许多经受劫难的孩子筑起了一道心灵的防洪堤坝。

每个善良的人都是我的榜样

20世纪80年代末，一个朋友这样描述他的侄女：专业追星、业余上学。这个调侃道出了那时候部分中学生的一种状况。

20世纪90年代初，一个亲戚的孩子也是近乎于专业追星的状态，对明星的一切可谓如数家珍。至今还记得她自制的那个用各路搜来的明星照粘贴得密密麻麻的厚厚的本子，家里更是有满满一抽屉的磁带。在那个还不算富裕的年代，这已经蔚为壮观了。

前几年，一个学生在她的随笔中详尽地写下如何排了很久的队买某个明星新专辑的过程，虽然心疼自己的钱，可还是花了好几百元，买了好几张，准备分送给自己的好友。她一点儿也不隐讳自己的痴迷，甚至还写了一篇长长的文章试图说服我赞同她的看法。还曾有学生真实地记录他在商场偶遇某明星"歌迷会"的情形，他甚至不知道这个歌星是谁，却也被那些尖叫和欢呼吸引，用他自己的话说是"很幸运却迷迷糊糊地做了一回粉丝"。

当然，与这些年代同行的，也有我们的传统榜样教育，每年

五 把幸福密码还给孩子

有纪念雷锋的专门日子——3月5日，还有各种类型的英雄、先进报告会。

我们常说"榜样的力量是无穷的"，而在现实中远非如此。如今，这些传统的榜样被中学生留在了课堂上，不会跟在他们的书包里，更不会贴在他们的床头。让我们来听听他们的声音吧：

"传统榜样在今天这个社会中的影响逐渐消退，这是因为我们今天的价值观已经产生了巨大的变化，会觉得那些榜样和这个时代格格不入，尤其是在今天这个信息量猛增的社会。"

"传统教育中的榜样，我认为很重要，但由于重复过多，反而令我们反感和排斥。这种传统的精神不能丢，但应该以新的形式和新的内容表现出来，为其注入新鲜的血液，这样才能被我们这些新新人类所接受。"

"传统榜样由于离我们时代太久远，印象也仅仅来自于课本，所以以他们为榜样只是口头上说说而已，付诸行动的可能性不大。"

"他们（传统榜样）很伟大，但我们没有处在他们那样的年代、那样的环境，我们应该有更实际、更现实的榜样。"

"我认为他们（传统榜样）只是一种精神上的偶像，他们会永远活在我们的心里，但毕竟时代不同了。"

"今天很难再有这样的人物了，他们那种舍己为人的精神如今已不复存在，感觉如果有那种精神，就好像不真实一样。"

"传统榜样的教育已经过时了，我们需要新的榜样、新的见识和新的心灵体会。"

"传统榜样都是一些很伟大、很完美的人，只是离我们太远了。"

这些虽只是部分同学的看法，但颇具代表性。我们应当看到，这一代青少年的特点和20世纪的中学生已经有很大的不同。信息量的猛增无疑会使他们的视野更为宽广，而且随着社会发展带来的价值观的改变使他们不再是单纯的信息受体，他们有自己的见解和判断。不了解这些，我们传统的榜样教育就只会是一厢情愿的教育。所以，我们不难体会中学生追星的心理。也许，正是由于追星，他们找到了自己的理想以及宣泄青春激情的方式。更重要的是，相对于传统榜样而言，明星们毕竟能够给他们一个现实的、可以效仿的实例。而我们应该看到，追星以致影响了自己生活、学习的学生还是极少数，绝大多数的学生还是止于"喜欢"这个层面。

传统榜样可敬但不可亲的特点使现在的中学生对他们敬而远之，我们还要不要树立那些近乎完美的榜样？我们要不要再去人为地提炼一个普通人的精神，再拔高到难以企及的高度？这些都是值得我们重新去审视的问题。

其实，在生活中，一个善良的普通人可能更容易让中学生感动，并直达他们的心灵。因为，这是一个拒绝伪圣化的时代，更是一个张扬个性的时代。树立那种束缚个性、束缚精神自由、带有公共思维模式的榜样的时代早已经过去，对学生来说，毕竟一个个实实在在的、奔波在生活中的普通人更为真实和亲切，这样的"世俗典范"更能打动他们。

真实情况也是如此，在平时的教学中，能让他们掉下真诚的眼泪的，正是这样一些普通人，比如"感动中国"里的那些普普通通的人，再比如汶川大地震中的那些无名英雄。

钱理群教授认为中学生有着最多的梦想、最纯的情感和最强的求知欲。我们教育的目的就是使学生成熟起来，但是我们常常把孩子青春时期的东西破坏掉，包括他的梦想、他的情感和他的求

五　把幸福密码还给孩子

知欲，认为抛掉就是成熟。所以，对于追星，我们要看到积极的一面，重要的是，让他们去挥洒激情和理想，追逐自己的梦想吧。

在这个价值不断被重估，被修正，并且趋于多元化的时代，我们不必视传统榜样为教育的灵丹，也不必视中学生追星为恶的渊薮，更不能把教育眼光只对准时代的精英，也应该把视角转向中学生身边草根阶层的"世俗典范"。通过身边的这些故事，来触发他们柔软的感动和最初的感悟，因为，每一个善良的人都可以是我们的榜样。

别把"粉丝"逼上绝路

现在很多家长都认为，今天青少年的偶像崇拜越演越烈，追星越来越疯狂，他们担心这样下去会影响孩子的学习和成长。

难道只有今天的年轻人才有偶像崇拜吗？难道只有今天的年轻人才追星吗？其实，不同的年代，都会有年轻人崇拜的偶像，也都会有追星的年轻人。只是今天的通讯手段发展迅猛，网络、电视、手机的发展速度空前，远比当年只有报纸、广播、广告和电影的年代要丰富得多。一个偶像出来，可能一夜之间就会借助网络、电视、手机、报纸、广播、电影、广告等信息手段迅速走红。再有，今天的媒体对年轻人的追星报道也是不惜篇幅，甚至大量报道某些年轻人因追星不顺心而自杀。这些都给人一种幻象，好像只有今天的年轻人才会崇拜偶像，好像只有今天的年轻人才会追星。

细细一想，在网络、电视和手机不发达的年代，年轻人也有崇拜的偶像。20世纪50年代，很多人看了苏联影片《乡村女教师》，崇拜影片中的女主人公瓦尔瓦拉，于是，很多年轻人毕业后的职业选择都是教师。苏联小说《钢铁是怎样炼成的》，让更多的年轻人认识了保尔·柯察金。保尔·柯察金说:"人最宝贵的东西是生命,生命于人只有一次。一个人的一生应该是这样度过的:当他回首往事的时候,他不会因为虚度年华而悔恨,也不会因为碌碌无为而羞耻;这样,在临死的时候,他就能够说:'我的整个生命和全部精力,都已经献给世界上最壮丽的事业——为人类的解放而斗争。'"这段话成了当时很多年轻人的座右铭。

20世纪60年代,年轻人的偶像是雷锋、王杰、欧阳海和邢燕子;20世纪70年代,从天安门诗抄中可以看出来,年轻人的偶像是周恩来;20世纪80年代,年轻人的偶像有歌星、影星,也有政治明星和科技明星,偶像开始分层和复杂化;从20世纪90年代至今的十多年中,年轻人的偶像越来越复杂化,分层也更复杂,崇拜的偶像既有歌星影星,也有比尔·盖茨那样的成功人士和千万、亿万富翁。当卡拉OK、录像机、录音机、电脑视频和手机自拍越来越发达以后,如今的社会中甚至还开始大量出现自我崇拜的现象。

在现代词典中,偶像被解释为"泥塑或木刻的人像以供人膜拜",引申为人们盲目崇拜的对象。如果说当年人们崇拜雷锋、王杰,还有点国家引导崇拜英雄的味道,那么,20世纪七八十年代的年轻人喜欢甚至崇拜邓丽君,今天的孩子们喜欢"超女",就更多是一种自我选择了。其实,青少年很少终生崇拜什么人,很多青少年所崇拜的偶像是会随着自己年龄的变化和社会的发展而不断变化的,他们今天喜欢这一个,过些时候,他们就又会喜欢那一个,家长和老师们完全可以不必大惊小怪。即使青少年们崇拜和喜欢的人,家长和老师并不喜欢,也不必马上大加罚责,还是因势利导和耐心等待更好。

一些青少年教育专家主张,应当看淡青少年的偶像崇拜,给青

五　把幸福密码还给孩子

春期的孩子一个自我的空间。教师和家长应当理解和尊重青少年的偶像崇拜，在尊重的前提下适当引导，不要逼孩子，更不要把那些"粉丝"们逼上绝路。应当说，这不仅仅是家长和老师的责任，也是媒体和社会的责任。

总之，爱你的孩子，就让我们共同努力，给孩子们营造一个温暖、友善、和谐的发展空间吧！

成长需要偶像

当今社会存在着"追星族"、"超女热"等大众性娱乐狂欢，再加上消费主义话语体系的影响和感官体验的流行文化的渲染，更是对偶像的痴迷起到了推波助澜的作用，而青少年则在偶像崇拜中占了绝大多数。

▷ 成长需要偶像

每个年代的人都会有偶像崇拜。偶像崇拜者给偶像人物赋予无穷的魔力。青少年正处于由儿童向成人过渡的青春期，崇拜偶像是他们走向社会之前的人生准备，也是心理发展的必要过程。青少年在人生的成长阶段，需要通过对不同偶像的认同和依恋来确定自我价值，寻求自我发展，所以在四处寻找可以认同和仿效的对象，学习他们的各个方面，而年轻偶像的风光与成就，往往就成了他们生活的方向及生命的指标。从这层意义上说，偶像崇拜作为一种特殊的心理行为，是青少年时期心理矛盾运动的产物，有其必然性和过渡性的一面，也有其非理性和盲目性的一面。在这个寻找的过程中，他们建立起青少年族群的共通语言，从而凝聚成为我们独有的文化现象，他们的成长需要偶像的力量。

例如，《还珠格格》中小燕子的扮演者赵薇红遍两岸三地，其根本原因是，小燕子成为一面镜子，对她的喜爱在本质上照出了影迷心中的某种梦幻和缺憾，一个人在生活当中梦幻什么、缺憾什么，他就会从小燕子身上寻找什么。因此，如果一个人痴迷小燕子，是为了激励自我、改变命运、完善人格，她对于青少年的成长就起到了积极的影响。又如，美国计算机大王比尔·盖茨和香港著名商人李嘉诚对许多青少年来说，就是事业成功和奋力拼搏的典范。

▶ 不同的偶像带来不同的人生

就青少年偶像崇拜现象而言，青少年从自我迷茫的状态中走出来，一方面是受到大众传媒的渗透和强化，另一方面是在朋辈团体中，因为团体接纳的需要，并受到来自集体的影响和强化，他们的偶像崇拜具有突出的年龄性和过渡性特征。青少年偶像崇拜从本质上来说，是一种对美好的信仰，这是值得肯定的，也是难能可贵的。但是由于他们渴望个性独立及情感替代人物的出现，往往过分关注少数纯偶像人物的言行举止，盲目地追星，并因此带来消极的影响。正确的偶像崇拜对青少年自我价值感的成长有着重要的塑造意义，是人生的奋斗目标和奋斗动力，有着重要的激励作用，对朋辈之间的相处和交融也有着重要的促进作用。

青少年偶像崇拜是对榜样行为观察学习后的一种模仿，优秀的偶像可以树立榜样，好的榜样则可以作为一个可靠的基础来推动青少年对自我的探索和认识，树立积极的人生目标。如青年毛泽东曾极为崇拜华盛顿、林肯等，他曾经从同学那里借了一本《世界英雄豪杰传》，反复阅读，还在书上圈圈点点，写了许多批语，圈得最

五 把幸福密码还给孩子

密的是华盛顿、拿破仑、彼得大帝、惠灵顿、鲁索、孟德斯鸠和林肯等人的传记。还书时,毛泽东对同学说:"中国也要有这样的人物。"又如,1978年,诺贝尔奖获得者、女科学家雅娄在高中时期,就把居里夫人作为自己的偶像,时常鼓励自己要做一名像居里夫人一样的科学家,从而走上了科学研究之路。特定的时代产生特定的文化,不同的偶像带来不同的人生。

▶ 榜样的力量是无穷的

青少年偶像崇拜和榜样学习的共同之处在于对偶像或榜样的社会学习和依恋,其中包含了对崇拜对象的心理认同、行为模仿和情感依恋3个要素。如果青少年从以人物为核心的依恋和社会学习的方式来接受其崇拜对象,被崇拜者很有可能被理想化,成为高不可攀的人物,结果榜样功能无限缩小,偶像功能无限扩大;如果青少年从以特质为核心的依恋和社会学习的方式来看待其崇拜对象,则被崇拜者很有可能被榜样化,成为青少年自我成长的坐标人物,结果使偶像功能无限缩小,其榜样功能无限扩大。

例如,20世纪五六十年代是一个以革命英雄主义精神为号召的偶像年代,雷锋、保尔·柯察金、"铁人"王进喜、焦裕禄、邱少云等是这一时期偶像的代表。他们身上为国家牺牲小我、无私奉献、艰苦奋斗的精神感动了几代人,成为几代中国青年人学习的榜样,并成为那个时代的历史标志。20世纪七八十年代的偶像可分两种:一种是传统的社会道德楷模,他们当中有身残志坚的"中国保尔"张海迪、救火牺牲的少年英雄赖宁;另一种则是在各行各业取得辉煌成就的成功人士包括大量涌入内地的港台娱乐明星,如邓丽君、周润发等深入人心,影响了当时的青少年,形

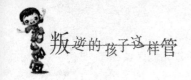

成了早期的明星崇拜。

偶像通过揭示其个人奋斗经历与事业成就来强化青少年的榜样学习意向，这不但可以拉近偶像与其"粉丝"的心理距离，也可使青少年变偶像崇拜为理性思考，关注成功人物的内心世界，以他们为榜样，学习他们的理念、气质和性格，这才是对待偶像的正确态度。榜样教育应主张采取的是一种"大禹治水"的智慧，不是去堵，而是去疏导，偶像崇拜是可以转化为榜样学习，并可通过偶像认知榜样化推动青少年的心智成长的。

五 把幸福密码还给孩子

以梦想的名义仰望幸福

每个人的一生都是在写一篇自命题作文，我们幻想着，辛劳奔波着，只为交出满意的答卷。沿着生命的脉络行走，那些儿时的白日梦，那些荒诞不经的童年梦想，是否一直陪伴在你的左右？

童年的梦想，是未来的真实投影，在贫瘠荒凉的土地上看到一片葱绿，就能唤醒心中的希望。同样，在复杂多变的人生旅程中，时常端详你儿时的梦想，就能激活精神回归的某种愿望。已故的美国大学教授兰迪·波许的演讲和经历就曾经带给世界热烈的讨论和宁静的沉思，身为父母和教师，我们对孩子恣意的梦想是否有足够的宽容和鼓励？如果你怀揣着梦想和希望，就不要只是为兰迪·波许流泪鼓掌，请把兰迪传授的锦囊用到你的人生里。

真正实现你的童年梦想

2007年9月18日，兰迪·波许教授在母校卡耐基·梅隆大学做了一场风靡全美的演讲，题目是"真正实现你的童年梦想"。在美国一些高校里，"最后的演讲"是著名教授退休前的最后一课。在此之前，兰迪教授并没有准备退休，但是他患了胰腺癌，只剩下几个月的生命，这次演讲对他来说，竟真的是他一生中最后的演讲了。这场充满幽默、启发及智慧的演讲视频在网站上被点播了上千万次，引起了极为热烈而广泛的反响，下面就是摘录的一些精彩片断：

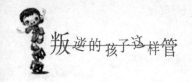

» 儿时的梦想一直在那儿

我的想象力总是难以抑制。还在上高中时，我就有一种冲动，想把脑海中的想法泼洒到卧室的墙壁上。我请求父母允许，我对父母说："我想在墙上画些东西，一些对我很重要的东西。"这个解释对父亲来说足够了，他总是以微笑的方式面对我们的创造力，他理解我以非常规方式表达自我的需要。母亲对我的这种胡闹并不怎么赞成，但当她发现我是那么激情迸发时就改变了态度。

在我姐姐塔米、朋友杰克·谢里夫的帮助下，我用了两天的时间在卧室的墙上绘画。父亲坐在客厅里读报纸，耐心地等待着我的画作露出真面目。母亲一次次蹑手蹑脚地走过来，企图偷偷看上一眼，但我们关上了房门，像拍电影的人说"清场"那样。杰克和我画了一个大大的银色电梯门，旁边是枚有尾翼的火箭，不远处有一艘隐藏在水中的潜水艇。我还画了一面白雪公主的魔镜，在上面写上一行字："还记得我对你说你是最美丽的吗？我是在撒谎！"塔米画的是象棋子，因为我酷爱象棋。我们还画了潘多拉盒子，希腊神话中的潘多拉得到一个盒子，里面装着世界上所有的邪恶。她违背了不准打开的命令，当盒盖被掀开时，邪恶传遍了全世界。我一直为这个故事的乐观结尾所吸引：留在盒子底部的是"希望"，因此，我在自己画的潘多拉盒子里，写下了"Hope"这个词。当时是20世纪70年代末，我们还在门上写了"迪斯科真烂！"。

这间屋子给所有来访的朋友留下了深刻的印象。"真不敢相信你的父母会让你那样做。"他们说。虽然母亲当时并不高兴，可她从来没有再粉刷我的卧室，甚至在我搬出去住的几十年里都是如此。随着时间的推移，我的卧室成了任何来访客人参观的焦点。

五 把幸福密码还给孩子

⟫ 向后排车座倒可乐

有很长一段时间,我一直是单身汉舅舅,姐姐的两个孩子克里斯和劳拉成了我关爱的对象。我每个月都会去看望他们,帮助他们从新奇的角度认识这个世界。我并没有溺爱他们,只是试着把我的人生观传授给这两个小家伙。记得在克里斯7岁、劳拉9岁的一天,我开着崭新的大众折篷汽车去接他们。"在舅舅新车里要当心,上车之前蹭蹭鞋底,别把车子弄脏了。"我的姐姐这样说。

听到她的话,我萌生出一种想法,这是一种让孩子走向失败的训诫,孩子最终会把汽车弄脏,因为他们会情不自禁地这样做。于是,在姐姐一条条地讲规矩时,我故意慢慢地打开一听可乐,翻转过来,把可乐倒在汽车后排布面的座位上。我借此传递的信息是:人比东西更重要。一辆汽车,即使像我的新折篷汽车那样精美绝伦,也只不过是一件东西而已。克里斯和劳拉张开嘴巴、瞪大眼睛,看着疯狂的舅舅完全不遵守成人的规矩。后来的事情使我觉得那听可乐倒得好,当时小克里斯患了流感,在后排座位上吐得到处都是,他并没有感到内疚,反而觉得释然:他早就注意到我为汽车施行的洗礼,知道这样做没有关系。

我看着克里斯和劳拉长大成人,他们给了我一份礼物,那就是陪伴他们度过幼年和少年,直至进入成年。最近,我请求克里斯和劳拉帮我一个忙,在我死后,希望他们可以直截了当地对我的孩子说:"你们的爸爸请我们和你们共度这段时光,就像他和我们共度时光一样。"

⟫ 让别人的梦想照进现实

我在弗吉尼亚大学任教时,有个叫汤米·布勒特的22岁年轻

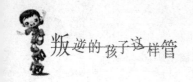

人，他是一个由艺术专业转入计算机绘图专业的奇才，想在我的研究团队中谋份工作。我问汤米他的梦想是什么，他说："我一直想参与下一部《星球大战》的摄制工作。"当时是1993年，上一部《星球大战》是在1983年摄制的，还没有任何摄制续集的具体计划。我向他解释说这是个令人棘手的梦想，汤米坚定地说："我会等到拍摄续集时加入他们当中，这是我的理想。"他告诉我，孩提时代他就读了所有能找到的有关《星球大战》最具技术性的文章，他想当制作特技的人。

我接受了汤米，接受了这样一个梦想者。我对他要求非常严格，同时对他寄予厚望。汤米从我这儿学到的不只是虚拟现实程序，而且认识到工作上的同事必须像家庭成员那样合作共事。事实证明，汤米是我的团队中合格的成员，愿意帮助其他人在团队中快乐工作。当我去卡耐基·梅隆大学任教时，团队的所有成员都跟着我去了，只有汤米除外。他被制片人兼导演乔治·卢卡斯的公司"工业光魔"雇用了，1999年、2002年和2005年，公司分别摄制了3部新的《星球大战》，而汤米参与了所有影片的制作。

砖墙挡不住追梦人

"我和女儿一起看了演讲的视频，我们感动地含着眼泪，同时又因为有所感悟和兴奋而相视一笑，我们像每一个听过演讲或看过演讲视频的人一样，激动的心情久久不能平息。"作为兰迪的同学，谷歌全球副总裁、大中华区总裁李开复写下了下面的感慨。

» 漂亮出牌的秘诀

兰迪和我同年进入卡耐基·梅隆大学计算机学院的博士班，

五 把幸福密码还给孩子

他外向，健谈，幽默，有表演天赋，还有很强的亲和力。虽然兰迪已经进入癌症晚期，但他还是在演讲中保持着惯有的幽默感。演讲开始时，他说："癌症让我比你们身材更好。"我们常说，乐观的人看到半杯水时，总会说杯子是半满而不是半空，乐观的兰迪甚至在杯中只剩一滴水时，依然能看到那仅存于最后一滴水中的美，并因此而感恩。兰迪说："对于无法改变的事情，我们只能决定如何反应。我们不能改变手里的牌，但是可以决定如何出牌。"我想，任何人如果有了这样的心态，无论是面对病痛的折磨还是人生的失意，他都能用一次次漂亮的出牌实现自己最大的价值。

兰迪教授说，小时候他的梦想是在嘉年华会上赢得超大型的动物玩偶，参加全国橄榄球联盟的比赛，当《星际迷航》中的柯克船长，写一篇百科全书的文章，以及加入迪斯尼梦幻工程队设计迪斯尼乐园的云霄飞车。这些梦想看起来杂乱无章，但在纯真的孩子心中，这些东西才是最真实的，是追随内心、不受外界影响的渴望。我和兰迪在电子邮件交流中谈到今天许多年轻人把财富当作自己的梦想，他说："只有极端缺乏想象力的人才会把财富当作自己的童年梦想。"何况，研究结果告诉我们，追寻你真正的梦想反而比追逐财富可能得到更多财富。

令人惊讶也令人羡慕的是，兰迪儿时的梦想后来大部分都实现了。这些看似荒诞不经的梦想反映了他潜意识中隐藏的人生理想，也折射出他特有的思维方式与个性特点。例如，写百科全书的梦想意味着他希望做一个学识渊博的人，为迪斯尼乐园设计云霄飞车的梦想代表了他对高科技的痴迷，而参加全国橄榄球联盟比赛的梦想则反映出他对团队、运动和竞争的兴趣，这些个性特质、思维方式和人生理想最终成就了今天的兰迪。

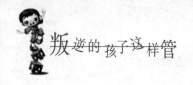

▶ 做个助人圆梦的人

在追寻梦想的途中肯定会困难重重，兰迪教授不止一次地使用一面咖啡色的砖墙来代表较难克服的困难，在追寻梦想的过程中，这面墙常常挡在我们面前，但它只能挡住那些没有诚意的、不相信童年梦想的人。兰迪教授说："这面墙让我们知道，为它后面的梦想而努力是值得的，这面墙迫使我们向自己证明，我们是多么渴望墙后面的宝藏——我们的梦想！"

兰迪认为，要得到砖墙后面的宝藏，你必须想尽办法努力工作，还需要甘冒风险，克服自己的惰性，积极主动地去争取和开拓。当年轻的兰迪收到卡耐基·梅隆大学的拒信时，他想尽办法安排了一次与该大学计算机系主任见面的机会，并当面说服了那位系主任，使之收回成命，录取了他。兰迪梦想进入迪斯尼的梦幻工程队设计云霄飞车，虽然他多次收到迪斯尼公司寄给他的拒信，但他没有气馁，并保留这些信，用它们激励自己继续努力，终于有一次，兰迪在一个学术会议上发表演讲后，一位梦幻工程队的工程师向他提问，兰迪这样回答他："我很愿意回答你的问题，但我想先问你：明天可以和我一起共进午餐吗？"这次午餐终于让梦幻工程队认识了兰迪，此后不久，他得到了梦幻工程队的工作邀请。

如果完成梦想是重要的目标，那么什么是伟大的目标呢？在兰迪看来，帮助别人完成梦想，做个助人圆梦者，是真正伟大的目标。兰迪说："年长之后，我发现帮助别人实现他们的梦想是唯一比实现自己梦想更有意义的事情。"兰迪曾经花很多时间帮助少数族裔人士，资助一些亚洲贫困国家的教育，希望给更多的人实现梦想的机会。成为教授后，兰迪在卡耐基·梅隆大学开了一个圆梦的

五 把幸福密码还给孩子

课程，让各科系的学生在一起用虚拟现实技术开发一项完成童年梦想的项目。在他的圆梦课程中，一批学生只用了两个星期就完成了一般团队要做一个学期的项目。兰迪对此十分惊讶，但他只是对学生说："你们做得不错，但是我知道，你们可以做得更好。"有这样的老师，学生不但可以实现梦想，甚至可能超越梦想。

》 享用一生的财富

我的一位朋友参加了那次讲座，他说："我从来没有见过那么多成年人在一起失控并痛哭，连我们最严肃的校长和一位最严厉的教授都被他打动而失声落泪。"关于此次讲座，兰迪教授有两个结论：

第一，"今天的演讲不是讲如何实现你的梦想，而是如何引领你的一生，如果你以正确的方式度过一生，上天自然会眷顾你，你的梦想自然会实现。"我认为"引领你的一生"这句话既简短有力又意味深长，兰迪想通过他最后的演讲告诉我们："如果你尽力去实现你的梦想，那你才是真正地生活过了。对一个曾经真正生活过的人，死亡一点也不可怕。"不要只是过一生，而是要用你的梦想引领你的一生，要用感恩、真诚、助人圆梦的心态引领你的一生，用执著、无惧、乐观的态度来引领你的一生。

第二，"今天的演讲其实不只是为你，也是为了我的孩子。"这是多么珍贵的遗产呀！我相信兰迪的3个孩子会依据他最后的演讲来引领他们的一生。我也相信，经过互联网的传播，更多的孩子会因为看过兰迪最后的演讲，去追寻自己的梦想和更加精彩的一生。我11岁的女儿看完兰迪的演讲后告诉我："我要写下童年的梦想。"我拍拍她的头，赞赏她的计划。她又说："我可以去画我房

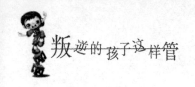

间的墙壁吗？"我提醒她："你小时候画得还不够吗？"她吐吐舌头说："我知道，谢谢你以前让我画。"

希望我们的孩子能和兰迪的孩子一样，用梦想引领他们的一生。

超级爱做白日梦

白日梦，就是大白天做梦，专门用来指一些人整天有不切实际的幻想，带有负面的意思。如果你的领导说你"做什么青天白日梦呢"，基本上就是在质疑你的智商了。其实小孩子的白日梦更多，是因为他们很爱想象，对遇到的很多事物充满好奇，同时因为自己知识有限，不能理解，只好借助于奇特的想象，而且他们不知道条件会限制得有多严重，不管能不能实现，先想了再说。据观察，爱做白日梦的孩子通常会比较开心，他们沉浸在自己的世界中，不太容易被外界挫伤。

岳称自己从小就是一个很爱做白日梦的人，甚至对"做白日梦"还颇有研究：

如果只有自己一人时，会幻想出很多自己担任主角的故事——我可能是一场战争的总指挥，调动着千军万马。我想象自己是一个小岛国的国王，管理着文武官员进行水利设施的建造。我还设想过自己成了很有钱的人，建一个供很多人一起就餐的免费食堂。还梦想着要神游仙界，有一双会飞的翅膀。总之，有了这些白日梦，生活里的缺憾仿佛少了很多，因为我可以在梦想中找到寄托。工作以后，我经常在公共汽车或者出租车里构思我的作品，想着如果我策划出一本很有意思的书，那应该是怎么样的，如果一个大型活动由我组织，我会怎么做，如果我是一个有影响力的企业家，我怎么管

五 把幸福密码还给孩子

理别人。

做白日梦是一种很出神的状态，不会在乎处在什么样的恶劣环境中，甚至也不会介意别人对你的态度，只会沉浸在自己的故事逻辑里，好像被一个个美妙的电影镜头所吸引，其他东西就忽略了。很有意思的是，我从小到大的很多白日梦都变成了现实。即使到了今天，我还是很喜欢做白日梦，喜欢享受想象的乐趣，想周全了、有模样了就去尝试着把它变成现实。前年，我一直想象自己去非洲旅行，而且也积极收集非洲的资料，去年有人问我能不能做非洲的项目时我就一口答应了。

积极心理学告诉我们，如果在做任何事时都能假想"我能成功"、"我一定能行"，就会比那些没有想象过的人更有成功的可能。做白日梦不仅可以集中想象，而且带有很强的自我心理暗示，对于我们积极尝试想象的事物会很有帮助，并且可能在尝试时更容易进入状态。除此以外，白日梦绝对有助于丰富我们的想象力。我建议年轻朋友一定不要轻易放弃做白日梦，如果你有孩子或者身边的亲友有孩子，一定要注意珍惜和保护孩子做白日梦的能力。

小世界里的大志向

谈起"梦想"，对于才上小学六年级的张昊辰来说，更是有说不完的话题：

我有很多梦想：我想当探索UFO的科学家，想当一个大名鼎鼎的侦探，还想当职业游戏玩家，但是，我最想做的还是一名职业网球运动员，为中国男子网球献出一份力量。

从小到大我一直喜欢网球，我无法用合适的词语来形容对网球的喜欢，打球时我从来都不觉得累，和爸妈打网球常常一口气就是一两个小时。我把它当成了一种快乐的游戏，只要有时间就进行练习，练习如何发球、如何挥拍、如何走步等。不仅爸爸手把手地教我，而且我还买书籍及DVD光盘来自学，平时也特别关注网球比赛，只要看见报纸、杂志或电视上有关网球的消息，我就马上观看，细细琢磨，国内外的网球明星我可以如数家珍。我的梦想是打败纳达尔，他是目前世界排名第一的网球选手，我还要打败罗杰·费德勒，他曾获得了13个大满贯冠军，离桑普拉斯获得的14个大满贯冠军纪录仅差一步之遥。我想把网球这项精彩的运动学好，梦想有一天，我也可以站在美网、澳网、温网、法网、上海大师杯的比赛场，我一定要战胜他们，为中国网球增光添彩！

我听妈妈说，一位美国的教授在最幸福、最美好的时刻，发现自己得了绝症，只剩下几个月的生命。在人生旅程的最后时光，这位教授登上了母校的讲堂，为现场400余名观众带来了人生中最后一次演讲。他给台下的观众上了一节非常有意义的课——用梦想引领人生。这位教授把孩童时代自己的梦想都讲了出来，而且这些梦想随着他的成长后来都一一实现了。听完演讲后，我深受启发，也想把自己的童年梦想记录下来，看长大后能不能实现。我想打好网球，因为在打网球时，我的心情会格外舒畅，我会为自己的理想而努力奋斗！

梦想为生命披上保护色

我们强调坚持梦想的重要性，特别是强调个人不懈努力与付出的重要性。有一本图画书叫《胡萝卜种子》，书里那个小男孩种下一粒胡萝卜种子，不管父母如何断定它决不会发芽，依然执著地

五 把幸福密码还给孩子

拔草浇水，最终看到了长出的胡萝卜。还有一本图画书叫《雪花人》，讲的是美国著名的农夫科学家班特利如何在家人的支持下始终追随自己的梦想，把精美的摄影集《雪花》奉献给全世界的故事。这些故事能够引领孩子们始终如一地去追逐梦想，无论遇到怎样的困厄。

已故的兰迪·波许先生在演讲的结尾意味深长地说，自己的演讲其实是要告诉大家如何度过自己的人生，这也是自己献给年幼的3个孩子的父爱。在被他的智慧、勇气深深地震撼的同时，我们脑海中不断回响的是兰迪所说的那些关于实现梦想的话语，以及同样来自美国的艾米丽·狄金森的著名诗句："要造就一片草原，只需一株苜蓿一只蜂。一株苜蓿，一只蜂，再加上白日梦。"

在兰迪最后的演讲中，白日梦具有的贬义全部被消解——在嘉年华会上赢得大号玩具，体验零重力状态，参加全国橄榄球联盟的比赛，成为《世界百科全书》词条的作者，以及加入迪斯尼幻想策划公司打造奇幻的世界……这一切都属于一个拥有纯真童心与无尽好奇，又能够竭尽所能接近梦想的人。在我们心中，兰迪永远是照片上那个右手托腮侧躺在床上，眼睛望着奇幻世界的孩子。同那张照片一样难忘的，是照片上由兰迪的父亲亲手制作的木头床栏，就像他和妻子准许高中时的兰迪在自己房间墙壁上涂鸦一样，它就是成人世界对孩童梦想倍加呵护的象征，也正是狄金森诗句里那只重要的"蜂"，造就了梦想成真所铺成的美丽草原，这一片美丽还在不断地成长、蔓延。

宋代名相王安石在《游褒禅山记》中说："有志与力，而又不随以怠，至于幽暗昏惑而无物以相之，亦不能至也。"兰迪的父母都是为了梦想和信念不懈付出的人，所以他们才会那样尊重兰迪的梦。格雷厄姆教练看似枯燥的橄榄球基本功训练，让兰迪领会了团队精神、毅力和艰苦工作的价值以及应对逆境的能力。安迪·凡·达姆老师关于傲慢的委婉忠告为兰迪扫清了追梦路上的性格障碍。班特利的父母、兰迪的师长就是这不可或缺的"物"，它是默许，是鼓励，更是将人引出"幽暗昏惑"之地的向导。如果父母教师可以多尊重孩子的梦想，那么孩子就会更加轻松自信地朝着目的地前进一大步。如果父母教师在这旅途中不只是一味空泛地夸赞，而是辅以适时、到位的引导，让孩子在追梦之旅中不断认识自我，完善自我，一片由苜蓿、蜜蜂和白日梦构成的梦幻图卷终将会缓缓打开。

很多人总期望从他人的成功故事里寻找锦囊妙计，但实际上所谓的锦囊往往都是常识。兰迪·波许的经历很特别，不过他的经验在理论上并不新鲜。父母和教师从兰迪的经历和经验中需要学到的，应该是以切合实际的尊重和鼓励为前提，以有的放矢的提醒和引导为手段帮孩子圆梦，必要时不妨像兰迪那位严格的橄榄球教练格雷厄姆一样。当然，那些为了让孩子帮自己圆梦而强迫孩子去学才艺、考名校的做法则不在此列。

去年高考结束后，张老师的一位学生说自己在两所学校间犹豫。她钟爱天文学，原本一直梦想着就读N大学的天文系，但听人说自己估算的分数能够上更加著名的B大学，就有些动心了。现实地说，以估算的分数，就算她能上B大学，恐怕也只能选择录取分数稍低的医学部，但她分明还是喜欢着天文学，直到面对张老师的时候也并没有忘记自己写在随笔中的像康德一样仰望星空的梦想。张老师不能代她选择，只能提醒她明白自己更在意什么：是难以割舍的梦想，还是另一所名校背后的光环？张老师告诉她，最近刚读

五 把幸福密码还给孩子

完张海迪的新作《天长地久》,建议她也读读,因为那是一个关于天文学家的故事。

后来,这个学生考取了N大学,最终追随自己内心的声音去仰望星空了。对她,对张老师,这都算是理想的结局。她知道自己想要什么,而张老师所做的只是在一个特别的时刻提醒她去关注自己心中的梦想。

兰迪·波许教授教给我们的就是这样简单的常识,而这样的常识会让你明白该如何做一只为苜蓿传粉的蜂,然后去造就一片草原。

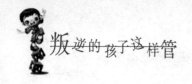

让孩子成为梦想之舟的船长

长大后要成为科学家、登上月球、做大明星、当清洁工……作为父母,怎样看待孩子不同时期的人生梦想?是因其不切实际而嘲笑挖苦,还是干脆代替他们描绘未来并强迫其努力?没有梦想的孩子茫然无措,被强加了梦想的孩子更是可悲可叹。父母与其自以为是地为子女"成龙"、"成凤"之梦苦心经营,不如深刻反思一下自己的"成功"概念和功利态度。毕竟,孩子梦想的开花结果,最需要父母的理解和尊重。

把幸福密码还给孩子

实现梦想是生命中最幸福的事情。网上流传的奥巴马写给女儿的信中说:"这些是我想要让你们得到的东西:在一个梦想不受限制、无事不能成就的世界中长大……"

没有梦想或失去梦想,是一件很可怕的事。在当下的社会环境中,为什么选择越多,有些孩子的梦想越少?为什么孩子的梦想与家长的意愿会产生严重分歧,甚至促使家庭模式走进死胡同?为什么远没有到走投无路的地步,却总有人放弃年轻的生命?

怎样看待孩子的人生价值、梦想与成功?著名作家毕淑敏用一句话总结了,那就是:"尊重孩子的梦想、让孩子一生幸福,就是最大的成功。"

五 把幸福密码还给孩子

▶ "小草"的梦想有意义吗

每个人都有自己的梦想,对于那些注定不能成为精英的平凡孩子来说,他们的梦想有意义吗?面对疑惑,毕淑敏反问道:"'小草'从来就不是精英,为什么一定要成为精英呢?"现代社会生活节奏加快,家长对于孩子如何成为优秀和卓越之士倾注了太多的注意力,但是我们可以想一想,即使一个孩子目前是优秀的,将来在更大的范围内也不一定是优秀的,因此对于卓越成就的极度热衷反映了一个很大的价值偏差。如今,解决问题的关键在于,整个社会要把"成功"二字破解掉。

毕淑敏认为,人们对于成功的理解越来越功利,以至于成功的标准最终都可以简化成金钱的多少。这是社会出了问题,而这个问题再辐射到子女教育和后代发展上来,就变得非常畸形了。现在的孩子从幼儿园、小学、初中、高中到大学一路拼杀而上,在一个大的社会范围内经历着严酷的竞争,好像只有最优秀的人才能被整个社会承认,才是成功者,而绝大多数人都成为失败者——这样的评判标准是错误的。成功是为了什么,成功之后又将如何?这些问题经不住几次追问,因为每个人尽己所能、把自己的能量发挥出来就是成功。

现在的家长经历了厮杀而上的奋斗历程,他们在无形中把自己的压力转嫁到孩子身上,认为取得成功的唯一道路就是在求学过程中变成最优秀的人。而毕淑敏说:"在中国最重要的是建立起这样的观念:让孩子做自己感兴趣的事情,不为外界的评价所困扰,产生自给自足的幸福感。"

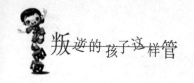

≫ 比别人更好才会更幸福吗

人活着总在追求幸福,那么"自给自足的幸福感"从何而来?有钱就是幸福吗?女孩儿一定要长得漂亮才能幸福吗?接受最好的教育就是幸福吗?

在毕淑敏看来,这些都不能与幸福画等号,但是人们一窝蜂地把这个问题简化成为"永远的第一"就是幸福,但世界上的"第一"是没有穷尽的,真正的幸福应该是有意义加上长久的快乐。她解释说,快乐是一种停留在表层、比较短暂的人生体验,吃喝是快乐的,但还不等同于幸福,还要有意义。

怎样让孩子体验到幸福?毕淑敏告诉记者:"一定要让孩子在特别小的时候就有感知幸福的能力,打破世俗的标准,让孩子明白并不是不出类拔萃就没有资格享受幸福,并不是只有最优秀的人才能被社会认可,并不是只有比别人更好才会更幸福。"

现在的网络和电视媒体不加区分、一股脑儿地将各种成人的问题赤裸裸地展现在孩子面前,以至于孩子对"幸福"产生了诸多困惑,十一二岁的孩子甚至也会问出"人活着是为什么"这样的问题。毕淑敏认为,类似的问题不是孩子思考得来的,而是现代媒体立体化地灌输给孩子的,他们的心智还不足以思考这些问题,不论是正面的还是反面的思考。她曾对北京八中少年班的孩子们说:"这些问题的答案要自己慢慢去寻找,人生是一个过程,忍耐和等待是它的必修课,撒下一粒种子,不懂得等待,是不会看到它开花结果的那一天的。"

五 把幸福密码还给孩子

» 父母为孩子设计人生之路错了吗

"我的理想是当一名优秀的运动员,为祖国争光……"许多人都写过这样的作文,家长、老师甚至孩子自己也不在意,以致韩寒说,中国人第一次被教会说谎是在作文中。在毕淑敏看来,中国的作文从来不是一个说真话的地方,它只是应试教育下的一项技术。中国不乏对应试教育中技术化、程式化的东西掌握得很好的学生,但是大学生开始找不到工作这一转折的信号让人们逐渐领悟到:一个人在社会上立足的根本是真实的本领,而真实的本领不是来源于技术,而是热爱,"一个人不热爱自己所做的事情,又怎么能超越他人呢"?

因此,父母要帮助孩子找到自己真正的才能和兴趣所在。真正爱自己的孩子、与孩子朝夕相处、观察他(她)的一举一动,做到这一点并不是那么难,很多家长为此焦虑是因为他们主观否定了很多可能性、过于急功近利,"当一个孩子说他想当救护车司机时,往往被家长断然否定了"。

毕淑敏认为,一些家长为孩子设计人生之路本身并没有错,但是不必过于谨慎到认为"稍走错一步就对不起孩子"的地步,"我不知道不上一个好的中学会如何,也很难想象一个本质还不错的孩子,接触几个贫民子弟就会变成流氓……其实孩子的世界根本没有那么险恶"。

虽然很多家长的设计都是正确的,但是孩子有权利选择其他道路,当孩子与父母的意见不统一时,父母应该尊重孩子的选择。"不要让家庭环境恶化到无药可救的地步:你怕什么,孩子就来什么,孩子有时候会不惜自毁来反抗父母,所以一定要尊重孩子。"

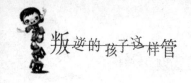

毕淑敏说。

北京的精英阶层的想法非常微妙，他们本身是高学历的受益者，有些人来自农村，他们把自己的人生经验简化为"我之所以有今天就是因为我学习好"，因此他们竭力为子女选择最优教育资源，实际上就是藐视自己的出身，是将自己人生经验投射到孩子身上，孩子可能从小就在父母的控制下失去了幸福童年。毕淑敏设想："如果我有一个这样的孩子，我会让他就近上学。之后尽可能地拿出所有的时间去玩，去看博物馆、去接触大自然，和所有的小朋友和谐相处……"

等待孩子心中的梦想发芽

人生是需要梦想的，因为人与一般动物的不同在于，人更是自为而不是自在的。人的生活中有着许许多多的可能性，梦想不仅可以使我们活得有动力，还能帮我们在人生诸多的可能性中进行选择。

美国心理学家詹姆斯·希尔曼在《破译心灵》一书中提出了见解独到的"橡实理论"。这一理论认为，每个生命由一个特定的形象构成，这个形象是生命的本质内核，召唤着那个生命走向一个命运，就像高大的橡树的命运写在微小的橡实中一样，命运的召唤是每个生命核心中朦胧的谜语。

一个孩子的理想的生命发展状态，应该是倾听来自生命核心最初的那个隐约的命运召唤，也可以说是梦想的召唤，这里面就有两个不能违背的原则。

第一个原则是，命运召唤、梦想召唤应该来自孩子自身的生命核心，而不是来自父母的外部选择。父母常常将自己没有实现的梦

五 把幸福密码还给孩子

想强加到孩子身上来实现。人们在电视节目中看到，一个男孩在世界游泳比赛中获得了冠军，当记者问他夺冠的喜悦时，他却说我并不喜欢游泳，这个冠军是为我父亲得的。现在我满足了他的愿望，明天我就去做我自己喜欢做的事情了。这件事很耐人寻味，他实现的不是自己的梦想，哪怕在别人眼里再成功，他的人生依然没有乐趣。而如果为别人的梦想穷尽一生去努力却不得实现，人生岂不更是一场虚妄。

朱先生的儿子在读小学时，朱先生曾经问他长大后想做什么，做爸爸这样的教授好不好。他断然回答："不好！天天憋在家里看书，太没意思了。"朱先生希望他读大学，他还是说："不好！为那一纸文凭，4年里放下手里的电吉他，去学那些我不感兴趣的附加课程，太没意思了。"现在，看到儿子兴致勃勃地做原创音乐、用英文写歌词、自学键盘、在乐队里演出，朱先生庆幸当年尊重了孩子的选择。

实际上，我们成人强加在孩子身上的东西实在太多了，我们想还给孩子一种天然、自在的童年生活，我们不想让孩子在成人为他们强行规定的人生目标的牵动下，成为任人摆布的木偶。孩子应该成为童年生活的主体，用自己的身体去行动、用自己的心灵去感受、用自己的头脑去判断，从而寻找到真实的自我，确定自己的人生目标，获得人生的幸福感。

很多父母认为，自己走的桥比孩子走的路还多，所以孩子将来走什么路，就应该听自己的。这是成人误把人生经验当成了人生智慧。成人比孩子优越的就是具有人生经验，不过，人生经验有可能生成人生智慧，也很有可能遮蔽甚至扼杀人生智慧。孩子是能够自主生活的主体，在他们的成长过程中，父母作为教育者当然发挥着十分重要的作用,这就是尽可能为孩子创造更多的可以选择的机会,创造丰富多彩的童年生活。当孩子有所选择,父母就要站在孩子身旁,为他实现梦想助一臂之力。

第二个原则可以表述为帮助孩子做两件事。第一件事,由于梦想召唤最初的声音是隐约的,所以,父母需要安静地等待孩子心中的梦想开放。如果父母天天在孩子的耳边絮絮叨叨:你要成为这样的人,你要成为那样的人,孩子很可能就无法听见自己心灵深处的那个召唤的声音。从这个意义上讲,父母和儿童教育者在孩子的成长过程中应该"消极"一些。另一件事就是父母要给孩子一种身心可以"闲逛"的生活,而不要像现在这样,用应试的书本知识的学习,将孩子的课余时间也全部塞满。罗大佑的《童年》里吟唱的"等待着下课、等待着放学、等待着游戏的童年"的无拘无束,还有"总是一个人面对着天空发呆"的闲适自在,才是喂养心中的梦想长大的独特世界。而在应试教育这一牢笼里,孩子是无法放飞梦想风筝的。

没有梦想的人生是苍白、无趣的。梦想即使不得实现,追寻梦想的人生过程也是充实的、有精气神的。把不能实现梦想的人生看成是失败的人生,那是功利主义者的人生哲学,而理想主义者的人生哲学是不以成败论英雄。《佐贺的超级阿嬷》一书中令人敬佩的阿嬷,独自一人抚养七个儿女和一个外孙,种田又做清洁工的阿嬷真是一个哲学家,她的"快乐生活语录"里有一条就是:"人到死都要怀抱梦想!没实现也没关系,毕竟只是梦想嘛。""没实现也没关系",这是多么乐天、达观的人生态度啊。希望父母们读一读《佐贺的超级阿嬷》,学学阿嬷的超级人生智慧。

五 把幸福密码还给孩子

一个孩子拥有真正属于他自己的梦想，并且可以为实现这一梦想去努力，不论这一梦想能否实现，这样的人生就是成功的、幸福的。

孩子的梦想该谁设计

孩子的梦想是从天上掉下来的吗？不是。孩子的梦想是天生就有的吗？也不是！孩子的梦想应当是在后天的社会生活实践中逐步形成的。孩子也许一生只有一个梦想，也许有很多个，而且随着时间的推移，许多孩子的梦想是会变的。那么，父母是否应当帮助孩子设计梦想呢？在日常家庭生活教育的潜移默化中，很多父母实际上参与了孩子梦想的设计。林回忆了自己儿时有关梦想的往事：

记得我小的时候，曾经很着迷地看《神秘岛》、《机器岛》、《海底两万里》、《十万个为什么》和《科学家谈21世纪》等书，有时几乎到了废寝忘食的地步。那时谁要是问我的梦想，我会毫不犹豫地回答："当个科学家。"成为"科学家"是我儿时的梦想，也是理想。

有人说，梦想就是人们梦中的理想。也许是吧，我小时候确实做过很多当科学家的梦，但在那些梦里，我不是在艰苦地搞科学研究，而是被人们的鲜花簇拥着。当科学家可以获得荣誉，也许是我那时梦想的一个支点。

因为我小时候身体很弱，常年疾病缠身。母亲就常常在我耳边念叨，希望我长大后能当个医生，既能治好自己的病，也可以给家里人看病，还能救死扶伤。慢慢地，不知在什么时候，我的梦想变成了"当个医生"。我甚至从小就读过很多中医治疗和药剂方面的书,又立志当个"人民的好医生"。唉,梦想终归是梦想。早晨醒来,生活依旧。

一场史无前例的"文化大革命"砸碎了我少年时的诸多梦想。中学毕业后我进了北京的一家小工厂,成为工人阶级的一员,"科学家"和"医生"的梦是再也不敢想了。

在我还是一名青年工人的时候,有时加夜班,夜里12点吃晚饭的时候,我会端着饭碗遥望星空,想起少年时的梦想和自己的现实生活,不禁苦涩地微笑,梦想已经那么遥远了。我想,过去一些书里常把梦想比作人生的指南,我也曾经按着"指南"做了,却最终走到了"生活的北方"!

人们常问,如果孩子的梦想不能实现,那这个梦想还有意义吗?就我自己的生活体会,梦想也许不是为了实现而产生的,很多梦中的理想都会在现实中被撞得粉碎!不管这个梦想是谁设计的,是孩子自己,还是父母和老师,都会在现实中粉碎。梦想的意义也许不是为了实现什么,而在于为了实现什么所做的千辛万苦的努力!有梦想是因为不甘安于现实,有梦想是因为需要奋斗。有了梦想,人们才有了奋斗不息的恒心!

孩子应当有个梦想,那可以成为他们心中企盼和奋斗的目标。父母也可以帮助孩子设计梦想,只是需要适时地告诉孩子,当第一个梦想破灭时,还可以有第二个梦想、第三个梦想……

应当说设计梦想是困难的,因为人生动荡、命运曲折。鲁迅曾在《华盖集·忽然想到之四》中说过,"历史上都写着中国的灵魂,指示着将来的命运,只因为涂饰太厚,废话太多,所以很不容易察出底细来。正如通过密叶投射在莓苔上面的月光,只看见点点的碎影"。而透过人生的"点点的碎影"设计梦想,又谈何容易!

五 把幸福密码还给孩子

生活告诉我们，孩子可以是自己梦想的设计者，父母和老师也都可以成为孩子梦想的设计者。但孩子梦想的最大设计者，既不是孩子自己，也不是父母和老师，而是生活！生活可以打碎旧的梦想，也可以创造出更多的梦想。正因为如此，我们要教育孩子，从小热爱生活，学会在脚踏实地的生活中实现自己的人生梦想！

 能带来快乐的梦想才妙不可言

"我们趴在窗子上，看邵佳慧把全套动作做完，然后看她两腿绷直、前突后翘、双臂像鸟儿张开翅膀一样大大地打开、一颗小巧的头颅高高仰起……"

这是儿童小说《奔跑的女孩》中的一段描写，少年体校的两个女生驼驼和猫是特别要好的朋友，故事以驼驼为第一人称讲述开来。这本薄薄的小说触动了儿童发展的一个核心课题——现实与梦想。虽然作品充满女孩的细腻温情，读来却令人惊心动魄，因为我们总是能听到一个女孩子悲怆的呐喊，而这种心灵的呼唤常常又伴着无言的泪水。

《奔跑的女孩》之所以具有如此强大的震撼力，关键在于作者彭学军动用了她刻骨铭心的童年经历及人生感悟。据悉，她的父母酷爱体育，在大学时代都是篮球运动员，虽然生不逢时，却也望女成凤。彭学军11—16岁的时候，父母送她到湘西的一所体校呆了5年左右的时间。彭学军的训练科目是中长跑，她在小说中描写了许多难以忍受的超强训练：

比如扛铃练习，半蹲负重60公斤，郭教练给我的任务一般是8次一组，一共4组。而周教练带我们训练的第一天，半蹲负重80公斤，10次一组，要做5组。我做到第3组时，两条腿就直哆嗦……

毫无疑问，体育训练是一定要吃苦的，若想取得好成绩甚至需要魔鬼般的训练。但是，如果一个孩子并不喜欢体育，或者缺乏运动员必需的强大潜能和竞争意识，那么，超强的训练就可能变成一种折磨。

彭学军在很小的时候就渴望成为一名芭蕾舞演员。她说，小时候是外婆给她做布鞋，她常穿着布鞋练踮脚尖，以至于一双新布鞋大脚指头的地方很快就破了一个洞。"就是喜欢，没有条件的喜欢。"她说，"跳芭蕾、踮着脚尖，那种感觉很美。"可是，在那样一个文化沙漠般的时代，在那样一个全家人都命运坎坷的环境中，没有人关注一个小女孩的梦想，因此，她的舞蹈梦也就渐渐地消失了。

如本文开头所写，驼驼之所以对体操女孩邵佳慧的训练产生神往之情，或许就是因为作者自己儿时的舞蹈梦。后来，驼驼鼓足勇气，找到体操队的左教练，嗫嚅着表达了自己练体操的愿望。左教练告诉她，邵佳慧是5岁就开始训练的，体操要从小练起，到了你这个年纪应该开始出成绩了。左教练拍拍她的头，亲切而又坚决地说："别再想这事，快去训练吧。"就这样，驼驼的体操梦也破灭了，她无奈地回到了田径队，无奈地继续"在白花花的毒日下奔跑，跑到每根头发丝都在滴水；跑到鞋子里汗水叽咕叽咕地响；跑到嗓子眼像干涸了一万年的井；跑到仰起头看见10个太阳悬在天上大放其光……"

读过《奔跑的女孩》的读者，可能会觉得驼驼的性格令人难

五 把幸福密码还给孩子

忘,那是一个不争不抢、行为低调的女孩,是一个愿意为别人的胜利欢呼的女孩,是一个喜欢安安静静读书的女孩。有人曾特意问过彭学军:"驼驼是你吗?"她非常肯定地回答:"驼驼的性格就是我的性格。"显然,这样的性格是不适合体育运动的,因为体育运动是激情运动,是竞争性的运动。

关于少年体校的生活,彭学军写过两部孪生作品,清纯明朗的《奔跑的女孩》可以说是儿童版,而复杂多彩的《孩子,快跑》则是少年版。在《孩子,快跑》中,她写了一个少年的悲剧性故事。男子5000米决赛开始了,坚决报名参赛的男孩丁华强跌倒了,他艰难地从跑道上爬起来,一瘸一拐地往前跑:

我走下看台,来到跑道边。看见他的膝盖摔烂了,渗出的血和黑煤渣混在一起,糊在膝盖上,看上去有点触目惊心。

丁华强他想干什么?他真要这样一瘸一拐地跑完5000米?那可是12圈半哦!跑道上只剩下了丁华强,观众渐渐散去,终点的裁判也撤走了。我走到跑道边问他:"你还有几圈?"他张开五指朝我晃了晃:"还有5圈!"我没再说什么,我知道没有人能让他停下来,就是爬他也要爬到终点。这一刻,我非常非常想哭,也就是在这一刻,有一个念头悄悄地潜进了我的心里——很重大的念头,只是不太清晰,就像天上的月亮被云层遮住了,只能看见一点轮廓。

这段泼墨如雨的描写是作品的一个转折点,更是主人公驼驼的人生转折点,因为她也在现实中被撞得头破血流,终于猛醒过来了。

在儿童教育过程中,人们往往容易陷入一个误区,即总是鼓励孩子克服一切困难去奋斗,咬定青山不放松地坚持。但是,如果忽视了科学选择这个前提,如果忽视了尊重个性这个原则,孩子越是奋斗、越是坚持，就越有可能走向悲剧的结局。彭学军这部作品的特殊价值在于写出了儿童的觉醒，这是成长中的反思，这是梦想中的现实，这是自主性的探索。这种探索的勇气和深度在儿童文学作品中尤为珍贵。

少年儿童时代是梦想的时代。可是，梦想既可能成为孩子成长的发动机，也可能成为孩子发展的陷阱，帮助孩子设计梦想的关键在于尊重孩子的潜能特点和发展意愿。彭学军在《奔跑的女孩》中写道：

后来我回家对爸爸妈妈说的时候，他们很惊讶地瞪着我，好半天妈妈才说："这段时间没听见你叫苦，还以为你习惯了呢，没想到你想彻底放弃。"爸爸说："你不觉得可惜吗？练了4年多了，放弃了，说不定你就放弃了一个省运冠军、全运冠军，甚至……""拿冠军是你们的梦想，不是我的。"我打断爸爸。

彭学军后来读了中学和大学，毕业后当过教师、电视台和出版社编辑。如今，她已经是著名的儿童文学作家。她昔日体校的同学们大多都改行了，在体育方面练出成绩、走上专业道路的已是凤毛麟角。她的父母很满意女儿重新选择后的发展，感慨地说："当初真不该把你送进体校。"

彭学军作品的结尾很独特，她写学校开运动会，驼驼报了400米和800米赛跑，第一次享受到了体育比赛的快乐：跑在所有人的前面，我从来没有过这种感觉，好像前面所有的阳光、风、空气……都是我一个人的，我只要一直往前冲，就会到达一个妙不可言的境地。

彭学军作品的结尾还有更出人意料的神来之笔：邵佳慧受伤后也转到驼驼就读的学校，在一次校运会上，她们相遇了。

五 把幸福密码还给孩子

"我刚才看你跑了,你跑起来的姿势真好看,特别是跑弯道的时候,步子拉得很开,前腿抬得差不多和地面平行了,同时后腿蹬得很直。"邵佳慧两眼熠熠生辉地盯着我,心悦诚服地赞美道:"你的腿很长,跑起来像一种鸟,我不知道它叫什么,腿又细又长,会跑又会飞。你知道那种鸟吗?"

我完全被她这段话怔住了,她说的是我吗?我跑起来真那么好看?可从来没有谁对我说过,包括猫。我也从来没有被谁这样热情洋溢地赞美过,更何况说这番话的人是邵佳慧!

驼驼的成功体验表明,体育是美丽的,但只有让体育回归到正常的生活,驼驼才能享受到本质的快乐。孩子的梦想只有插上科学的翅膀才会高高飞翔。

后 记

　　我最早接触青春期教育是在2007年,当时我看到一本德国儿童文学作品:《本爱安娜》,它讲述的是男孩本爱上了一个移民来的叫安娜的女孩子,作者用细腻的手法描述了孩子的内心世界以及老师、家长和同学等周围人的激烈反应。作者在谈创作体会时说,写这本书的初衷是因为这本书的人物原型就是他的儿子,面对儿子突如其来的爱情,他不知所措。这本书面世后,受到德国小学生的热烈欢迎,很多孩子要求续写故事或是来信向他讲述自己的烦恼和经历。作者希望通过小说告诉读者:孩子同样懂得爱,千万不要小看或者随意破坏这种纯真的感情。

　　受到震动的我以"开宗明义地跟孩子讲爱情"为话题,做了一个整版讨论,没想到见报后读者反应非常强烈,清华附小的老师说:"我们可以正大光明地给孩子讲爱情的美好,可以名正言顺地上'牛郎织女'的课了。""孩子发育提前了,小学三四年级就有了青春期征兆,我们学校已经开始做孩子的心理辅导工作了。"

　　如今的孩子发育越来越早,女生开始进入青春期的年龄在10岁到11岁,男生则在11岁到12岁,比20世纪时提前了两年左右。按照一般孩子6周岁入学测算,女生开始进入青春期在小学四、五年级,而我们传统教学安排是从初中开始有生理卫生课,也就是说女生进入青春期两三年后才能接受来自学校的青春期健康方面的知识,这说明青春期教育明显滞后了。

后　记

之后，我便开始关注起青春期教育，并陆续做了关于"如何与孩子谈性""儿童性侵犯""少女妈妈""别和青春期孩子较劲"等话题，收到了许多读者的来信反馈，其中一个外地教育局的管理干部来信说，对中小学生进行心理辅导教育看似"老生常谈"，但现实中却是"无从下手"，特别是在青春期教育过程中，无法回避的性教育在现行教育环境下，几乎无人涉足。他多年来做了很多这方面的工作，但费力不讨好，茫然之余甚至想打退堂鼓。而当他看到我做的这些话题讨论时，受到了很大的启发和鼓舞，他说他会继续做下去的。还有一位学生家长说："所有这些东西都让孩子知道，到底有多大的必要呢？学校既然有生理卫生课，就由老师承担青春期教育工作吧，也省却了家长的尴尬……"

其实，家长的这种期待学校实施起来并不太容易。一方面，学校反映，应试教育压力大，课表太满排不进去。目前，北京、上海、天津等试点学校虽已开设青春期教育相关课程，但多数学校没有安排。另一方面，青春期性健康教育涉及性隐私，而孩子们的发育有早有晚，参差不齐。作为公共教育场所，学校难以做到隐私化和有针对性，这是现实难题。

有关资料显示：近十年来，在美国1/3的学校增加了禁欲教育，提倡将性行为推迟到婚后。95%的公立学校在性教育课程中，讨论艾滋病等性传播疾病的防治，近一半的学校教学生避孕知识。学生发育参差不齐，如何适当地接受这些知识？美国一些公立学校把知情权和选择权交给家长。每节课开讲前一天，学生要把授课提纲带回家，家长认为该课内容适合自己的孩子，就选择让孩子听。这种不搞"一刀切"的做法，给人启迪。遗憾的是，当今青春期孩子的心理和情感引导，在多数家庭和学校教育里还是一个盲区。

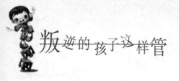

与此同时,我在采访高中生和大学生时了解到,他们从小几乎没有受过什么青春期教育,更谈不上心理辅导,最多只是自己看生理卫生课本,通过书报杂志或网络解惑"自学成才"。"我觉得自己好像还处在青春期。"一位正在上大学的女生告诉我,由于从初中、高中直到大学,每天从学校到家两点一线,除了学习就是考试,环境单纯,也没有任何接触社会的机会和经验。虽然生理发育已经成熟得像一个大人,但心理好像还是一个孩子——对未知社会不懂却又充满好奇。

中国的青春期教育进行了那么多年,虽说比起我们那个年代的青春期教育已经进步了不少,但前行的路上依然是束手束脚,举步维艰。与其掩耳盗铃,与其让那些五花八门、良莠不齐的信息占领孩子们的头脑,与其在孩子出了事之后再来急急忙忙地采取补救措施,倒不如主动出击,收复"失地"。

青春期是人一生无法回避的时期,也是人生成长的关键期。我认为,青春期教育不仅仅是性教育,也是与之同等重要的社会生活知识教育。但它们在很大程度上由父母包办代替,或是在应试教育下,被一味地追求成绩而忽略,这样自然是极不完整的。

针对目前孩子普遍存在的青春期提前和已经成人但心理年龄滞后的特点,应该把青春期的年龄范围定义得更宽泛一些,分为青春期前期(8~12岁)、青春期中期(13~16岁)、青春期后期(17~21岁)。根据不同时期,侧重解决不同的问题,比如8岁开始给孩子讲什么是性,当孩子有逆反心理时,教会他们如何处理与父母和朋友之间的关系。慢慢地,让他们学会如何认识自我,并进行爱情教育、幸福教育等等。

青春是一段激流,需要航标的指引,引领少男少女健康安全地

后记

度过青春期，是家庭和学校应当承担的责任。所以，我在这本书的编写过程中，着重从上述几个方面进行了深入的分析，提出了相应的解决办法。希望父母和老师成为青春"摆渡人"，帮助孩子顺利跨过青春期这道"坎"。

本书是在无数作者创作智慧的基础上诞生的，在此谨向孙云晓、张引墨、李红延、张昊辰、蒋潇潇、初晴、孙桦、戴江红、陈爱君、万秋实、龙迪、张颖立、蒋清海、张净、殷健灵、顾雪林、伏煦、朱凌、彭学军、魏钢强、张玉书、力婷、（德）彼特·赫尔特林、徐国静、杨咏梅、刘帆、冯欣、孙浩哲、孙亚敏、张泳、李昕、刘明嘉、卢素玫、岳晓东、江嫣、张丽珊、关承华、肖洋、寿婷尔、王晓霞、孙宇靖、王培元、夏青、郭声健、艾华、梁平、张洁、于保忠、陈辰、武朝霞以及众多未及提名的作者表示最衷心的感谢！

却咏梅

2011年4月

北京大学出版社
教育出版中心

丛 书 名： 曹文轩美文朗读·珍藏版（共8册）
作 者： 曹文轩 著
定 价： 25.00元（附光盘）/册
出版日期： 2011年7月

儿童剧专业演员、全国重点校师生、国家级播音员携手曹教授本人，为您展现逼真的声音世界

当当网、全国各大书店、书城、新华书店均有出售。
北京大学出版社邮购部：010—62752015　62523168　62534449　62752018　bdsd@pku.edu.cn
编辑部：　010—62767246　　　zyl@pup.pku.edu.cn
市场营销中心：010—62754697　marketing@pup.cn

北京大学出版社
教育出版中心

曹文轩美文朗读·珍藏版

丛 书 名：曹文轩美文朗读·珍藏版（共8册）
作　　者：曹文轩 著
定　　价：25.00元（附光盘）/册
出版日期：2011年7月

作者简介

曹文轩，著名儿童文学作家，北京大学教授、博士生导师。中国作家协会全国委员会委员，北京作家协会副主席。他的作品被翻译为英、法、德、日、韩等文字。获奖40余种，其中有中国安徒生奖、国家图书奖、"五个一工程"优秀作品奖、中国图书奖、中华人民共和国政府图书奖、宋庆龄文学奖金奖、中国作协儿童文学奖、冰心文学大奖等。

内容简介

著名儿童文学作家曹文轩的作品主题宏阔，纯美大气，有益孩子人格成长；行文典雅，深富音韵之美。

本丛书由作者亲自架构，亲选作品中的精粹，突出生命、情感、成长、情趣、哲思、崇德、尚美、精神等主题。由曹文轩教授本人、四川人民艺术剧院《草房子》音乐剧演员、中央教科所南山附属学校师生、中央人民广播电台著名播音员等作示范朗读，附精美示范朗读光盘。

朗读可以让孩子感受汉语之美，培养对母语的亲近感；朗读可以把孩子从声音世界渡到文字世界，让孩子爱上阅读；朗读可以让优美的书面语在潜移默化中变成口语，提高口语质量；朗读可以纠正"语文"教育中重"文"轻"语"的偏向。

本书特色

本书所附示范朗读光盘中的朗读者有：

曹文轩教授本人亲自诵读自己的作品——真正意义上原汁原味的演绎。

四川人民艺术剧院《草房子》音乐剧演员——专业儿童剧演员精彩呈现逼真的童真世界，让人如闻天籁。

中央教育科学研究所南山附属学校"天堂鸟阅读团队"师生——用规范的朗读，展现全新的朗读境界。

国家级播音员——标准的发音，娴熟的朗读技巧，学习朗读的绝佳范本。

本书所附示范朗读光盘中的朗读配乐为：

音乐剧《草房子》原创音乐——在学习朗读的同时，得到顶级的音乐享受。

当当网、全国各大书店、书城、新华书店均有出售。
北京大学出版社邮购部：010—62752015　62523168　62534449　62752018　bdsd@pku.edu.cn
编辑部：010-62767346　zyl@pup.pku.edu.cn
市场营销中心：010—62754697　marketing@pup.cn